中国数据治理
政策与法治一体化建设研究

赵卓凡◎著

光明日报出版社

图书在版编目（CIP）数据

中国数据治理政策与法治一体化建设研究 / 赵卓凡著. -- 北京：光明日报出版社，2025. 4. -- ISBN 978-7-5194-8608-2

Ⅰ. D922.174

中国国家版本馆 CIP 数据核字第 2025E22U34 号

中国数据治理政策与法治一体化建设研究

ZHONGGUO SHUJU ZHILI ZHENGCE YU FAZHI YITIHUA JIANSHE YANJIU

著　　者：赵卓凡

责任编辑：刘兴华　　责任校对：宋　悦　乔宇佳

封面设计：中联华文　　责任印制：曹　诤

出版发行：光明日报出版社

地　　址：北京市西城区永安路 106 号，100050

电　　话：010-63169890（咨询），010-63131930（邮购）

传　　真：010-63131930

网　　址：http://book.gmw.cn

E - mail：gmrbcbs@gmw.cn

法律顾问：北京市兰台律师事务所龚柳方律师

印　　刷：三河市华东印刷有限公司

装　　订：三河市华东印刷有限公司

本书如有破损、缺页、装订错误，请与本社联系调换，电话：010-63131930

开　　本：170mm×240mm

字　　数：244 千字　　印　　张：16

版　　次：2025 年 4 月第 1 版　　印　　次：2025 年 4 月第 1 次印刷

书　　号：ISBN 978-7-5194-8608-2

定　　价：78.00 元

序

数据自被作为“第五大生产要素”以来，正以前所未有的速度催促着社会的发展和进步。对其合理开发、高效利用与安全保护已然成为推进国家战略布局、经济发展转型以及社会治理的现代化升级进程中亟待解决的重大课题，成为关乎国家发展、社会进步和人民福祉的关键领域。

正如习近平总书记一再强调的：“要构建以数据为关键要素的数字经济，推动数据资源整合和开放共享，保障数据安全，发挥数据的基础资源作用和创新引擎作用。”赵卓凡的《中国数据治理政策与法治一体化建设研究》一书，正是在这样的时代背景下应运而生。其凭着“初生牛犊不怕虎”的干劲儿，选择了“数据治理”这一具有挑战性的新兴交叉研究领域，展现出她敏锐的洞察力和作为新时代青年的责任感。

初读卓凡的书稿，给我留下了三点较为深刻的印象：

其一是“观察之实”。数据治理是一个复杂而庞大的系统工程，涉及多个领域和层面。作者深入挖掘数据治理的各个细节，从数据的定义、特征到数据的分类、价值，从数据治理各领域的理论基础到各国的实践应用，都进行了细致入微的分析。这种脚踏实地的梳理，使本书较为全面地为数据治理的进一步研究和实践提供了概览性的参考。

其二是“规范之密”。在数据治理领域，政策和法规的协同引领至关重要。作者用心收集整理了大量的数据治理相关政策与制度文件，对其进行了系统的检视和提炼，试图找寻其中的建设规律并提出相应的完善建议。这种严谨的态度和扎实的工作，为我们提供了一份规范导图，有助于读者更快速地理解和把握数据治理的政策与法规体系。

其三是“重点之显”。作者将研究重点集中在数据治理的关键领域和核心问题上，例如，企业和组织数据、公共数据和个人数据等方面，数据产权、流通交易、收益分配和安全治理等领域。通过对这些重点问题的深入研究，作者得以在该著中提出了一系列有针对性的体制机制建设建议，为解决数据治理中的政策与法治一体化建设问题提供了有益的思考。

在阅读本书的过程中，我感受到了卓凡对数据法学研究的热情和执着。作为老师，我深知她在撰写过程中跨越过的种种艰辛和付出的巨大努力。期盼卓凡能够以这本书为良好的开端，立足中国国情，融贯国际前沿理念，完善精进理论体系和研究方法，通过不断提升“科研”的质量和数量，赋能于国家和社会，不辜负这个伟大的时代！

当今，数据治理已经成为全球各国共同关注的焦点问题。中国作为世界第二大经济体和数字经济发展的头阵国家，加强数据治理更具有重要战略意义。卓凡作为新时代青年，能够以敏锐视角关注国家发展关键问题，以开放审慎目光评析国际前沿理念，不仅体现其个人学术追求，更彰显青年一代的使命担当。在全面建设社会主义现代化强国征程中，希望卓凡及更多年轻学人，继续深耕专业领域，关注国家战略需求，为我国数据治理事业乃至整个现代化建设贡献更多智慧与力量！

陈晋胜于山大蕴华庄

2025 年 1 月 25 日

目录
CONTENTS

第一章

中国数据

第一节　中国数据理论

一、数据的定义与特征

（一）数据的定义

关于数据的定义，学界目前尚未有统一的定论。有人从数据的使用价值角度认为，数据作为一种资源，给政府带来治理价值，其类型多元且具有流动属性。① 也有人认为，数据是一种信息资源，其治理关注如何发挥大数据应用的作用。② 有人从数据的展现形式和作用角度认为，“数据（data）是我们通过观察、实验或计算得出的结果。数据有很多种，最简单的就是数字。数据也可以是文字、图像、声音等。数据可以用于科学研究、设计、查证等”③。

《牛津美式英语词典》将数据定义为收集到一起进行分析的事实和统计信息。美国质量协会（ASQ）将数据定义为收集到的一组事实，并把数值数据

---

① 杨嵘均. 论政府数据治理的价值目标、权利归属及其法律保障［J］. 东南学术，2021（4）：113-124，247.

② 郑大庆，范颖捷，潘蓉，等. 大数据治理的概念与要素探析［J］. 科技管理研究，2017，37（15）：200-205.

③ 段效亮. 企业数据治理那些事［M］. 北京：机械工业出版社，2020：3.

分为两种类型：测量数据或变量数据、计数数据或属性数据。①

国际标准化组织（ISO）将数据定义为以适合于通信、解释或处理为目的，以形式化方式对信息重新解释的表达（ISO11179）。② 该定义强调数据的电子性质，并正确地假定数据需要标准，因为它是通过信息技术系统管理的。这就是说，它不涉及跨不同系统以一致的方式将数据形式化的挑战，也不能很好地解释非结构化数据的概念。

笔者则赞同我国以法律的形式对数据的概念进行的界定，即“数据，是指任何以电子或者其他方式对信息的记录”③。

（二）数据的特征

数据具有多方面的基本特征。

1. 数据本身特点方面

一是数据具有无限性。与实物不同，数据不会因使用而耗尽，反而是因使用而产生，会不断被创造，会越来越多。根据《2016—2045 年新兴科技趋势报告》，全球新产生的数据量大约每两年翻一番，这堪称大数据摩尔定律，可见数据将成为最基本的客观产物，数据大爆炸是必然的。

二是数据具有易复制性。数据可以快速地以近乎零成本的方式进行复制，可供多人同时使用，可多次循环使用，一个人的使用可以不排斥和妨碍别人对其使用，不同的人在使用上不存在直接的利益冲突。易复制性使数据具有一定程度的非竞争性和非排他性，但数据不是公共品，有公共数据、企业数据和个人数据之分。④

三是数据具有大量性。这是大数据最显著的特征，在大数据时代，数据规模从 TB 级别扩展到 PB 级别甚至更大，数据量呈爆炸式增长。只有大量的数据，人们才可能发现其中隐藏的价值模式和知识，若数据量过少，人们可

---

① STEVENSON A，LINDBERG C A. New Oxford American Dictionary［M］. Oxford：Oxford University Press，2015.

② Information Technology：Metadata Registries（MDR）：Part Ⅰ：Framework：ISO/IEC 11179-1：2023（en）［S/OL］. ISO，2023-01-16.

③ 《中华人民共和国数据安全法》第三条：“数据，是指任何以电子或者其他方式对信息的记录。”

④ 晒科网. 数据的五个特征、三道难题、一种自大［EB/OL］. 知乎，2023-06-06.

能无法得到准确且有普遍意义的结果。①

四是数据具有多型多类性。其表现为数据形态多样、数据类型及分类方式多样。②

五是数据具有流动性。数据在不同主体之间流动和共享。杨嵘均在《论政府数据治理的价值目标、权利归属及其法律保障》中提到，数据的流动属性给政府数据治理带来挑战，政府需要合理确定各类数据主体的权利和义务，针对不同数据权利结构制定法律保护和救济制度。③ 数据在不同主体间的流动、共享和交易使其治理更复杂，政府需建立有效流动机制保障其安全合法交易，同时其流动也促进了信息共享和创新，为经济社会发展带来了机遇。

2. 数据价值方面

一是数据具有原始性。数据是原始的，它本身并没有意义，只有对它进行处理分析，它才能转变成对人们有用的信息。我们如果说数据是新石油，那么分析就是内燃机。信息是数据提炼后的产物；信息经人脑加工后形成知识，知识具有主观性；数据、信息和知识是历史的，而智慧是关于未来的，是人们运用知识做出决策和判断的能力。

二是数据具有非均质性。均质性普遍存在，如出厂的商品、油电气等能源。数据是非均质的，一比特数据跟另一比特数据所包含的价值完全不同，同一份数据对不同人的价值也不一样。数据价值因使用对象而异，因应用场景而异，因专业化数据质量标准而异。

三是数据具有低价值密度性。数据规模虽然庞大，但是真正有价值的信息可能只占一小部分，这就需要运用合适技术和方法对数据进行筛选、分析，来剔除脏数据，获取高价值信息。

四是数据具有强时效性。一方面，数据是一种易腐品，会随着时间的流逝而贬值。根据 IBM（2015）数据，60%的非结构化数据在几毫秒内就失去真正价值。这意味着，数据的价值很大程度体现在时效性上，超过一半的数

① 晒科网．数据的五个特征、三道难题、一种自大［EB/OL］．知乎，2023-06-06.
② 肖佳．电子数据的几个基本问题［N］．中国纪检监察报，2020-02-26（8）.
③ 杨嵘均．论政府数据治理的价值目标、权利归属及其法律保障［J］．东南学术，2021（4）：113-124，247.

据在产生的那一刻就不再有价值，我们可称之为“一秒钟定律”。能得到分析处理并产生实际效用的数据则更少，全球90%的数据从未得到分析使用。例如，2020年被创建或复制的数据中，只有不到2%的数据被保存并保留到2021年。① 另一方面，数据易改变，即电子数据的内容和形式在不同环境、不同条件下容易发生变化，有时可能发生根本性的改变，并且电子数据的内容、形式包括载体容易发生灭失，收集和利用的电子数据必须全面。②

五是数据具有安全保护需求。数据安全是数据治理的重要问题，随着数据价值提升，数据安全问题越来越突出，包括数据泄露、篡改、滥用等。保障数据安全需要建立完善的数据安全管理体系，政府要加强技术防护和人员管理，提高人们的数据安全意识。李顾元在《〈数据安全法（草案）〉视野下的公共数据治理》中提到，《中华人民共和国数据安全法（草案）》将“政务数据安全与开放”单独成章，政府在保障安全性的前提下从数据质量、采集、处理、存储、开放等方面对公共数据治理提出原则性要求。③

3. 数据治理角度方面

一是数据具有价值挖掘性。数据是与土地、劳动力、资本、技术要素并列的新型生产要素，作为一种信息资源，它是人工智能和大数据的核心要素，在数字经济发展中具有重要价值。例如，司晓在《数据要素市场呼唤数据治理新规则》中指出，随着新一代信息技术的发展，数据资源不断丰富，各国都在加快大数据战略布局，抢占大数据制高点。党的十九届四中全会将数据视为国家基础战略性资源，国家首次在正式文件中提及数据可作为生产要素按贡献参与分配。④ 其中，数据的价值性体现在多方面，如为经济发展提供新动力、提升政府治理能力、推动社会创新等。在数字经济背景下，数据的自由安全流动能够实现价值释放，数据成为数字经济发展的核心驱动力。

---

① 《Store that old data to build digital resilience，IDC says》，载国际数据公司（IDC）网站，https：//www. fierce electronics. com/electronics/store - old - data - to - build - digital - resilience-idc-says.

② 肖佳．电子数据的几个基本问题［N］．中国纪检监察报，2020-02-26（8）.

③ 李顾元．《数据安全法（草案）》视野下的公共数据治理［J］．信息安全与通信保密，2020（8）：29-35.

④ 司晓．数据要素市场呼唤数据治理新规则［J］．图书与情报，2020（3）：7-8.

二是数据治理具有复杂性。数据治理面临复杂问题和挑战，数据量大、类型多样、来源广泛、价值密度低等特点，给数据收集、存储、处理、分析和应用带来困难，同时数据治理涉及法律、技术、管理等多个领域，需要综合考虑各方面因素，政府数据治理能力受多种内外因素影响。刘银喜等人在《政府数据治理能力影响因素分析》中指出，政府数据治理能力受政府系统内部及外部诸多因素影响，包括政府对数据的认知、组织机构、数据资源、组织投入和专业人才，以及公众需求、政府间关系、大数据技术和经济发展水平等。①

三是数据治理具有多元性。政府数据治理涉及多个领域和主体，具有多元性特征。安小米等人在《政府大数据治理体系构成要素研究——基于贵州省的案例分析》中构建了由治理目标、治理主体、治理对象、治理活动、治理工具等要素组成的政府大数据治理体系，体现了数据治理的多元性。② 数据的多元性表现在数据类型多样、治理主体广泛、治理目标复杂等方面。不同类型的数据需要不同的治理方法，政府、企业、社会组织和个人等多个主体共同参与数据治理，各自承担不同的责任和义务。

二、数据的基本分类

数据有多种类型，人们对数据的分类也有多种角度或多方面。笔者综合专家学者诸多观点，从以下几方面阐释数据的基本类型。

（一）从数据主体的方面来看，包括个体数据、企业及组织数据和公共数据

1. 个体数据

每个人在日常生活中产生的数据，如社交媒体上发布的内容、购物记录、移动设备的位置信息等，当汇聚到一定规模时，它们就成了大数据的一部分。

例如，社交平台上用户发布的照片、文字状态等单个数据点看似微不足

① 刘银喜，赵淼，赵子昕．政府数据治理能力影响因素分析［J］．电子政务，2019（10）：81-88.

② 安小米，白献阳，洪学海．政府大数据治理体系构成要素研究：基于贵州省的案例分析［J］．电子政务，2019（2）：2-16.

道，但当数以亿计的用户数据汇聚在一起时，它们就构成了庞大的社交大数据，可用于分析用户行为、社交趋势等。

2. 企业和组织数据

企业在生产经营过程中产生的各种数据，如销售数据、库存数据、财务数据等，以及政府部门在履行职责过程中收集的数据，如人口统计数据、经济数据等，经过不断积累和整合，也可以形成大数据。

例如，电商企业的海量交易数据、物流企业的配送数据等不同类型的数据整合在一起时，人们可以通过大数据分析来优化供应链管理、提高客户满意度。

3. 公共数据

公共数据主要是由政府部门和公共机构在履行公共管理和服务职责过程中收集和产生的数据。具体来说，其主要包括以下几方面。

（1）政务数据。各类行政登记数据，如工商登记信息、不动产登记数据等。这些数据单个来看，是关于特定企业或个人的具体信息，但当大量的数据汇聚起来时，它们就可以反映出一个地区的经济发展态势、产业结构分布等情况，成为大数据的一部分。例如，通过分析某一地区一段时间内的工商登记数据变化，我们可以了解该地区新注册企业的数量、类型、行业分布等，进而判断该地区的创业活跃度和经济发展趋势。

税务数据，包括企业纳税申报信息、税收收入数据等。我们将众多企业的税务数据集合起来，可以分析出不同行业的税收贡献、企业的经营状况等。例如，通过对大量企业的税务大数据进行分析，我们可以发现某些行业的税收增长趋势，这些数据为政府制定产业政策提供参考。

交通数据，如道路监控视频数据、公交地铁刷卡数据、交通流量监测数据等。这些数据的积累可以用于分析城市交通状况、优化交通路线规划、预测交通拥堵等。例如，通过分析公交地铁刷卡数据和道路监控视频数据，相关部门可以了解市民的出行规律，合理调整公交线路和班次，提高公共交通的效率。

（2）公共服务数据。医疗数据包括医院的患者病历数据、医疗检查数据、医保报销数据等。大量的医疗数据汇聚起来，可以用于疾病监测与预防、医疗资源分配、药物研发等。例如，通过分析某一地区的患者病历大数据，相关部门可以发现某些疾病的高发区域和高危人群，有针对性地开展疾病预防工作。

教育数据，如学生学籍信息、考试成绩数据、在线教育平台数据等。这些数据可以用于分析教育质量、学生学习行为、教育资源分配等。例如，通过对学生考试成绩大数据的分析，相关部门可以了解不同学校、不同地区的教育水平差异，这些数据为教育政策的制定和教育资源的优化配置提供依据。

环保数据，如空气质量监测数据、水质监测数据、污染源排放数据等。大量的环保数据可以帮助人们分析环境质量变化趋势、评估环保政策效果、预警环境污染事件等。例如，通过对空气质量监测大数据的分析，相关部门可以了解不同季节、不同地区的空气质量状况，这些数据为大气污染防治提供决策支持。

总之，公共数据的不断积累和整合，为大数据的形成提供了丰富的资源，在公共管理、社会服务、科学研究等领域发挥着重要作用。考虑到当前数据治理、数据保护和数据使用的主流实践，“公共数据、企业数据、个人数据”的分类方式是最被广泛应用的，符合国际上数据管理的法律法规框架，在实际操作中层次清晰。同时，行业数据是在特定行业内部产生和积累的数据，我们通过对企业、行业协会、监管机构等主体提供的数据的聚合、匿名化和分析，提供行业级的洞察。在需要特定行业分析时，我们可以考虑使用行业数据进行补充分类。

（二）从数据的性质分类方面来看，其主要包括结构化数据、非结构化数据和半结构化数据

1. 结构化数据。结构化数据是高度组织和整齐格式化的数据，通常存储在关系型数据库中。它遵循特定的数据模型，如表格形式，其中每行代表一个记录，每列代表一个特定的属性或字段，并且每个字段都有明确的数据类型定义。

例如，企业的员工信息表，其中包含员工编号、姓名、年龄、入职日期等字段，每个字段的数据格式都是固定的。这种数据的优点在于易于存储、查询和分析，数据库管理系统可以高效地对其进行操作。

在金融领域，银行的账户交易记录就是典型的结构化数据，它们可用于快速查询客户的交易历史、余额等信息，也方便进行财务报表的生成和审计工作。

2. 非结构化数据。非结构化数据没有预定义的数据模型或组织方式，形式多样，如文本文件、图像、音频、视频等。以文本数据为例，一篇新闻报道、一部小说、社交媒体上的用户评论等，这些文本的长度、内容和格式都是不固定的。图像和视频数据更是复杂，它们包含了大量的像素信息和视觉元素，没有一种统一的结构来描述。非结构化数据在现代信息环境中占据了很大的比例，人们对其处理和分析需要使用专门的技术，如自然语言处理技术用于处理文本数据，图像识别技术用于分析图像内容等。在内容推荐系统中，该系统分析用户在社交媒体上的非结构化文本评论，可以了解用户的兴趣和偏好，从而为用户推荐更符合其口味的内容。

3. 半结构化数据。半结构化数据介于结构化和非结构化数据之间，它具有一定的结构，但不如结构化数据严格。常见的半结构化数据形式包括 XML 和 JSON 格式的数据。例如，一个 XML 文件可能包含一些标签来标识数据的不同部分，但这些标签的嵌套和内容可能并不完全遵循固定的模式。在网络应用中，许多应用程序接口（API）返回的数据是 JSON 格式，它包含了键值对，但数据的结构可能会根据不同的请求和业务逻辑有所变化。半结构化数据在数据交换和存储中广泛应用，因为它既能够携带一定的结构信息，方便数据的理解和处理，又具有一定的灵活性，适应不同的数据场景。在电子商务平台中，商品信息可能以半结构化的形式存储，其中包含了商品的名称、价格、描述等字段，但不同商品的详细描述内容可能具有很大的差异。

（三）数据存储与处理方式分类

1. 静态数据。静态数据是在一段时间内相对稳定不变的数据。它通常是在某个特定时间点创建后，在后续的使用过程中不会频繁修改，如企业的规章制度文档、法律法规条文等。这些数据在存储时，我们主要关注的是其长期的保存和安全性。存储系统需要确保静态数据在存储期间不被篡改或丢失，人们通常采用具有高可靠性和数据冗余功能的存储设备，如磁带库、光盘库等进行长期存档。在数据处理方面，人们对静态数据的操作主要是读取和查询，用于参考和依据特定的业务规则或法律要求。例如，律师在处理案件时，会从法律数据库中查询相关的静态法律法规数据，并将其作为依据。

2. 动态数据。动态数据则处于不断变化的状态中，其值在短时间内可能多次更新。比如，金融市场中的股票价格数据，这些数据每秒钟都在根据市场的交易情况而变化。动态数据的存储需要能够支持快速的写入和更新操作，人们通常使用高性能的数据库系统，如内存数据库等，来满足实时数据处理的要求。在处理动态数据时，人们需要及时捕捉数据的变化，并进行相应的分析和决策。例如，在电子商务平台的实时库存管理系统中，商品的库存数量会随着用户的购买行为而实时变化，系统需要及时处理这些动态数据，以便准确地向用户显示商品的剩余库存情况，使人们在库存不足时及时补货。

3. 大数据。大数据是指数据量巨大、数据类型多样、处理速度要求高的数据集合。大数据的存储和处理面临着巨大的挑战，传统的存储和处理技术往往无法满足其需求。为了存储大数据，人们通常采用分布式存储系统，如 Hadoop Distributed File System（HDFS），它将数据分散存储在多个节点上，这样扩大了存储容量和提高了可靠性。在处理大数据方面，人们需要使用分布式计算框架，如 MapReduce、Spark 等，这些框架可以并行处理大量的数据，加快数据处理的速度。大数据包含了结构化、非结构化和半结构化数据，如互联网公司收集的海量用户行为数据（浏览记录、点击行为等非结构化数据）、社交网络数据（半结构化的 JSON 格式用户信息和关系数据）以及企业的交易数据（结构化数据）等。通过对大数据的分析，人们可以挖掘出有价值的信息，如用户的消费习惯、市场趋势等，为企业的决策提供支持。

（四）从数据生命周期分类方面来看，其主要包括采集、存储、计算、管理和使用

我国数据基础设施应具备数据汇聚、处理、流通、应用、运营、安全保障等核心能力，提供“采—存—算—管—用”全生命周期的大规模数据流通与应用支撑能力。①

1. 采集。其包括创建、生成和收集。数据的创建和生成是数据生命周期

① 郜蕾．数据基础设施建设的探索、实践与发展建议［J］．通信世界，2024（12）：20-22.

的起始点。在不同的场景下，数据以各种方式产生。在企业业务系统中，每当一笔交易完成，相关的交易数据就会被创建，包括交易时间、金额、参与方等信息。在科研实验中，各种传感器会生成实验数据，如温度传感器记录环境温度的变化数据，这些数据是根据实验的实际情况实时产生的。在移动应用中，用户的每一次操作（如点击、滑动等）都会生成相应的行为数据，这些数据是由应用程序内部的代码逻辑根据用户的交互行为来创建的。

收集数据是将分散产生的数据汇聚到一起的过程。对企业来说，它们可以通过多种渠道收集数据，如从线下门店的销售终端收集销售数据，通过网络平台收集用户的注册信息和在线行为数据。政府部门通过人口普查、经济统计调查等方式收集人口、经济等方面的数据。收集数据的方法和技术多种多样，包括问卷调查、传感器网络、网络爬虫等。在收集过程中，人们需要确保数据的准确性和完整性，避免数据丢失或错误录入。例如，在人口普查中，普查员需要严格按照规定的程序和表格收集居民的人口信息，确保信息的真实性和全面性。

2. 存储。其包括安全存储、数据加密、访问控制、流转安全和数据备份。安全存储是保障数据在存储过程中不被非法访问、篡改或丢失的关键。企业会将重要的数据存储在专门的数据中心中，这些数据中心配备了先进的物理安全设施，如门禁系统、监控设备等，防止未经授权的人员进入。同时，数据存储系统本身也具有多层的安全防护机制，如防火墙、入侵检测系统等，防止网络攻击。在存储敏感数据（如用户的个人信息、企业的财务数据等）时，相关人员更需要采用高强度的加密算法对数据进行加密，使数据在存储介质上以密文的形式存在，即使存储设备被盗取，数据也不会被轻易泄露。

数据加密是一种将原始数据通过特定算法转换为密文的技术。常见的加密算法有对称加密算法（如 AES）和非对称加密算法（如 RSA）。在数据存储过程中，相关人员使用加密技术可以有效地保护数据的机密性。例如，银行对客户的账户信息进行加密存储，只有在合法的授权和正确的解密密钥下，人们才能访问和使用这些数据。加密不仅应用于静态存储数据时，在数据传输过程中（如在网络中从一个服务器传输到另一个服务器）还需要进行加密，来防止数据在流转过程中被窃取。

访问控制是确保只有授权用户能够访问特定数据的机制。通过设置用户角色和权限，系统可以限制不同用户对数据的访问。例如，在企业的办公系统中，普通员工可能只能访问和修改自己的工作相关数据，而部门经理可以访问和管理本部门员工的部分数据，高层管理人员则有更广泛的权限来查看和操作公司的核心数据。访问控制可以基于身份认证（如用户名和密码、数字证书等）和授权策略来实现，防止内部人员的非法访问和数据泄露。

数据在不同系统、不同部门或不同存储介质之间流转时，需要保障其安全。在企业内部，当数据从生产系统传输到分析系统时，相关人员需要进行安全的传输通道设置，如使用虚拟专用网络（VPN）来保证数据的保密性和完整性。在跨企业的数据共享场景中，企业需要更严格的安全协议和数据保护措施。例如，在医疗数据共享中，医院之间共享患者的病历数据时，需要确保数据在流转过程中不被泄露或篡改，并且要符合相关的法律法规和隐私政策。

数据备份是为了防止数据丢失而采取的重要措施。存储设备可能出现故障、遭受自然灾害或人为误操作等，相关人员定期对数据进行备份是必要的。企业通常会采用多种备份策略，如全量备份、增量备份等。全量备份是将所有数据完整地复制一份，增量备份则只备份自上次备份以来发生变化的数据。备份数据可以存储在本地的备用存储设备中，也可以存储在异地的数据中心中，来应对本地发生灾难的紧急情况。例如，一些金融机构会在不同城市建立数据备份中心，确保在主数据中心发生故障时，业务能够快速恢复，数据不会丢失。

3. 计算。其包括计算、分析和处理。数据计算是对数据进行各种数学和逻辑运算的过程。在科学研究中，大量的计算用于数据的模拟和模型求解。例如，在气象研究中，相关部门通过对大量的气象观测数据进行复杂的数值计算，可以预测天气变化。在企业的财务分析中，财务部门需要对财务报表数据进行计算，如计算利润、资产负债率等指标，来评估企业的财务状况。计算可以在单机环境下进行，也可以在分布式计算环境中进行，对大数据量的计算，分布式计算能够显著提高计算效率。数据分析是从数据中提取有价值信息的过程。它包括描述性分析、诊断性分析、预测性分析等多种类型。

描述性分析主要是对数据的基本特征进行总结，如计算平均值、中位数、标准差等统计量。诊断性分析则是探究数据中现象产生的原因，如分析企业销售额下降的原因，可能通过分析市场竞争、产品质量、营销策略等多个相关的数据来找出答案。预测性分析是利用历史数据和统计模型来预测未来的趋势，如通过分析过去的销售数据预测未来的产品销售量。数据分析需要使用各种分析工具和技术，如数据分析软件、机器学习算法等。数据处理涵盖了对数据的清洗、转换、整合等操作。数据清洗是去除数据中的噪声，去除重复数据和错误数据的过程。例如，在收集用户的调查问卷数据时，这些问卷可能会存在一些无效的回答或重复填写的情况，人们需要通过数据清洗来提高数据质量。数据转换包括将数据从一种格式转换为另一种格式，如将日期格式统一，或者对数据进行标准化处理，使不同范围的数据具有可比性。数据整合则是将来自不同数据源的数据合并到一起，如将企业的线上销售数据和线下销售数据整合，以便进行全面的业务分析。

4. 管理。其是数据治理，包括合规、监控和运维。数据治理中的合规是要求企业和组织在数据处理过程中遵守相关的法律法规、行业标准和内部政策。在国际上，有像欧盟的《通用数据保护条例》（GDPR）这样严格的法规，它规定了企业在收集、存储和使用个人数据时的权利和义务，包括获得用户明确的同意、保护数据的安全等。国内也有相关的数据保护和隐私法规，企业需要确保其数据活动在法律框架内进行。同时，不同行业（如金融、医疗等）也有各自的行业标准，企业需要遵循这些标准来保障数据的合规性，避免因违规而面临法律风险和声誉损失。数据监控是对数据的状态和使用情况进行实时监测的过程。通过监控，我们可以及时发现数据的异常变化、非法访问或数据质量问题。例如，网络安全监控可以实时监测网络中的数据流量，如果发现异常的流量模式，可能预示着黑客攻击或数据泄露的风险。在数据质量监控方面，相关人员可以定期检查数据的准确性、完整性和一致性，如监测企业的库存数据是否与实际库存相符、财务数据是否平衡等。监控数据需要使用专门的监控工具和系统，这些工具可以设置阈值和报警机制，当数据出现异常时，这些系统和工具可以及时通知相关人员。数据运维涉及数据系统的日常维护和管理，包括硬件设备的维护、软件系统的更新、数据库的优化等。关于数据中心的硬件设备，需要定期进行检查、维修和升级，来确保其正常运行。软件系统需要及时更新补丁，来修复安全漏洞和提高性能。在数据库运维方面，相关人员需要对数据库进行性能优化，如调整索引、优化查询语句等，来加快数据访问和处理速度。数据运维人员需要具备丰富的技术知识和经验，来保障数据系统的稳定运行，确保数据的可用性和性能。

5. 使用。其包括发布、共享、交易和销毁。数据发布是将数据以一定的形式向特定或不特定的受众公开的过程。政府部门会发布一些统计数据、政策文件等，这些数据的发布对公众了解政府工作、参与社会事务具有重要意义。企业也会发布一些产品信息、财务报告等数据，向投资者、消费者和合作伙伴展示公司的情况。在发布数据时，相关人员需要注意数据的准确性、及时性和安全性，避免因发布错误信息或敏感信息而造成不良影响。例如，政府在发布经济统计数据时，需要经过严格的审核和校对，来确保数据的真实性和可靠性。数据共享是在不同的组织、部门或个人之间分享数据资源的行为。在科研领域，研究人员之间共享实验数据可以促进科学研究的发展，避免重复劳动。在企业之间，数据共享可以实现互利共赢，如供应链中的企业共享库存数据、需求预测数据等，可以提高整个供应链的运作效率。然而，数据共享需要遵循一定的规则和协议，保护数据所有者的权益和数据的安全。例如，在医疗数据共享中，各方需要签订严格的数据共享协议，确保患者的隐私不被泄露。数据交易是将数据作为一种商品进行买卖的活动。随着大数据时代的发展，数据的商业价值越来越受到重视，一些数据提供商专门收集和整理各类数据，并将其出售给有需求的企业或组织。例如，市场调研公司收集消费者的行为数据、偏好数据等，然后将这些数据卖给需要进行市场分析和产品研发的企业。数据交易需要建立完善的市场机制和法律法规，保障交易的公平、公正和数据的合法使用，防止数据的非法交易和滥用。数据销毁是在数据不再需要或达到一定的保存期限后，将其从存储介质中彻底删除的过程。一些包含敏感信息的数据，如企业的离职员工信息、过期的客户资料等，及时将其销毁可以防止数据泄露。数据销毁需要采用专业的技术手段，来确保数据无法被恢复。例如，硬盘等存储设备，人们可以采用物理销毁或数据擦除软件等方式，将数据完全清除，来保障数据的安全性。

（五）从数据的性质分类方面来看，其主要包括定性数据、定量数据和连续数据

定性数据主要通过描述性的语言、其类别或属性来表达信息，不能进行数值计算。这种类型的数据在社会科学、人文研究等领域中被广泛应用。例如，在民族学研究中，不同民族的风俗习惯、文化传统等信息都是定性数据，这些数据通过文字描述来呈现各个民族的独特特征。在市场调研中，消费者对产品的评价（如好、中、差）、对品牌的印象（如高端、亲民等）也是定性数据，它们用于了解消费者的主观感受和态度。定性数据的收集方法通常包括访谈、观察、案例分析等，这些方法可以深入挖掘研究对象的内在特征和意义。由于定性数据不能像定量数据那样进行数学运算，人们对其分析主要采用内容分析、主题分析等方法，从文本中提炼出有价值的信息和主题。

定量数据即离散数据。离散数据由一个个独立的数值组成，通常是整数，其取值是可数的、不连续的。在日常生活中，离散数据的例子随处可见。比如，学校班级里的学生人数，只能是整数，不可能出现半个人的情况；在体育比赛中，球队的得分也是离散数据，它是通过每个球员的进球、罚球等得分情况累加而成的。在商业领域中，某商店一天的顾客数量、每月的订单数量等都是离散数据。人们对离散数据的统计分析通常包括计算频数、频率、众数等，这些统计量可以帮助我们了解数据的分布情况。例如，通过统计某超市不同时间段的顾客数量的频数，我们可以分析出超市的高峰和低谷营业时间，从而合理安排员工的上班时间和进行商品陈列。

连续数据可以在一定范围内取任意数值，通常是实数。它反映了事物在某个维度上的连续变化。人的身高、体重就是典型的连续数据，身高可以在一定的合理范围内（如儿童到成人的生长阶段）取任意值，体重也会随着饮食、运动等因素在一定范围内连续变化。时间也是连续数据，它可以精确到秒、毫秒甚至更小的单位。在科学研究和工程领域中，很多测量数据都是连续数据，如温度、压力、速度等。人们对连续数据的分析需要使用更复杂的统计方法，如计算均值、方差、概率密度函数等，来描述数据的集中趋势、离散程度和分布形态。例如，在气象研究中，相关人员通过对连续的温度数据进行分析，可以了解一个地区的气温变化规律，为气候预测提供依据。

（六）从按数据的来源分类方面来看，其主要包括一手数据和二手数据

一手数据是由研究者直接收集的数据，通常通过调查、实验、观察等方法获得，具有较高的可靠性和针对性，能够满足研究者特定的研究需求。在社会科学研究中，问卷调查是一种常见的收集一手数据的方法。例如，研究消费者对某种新产品的接受程度，研究者可以设计问卷，直接询问消费者的购买意愿、对产品功能的评价等问题，这些问卷收集到的数据就是一手数据。

二手数据源于已有的文献、数据库、统计报告等。二手数据收集成本较低，时间较短，但可能存在数据的准确性和适用性问题，研究者需要进行仔细的筛选和评估。

三、数据的价值及其意义

数据的价值具有多元性、多层次性，数据的价值并非单一的经济价值，数据在医疗保健、公共管理、零售、制造业等领域都具有重要的意义与价值。在数字化时代，数据的价值可以延伸到生活的方方面面，以下是几个主要领域的具体体现。

（一）社会治理价值及其意义

数据的社会治理价值主要体现在公共政策制定和城市管理与服务方面。

1. 公共政策制定。政府可以通过分析社会经济数据、人口数据等，制定更加科学合理的公共政策。例如，根据人口老龄化数据，制定养老政策；根据交通流量数据，规划城市交通布局。数据可以为政策效果的评估提供依据。例如，相关部门通过对教育政策实施前后学生成绩等数据的分析，评估政策的有效性。

2. 城市管理与服务。城市管理者可以利用大数据监测城市运行状态，如交通流量、环境污染、公共安全等，及时发现问题并采取措施。例如，交通部门通过智能交通系统实时监测交通状况，调整信号灯时间，缓解交通拥堵。数据可以提升公共服务的质量和效率。例如，政府通过分析市民的服务需求数据，优化公共服务资源配置，提高服务的针对性和满意度。

（二）提升企业竞争力价值及其意义

数据在提升企业竞争力方面有着十分重要的效能价值及其意义。其主要

体现在企业的精准营销、优化运营管理以及推动创新和产业升级换代几方面。

1. 精准营销。企业通过收集和分析消费者的行为数据、偏好数据等，可以更准确地了解目标客户群体。例如，电商企业根据用户的浏览记录、购买历史等数据，为用户推荐个性化的商品，提高营销的精准度和转化率。这种精准营销不仅可以降低营销成本，还能提高销售额，为企业带来直接的经济收益。

2. 优化运营管理。生产企业可以利用传感器等设备收集生产过程中的数据，实时监测生产设备的运行状态、产品质量等。通过对这些数据的分析，企业可以及时发现生产中的问题，进行预测性维护，降低设备故障率，提高生产效率和产品质量。例如，汽车制造企业通过对生产线数据的分析，优化生产流程，减少生产中的浪费，降低生产成本。物流企业可以通过数据分析优化配送路线，合理安排库存，降低物流成本。例如，物流企业根据交通状况、客户需求等数据，规划最佳的配送路线，提高配送效率，同时减少运输成本。

3. 推动创新和产业升级。一是产品和服务创新。企业可以利用数据挖掘用户需求和痛点，开发出更符合市场需求的产品和服务。例如，智能家居企业通过分析用户的生活习惯数据，开发出更加智能化、个性化的家居产品，满足用户对舒适、便捷生活的需求。二是产业升级。数据驱动的智能化生产是产业升级的重要方向。企业通过引入大数据、人工智能等技术，实现生产过程的自动化、智能化，提高生产效率和产品质量。例如，制造业企业利用工业互联网平台，实现设备之间的互联互通，对生产过程进行实时监控和优化，推动制造业向智能制造转型升级。

（三）个人价值及其意义

数据的个人价值及其意义主要体现在个性化服务与体验和自我认知与发展方面。

1. 个性化服务与体验。个人可以通过数据获得个性化的服务和体验。例如，音乐、视频平台根据用户的收听、观看历史，推荐符合用户口味的内容。健康管理应用可以通过收集个人的健康数据，如运动数据、睡眠数据等，为用户提供个性化的健康建议和管理方案。

2. 自我认知与发展。个人可以通过分析自己的行为数据，如消费数据、学习数据等，了解自己的习惯和偏好，从而更好地进行自我管理和发展规划。例如，人们通过分析自己的消费数据，制订合理的理财计划；通过分析学习数据，调整学习方法，提高学习效率。

总之，数据价值在各个领域都有着重要的体现。随着信息技术的不断发展，数据的规模不断扩大，数据的种类不断增加，数据价值也将不断被挖掘和提升。同时，我们也需要关注数据安全和隐私保护等问题，确保数据的合理使用。

四、数据发展带来的风险

一是数据泄露风险。由于网络攻击、系统漏洞、内部人员违规操作等，大量的个人信息、企业机密数据、国家敏感信息等可能被泄露到外部。例如，一些大型企业的用户数据库被黑客攻击，导致数以万计的用户个人信息被窃取并在暗网上售卖；一些政府部门的信息系统因安全防护不足，可能导致国家机密信息面临泄露的风险，如数据被篡改与被破坏。恶意攻击者可能会篡改或破坏数据，使数据的准确性、完整性和可用性受到破坏。这可能会对企业的业务运营、政府的决策以及个人的生活造成严重影响。比如，金融领域，交易数据被篡改可能导致资金的错误转移；医疗领域，患者的病历数据被篡改可能会影响医生的诊断和治疗。

二是数据丢失风险。因硬件故障、软件错误、自然灾害、人为误操作等，数据可能会丢失。如果企业没有做好数据备份和恢复措施，一旦发生数据丢失事件，企业可能会业务中断、客户流失以及经济损失。例如，一些企业的服务器遭受火灾或水灾等自然灾害，导致存储在服务器上的数据丢失。

三是隐私受侵风险。这类风险主要是因为个人隐私泄露后，导致个人行为被追踪与监控。随着数据的广泛收集，个人的隐私信息如姓名、身份证号、联系方式、家庭住址、购物偏好、健康状况等越来越容易被获取和利用。一些企业或机构可能会在未经用户同意的情况下收集、使用或共享用户的个人信息，从而侵犯用户的隐私权。例如，一些手机应用程序在用户不知情的情况下收集用户的位置信息、通话记录等敏感信息。

大数据技术可以对个人的网络行为、消费行为、社交行为等进行追踪和分析，从而构建出个人的行为模式和画像。这种行为追踪和监控可能会侵犯个人的隐私和自由，让人感觉自己时刻处于被监视的状态中。例如，一些智能设备和智能家居系统可能会收集用户的使用习惯和行为数据，从而泄露用户的隐私。

四是数据垄断风险。数据垄断风险主要包括市场垄断和数据不公平使用两方面。一些大型科技公司或数据平台通过收集大量的数据，形成了数据优势，从而在市场竞争中占据主导地位。这种数据垄断可能会限制其他企业的发展，降低市场的竞争活力，影响行业的创新和发展。例如，一些互联网巨头掌握着大量的用户数据，可以更精准地进行广告投放和产品推广，从而吸引更多的用户和商家，具有垄断地位。另外，在数据不公平使用方面，拥有数据优势的企业或机构可能会利用数据进行不公平的竞争，如对用户进行价格歧视、限制竞争对手的数据访问等。此外，数据垄断还可能导致数据资源的分配不均，一些企业或机构可以获取更多的数据资源，而其他企业或机构则难以获得足够的数据支持，从而加剧市场的不平等。

五是法律和伦理风险。数据发展速度快，相关的法律法规可能无法及时跟上，这导致在数据的收集、使用、存储、共享等方面存在应该“规制”的法律制度空白或模糊地带。这可能会使企业和个人在数据处理过程中面临法律风险，也会给监管部门的执法工作带来困难。例如，对人工智能生成的数据的所有权和使用权限，目前的法律规定还不明确。再如，佛罗里达州一名14岁男孩Sewell Setzer的母亲正起诉谷歌和另一家科技公司，她的儿子在使用热门美剧《权力的游戏》中一个角色的名字与该公司的一个人工智能聊天机器人Character. AI发展出浪漫关系后，因过度依赖程序中的虚拟人物而自杀。该案目前尚未有定论。①

六是技术依赖风险。这类风险主要包括技术漏洞和技术失控两方面。数据发展依赖各种技术，如云计算、大数据、人工智能等，但这些技术本身可能存在漏洞和安全隐患。这些技术漏洞如果被攻击者利用，可能会导致数据

① LIMEHOUSE J. Mother Sues Tech Company after ‘Game of Thrones’ AI Chatbot Allegedly Drove son to Suicide，USA TODAY [EB/OL]. USA Today，2024-10-23.

泄露、系统瘫痪等问题。例如，一些云计算服务提供商的安全防护措施不到位，可能会导致用户的数据被黑客窃取。随着人工智能等技术的发展，数据的处理和分析能力不断提高，但也可能出现技术失控的风险。例如，一些自动化决策系统可能会因为算法错误或数据偏差而做出错误的决策，从而对个人和社会造成危害。

七是数据失真风险。这类风险主要是指数据在传输、使用、集成、存储和加工等诸多环节中，造成元数据出现的“缺斤少两”和“变相”现象。导致这种失真风险，主要有软件方面的“人”能力与硬件方面的“机”能力。

第二节 中国数据实践

一、国家数据基础设施建设

（一）国家数据基础设施定义

国家数据基础设施（NDI）是以数据为核心，在网络、算力等设施支持下，以数据价值释放为目标，面向社会提供一体化数据汇聚、处理、流通、应用、运营、安全保障服务的一类新型基础设施，是覆盖硬件、软件、开源协议、标准规范、流程机制等的有机整体。

（二）国家数据基础设施标准

国家数据基础设施标准主要包括存算设施标准、网络设施标准和流通利用设施标准三方面的内容。

1. 存算设施标准。它分为数据算力设施标准和数据存储设施标准。数据算力设施标准是指规范用于数据采集、处理等的基础算力建设，包括数据算力资源分类、网络架构、虚拟化、软硬件检测及算力能力等标准。数据存储设施标准是指规范用于数据存储的基础设施建设，包括数据存储管理、接口、性能分级、软硬件检测以及数据流量控制、数据容灾备份等标准。

2. 网络设施标准分为以下三类。5G 网络数据传输标准，是指规范 5G 网络数据的接入、传输与管理，包括 5G 网络数据管理、接入要求、传输质量控制、传输协议、传输功能检测、传输性能检测等标准。光纤数据传输标准是指规范光纤数据网络的接入、传输与管理，包括光纤数据网络管理、网络接入要求、网络传输质量控制、网络软硬件检测等标准。卫星互联网数据传输标准是指规范卫星互联网数据的接入与传输，包括卫星互联网数据接入要求、传输格式要求等标准。

3. 流通利用设施标准是指规范数据流通利用中数据接入、数据传输、流通平台、流通应用等相关设施的技术、流程、管控要求，包括数据流通接入要求、传输服务要求、平台技术要求、应用技术要求以及数据流通利用流程、管控等标准。

（三）数据基础设施建设的类型与架构

1. 数据基础设施建设的类型。数据基础设施建设的类型分为硬性数据基础设施和软性数据基础设施。其中硬性数据基础设施主要包括算力、通信和新技术等基础设施，为数据提供高速泛在的连接能力、高效敏捷的处理能力，以及兼顾高效利用和安全保障的硬件支撑能力。软性数据基础设施包括制度基础和机构基础。一方面，体现为落实数据基础制度的数字治理载体，如数据要素相关的法规、政策、标准和协议；另一方面，是作为服务数据要素流动的公共服务设施，如数据开放平台、数据交易所、数据服务机构等服务基础设施，以及所承载的算法、模型、协议等运行机制。

2. 数据基础设施建设的架构。数据基础设施建设的架构要从纵向和横向分别来看待，纵向架构包括以下五类。（1）国家数据空间基础设施：由行业数据空间、区域数据枢纽空间及互连形成，包括整合现有数据平台和设施建设行业数据空间，统筹各地区平台构建区域数据枢纽基础设施，通过前沿数据技术实现互联互通，构建全国一体化安全可信数据生产流通平台。（2）国家融合基础设施：面向数字化转型升级需求，提升传统基础设施数字化水平，包括完善工业互联网体系、推进新型城市基础设施建设、鼓励部署互联网基础设施等。（3）国家算力基础设施：继续深入实施“东数西算”工程，统筹通用算力、智能算力、超级算力布局，以及东中西部算力协同、算力与绿色电力融合、算力发展与安全保障推进、算力与数据算法应用。（4）国家信息基础设施：按照适度超前原则，推进5G、千兆光网、通信枢纽、卫星通信、

IPV6 等网络基础设施建设。(5) 国家数据安全基础设施：一方面以前沿数据技术构建内生安全体系，另一方面建设安全运行平台和指挥体系，开展网络安全攻防对抗演习，加强设施冗余配置，构建外生安全保障。

数据基础设施建设的横向架构，主要包括以下四类。(1) 数据采集存储平台：建立健全标准化和智能化数据采集平台，鼓励与不同类型主体平台对接；利用多种数据存储技术，建立“一地三中心”的本地、异地双容灾备份国家数据存储中心。(2) 数据加工分析平台：建立集成多种功能的通用算法模型、工具和构件，将人工智能技术应用于数据加工生产流程中。(3) 数据流通交易平台：健全完善国家数据共享交换平台，实现政务数据共享交换，探索公共数据和社会数据对接；完善国家数据开放平台，增加开放数量和提高质量，探索多数据融合开放；依托数据交易所建设全国数据交易平台，提供数据交易全过程服务。(4) 数据治理应用平台：利用数据管理技术和区块链、隐私技术，依托政务服务平台建立公共数据运营平台，推动不同数据运营。

(四) 推进数据基础设施建设

关于数据基础设施建设的问题，不同的学者给出不同的观点，有人认为推进数据基础设施建设可从数据空间、软基础设施、硬基础设施三个切入点着手；有人认为可以从推动网络基础设施优化升级、加快传统基础设施数字化改造、强化新型算力基础设施的支撑作用、统筹数字技术突破和数据安全保护四方面入手；有人认为应该从加快突破关键核心技术、强化数据基础设施协同性、夯实数据基础制度体系、完善数据流通支撑体系几方面入手；有人认为从加大高质量数据资源供给力度、构建体系化的数据流通基础设施、统筹部署数据安全共性技术设施、培育壮大数据基础设施产业生态、制定数据基础设施标准规范并建立管理机制、开展数据基础设施建设试点和宣传推广活动等方面入手。

关于推进数据基础设施建设的问题，笔者较为赞成北京交通大学 ICIR 中心教授张向宏的观点，即在数据空间利用方面，选择数据规模大、质量好、应用场景多的行业和城市，统筹建设条块结合的国家数据空间。该空间能容纳多种主体，包括数据所有者、提供者、生产者、消费者等，且能开展自主操作、公平共享和交换、可信管理和认证以及互操作活动，是可信安全的国家数据空间。在硬基础设施方面，国家继续适度超前部署信息通信网络和算力基础等数据硬基础设施，继续深入实施“东数西算”工程，构建全国一体化算力网，以便今后形成高速泛在、天地一体、云网融合、安全可控的网络服务体系。在软基础设施方面，研究者建议构建工具、标准、协议等各种软基础设施。研制数据操作工具，以便数据主体能便捷操作数据授权、删除、修改撤销、权限设置等；研制身份管理工具，确保参与者能确认数据共享的对象；研究认证工具，确保数据平台中的软件连接器可被信任等。

二、国家数据资源体系

目前，关于我国国家数据资源的体系尚未有统一定义。依据《中共中央办公厅 国务院办公厅关于加快公共数据资源开发利用的意见》，国家数据资源体系是以习近平新时代中国特色社会主义思想为指导，以新发展理念统筹发展和安全，以促进公共数据流通使用为主线，依托全国一体化国家大数据中心等集成创新平台，通过数据技术对政府数据及公共数据进行采集、计算、存储、加工，形成包括数据中台、视频中台、物联网感知中台等基础支撑平台，以省市一体化数据共享交换平台、开放平台为主要渠道实现数据共享开放，在政府指导与市场驱动结合、尊重规律与守正创新并行、系统推进与高效协同统一、加快发展与维护安全并重的原则下，为各政务部门提供高质量数据资源服务，支撑跨部门业务大系统建设，推动政府数据跨地区、跨部门、跨层级、跨领域共享开放，实现政府决策科学化、社会治理精准化与公共服务高效化的有效保障的数据治理体系。

关于国家数据资源体系的架构与建设方法，不同学者在不同期刊资讯中均将二者结合论述并提出了自己的见解。有人认为可以从数据产权登记入手打牢基础，强化各类数据汇集与供给；有人认为应构建“政企一体、平战联动、统分结合、管用分离”的国家数据资源储备体系；有人认为可以治理基础数据库，内容涵盖治理主客体的识别信息及其判断基准、关联事项或行为活动的数据及其相关性规定、隐私或保密信息及其安全保护原则、政务信息及其资源目录体系和交换体系等，构建数字化资源开发的体系。

笔者采信、借鉴专家学者各类观点，赞同国家数据资源体系架构主要包括以下几方面。

（一）在数据资源体系构建方面

一是以数据产权登记为抓手筑牢数据资源底座。借鉴其他领域登记制度建设经验，加快全国一体化数据产权登记制度与平台建设，形成覆盖数据权属确认、资产凭证与流通存证功能的数据登记体系，搭建统一登记基础设施，建立全生命周期制度和标准。二是强化各类数据资源汇聚与高质量供给。针对公共数据，要深化整合共享和授权运营，强化资源治理，提升质量水平，探索分类分级确权授权与市场化运营模式。对企业数据，要鼓励市场主体开放数据，构建价格生成与收益分配规则，健全流通交易制度，搭建多层次、多元化数据市场体系。对个人信息数据，要加强隐私和权益保护，探索确权授权框架。对跨境数据，强化流动治理与综合管理，探索离岸数据加工服务外包机制，建设数据中心“保税区”，加强关键技术研发。三是培育数据要素流通创新生态。加快培育专精特新企业，建设数据要素产业集聚区，开展认定制度，完善市场生态体系，培育交易产业创新生态，聚集与培育新型数据商和专业服务机构，优化相关政策，形成政策工具箱，加大创新领域研究和政策扶持力度。

（二）在国家数据资源治理体系方面

一是把握数字经济发展规律的必然要求。在数字经济时代，数据要素的有序流动和高效配置至关重要，数字化转型需要形成适应数字化生产力的制度规则和治理机制，来应对数据乱象和治理难题。二是赢得全球数字竞争和规则标准主动权的战略。实施数据战略、强化数据治理是国际竞争热点，各经济体都希望占据主动，国际数字规则竞争激烈。三是满足数字化发展动力活力的现实需要。我国大数据发展顶层设计成型，但数据规则制度建设滞后，存在数据资源管理统筹不够、数据资产管理能力待提升、数据要素市场机制不完善等问题。

（三）在国家数据资源储备体系方面

国家要构建“政企一体、平战联动、统分结合、管用分离”的国家数据资源储备体系，以“数据长城”计划为抓手，其定位包括应对重大风险挑战、推动国家治理现代化、推进经济高质量发展。其核心要点包括资源配置政企一体、业务定位平战联动、应用模式统分结合、运营机制管用分离。

（四）在国家治理数字化基础架构方面

一是国家治理数字化基础设施建设。其内容涵盖原有信息基础设施、在建数字基础设施，以及以前两类基础设施为基础所建的新能源、新材料及其应用领域等全新基础设施，还有传统基础设施的数字化改造和智慧城市、轨道交通等领域的基础设施，直至拓展至新基建内容。我们想要实现“高速、可靠和强大的数字化基础设施”目标，需要政府与高新技术企业紧密合作，为企业参与数字化建设提供有序环境和有利条件。二是国家治理数字化资源建设。其主要指向治理基础数据库，其内容涵盖治理主客体的识别信息及其判断基准、关联事项或行为活动的数据及其相关性规定、隐私或保密信息及其安全保护原则、政务信息及其资源目录体系和交换体系等。数字化资源的开发利用目标是激活数据要素，使其流通市场，实现数据的汇聚、开放与共享以及信息的生产、流通和整合，通过多方、多次、多维的使用实现增值。目前，我国存在数据开发职责不清、资源重复建设严重、数据权属认定困难、资源利用能力差、数据推动技术的创新动力不足等现实困境。三是国家治理数字化系统建设。其主要指向实现不同治理单元的治理活动功能的数字化应用系统，同时涵盖数字化的人和数字化的机器设备，理想状态是以人为本、人—机友好、操作简便、赋能治理，为国家治理活动提供数据、信息、知识、智能和智慧。

三、国际合作与数据应用

在数据治理应用层面，国际上的现有合作机制内容包括跨境数据流动、数据安全以及个人信息保护等方面。例如，美国在多边自由贸易协定中要求数据跨境自由流动，在自由贸易协定规定中，典型例子如《美国—墨西哥—加拿大协定》。许多区域贸易协定也增设了数字贸易规则专门章节或条款，如《墨西哥—欧盟自由贸易协定》《美国—韩国自由贸易协定》等。跨境数据流动协议中，有 2018 年日本等 11 个国家签署的《全面与进步跨太平洋伙伴关系协定》、欧盟与日本签署的《欧盟—日本经济伙伴关系协定》、2020 年 15

个国家签署的《区域全面经济伙伴关系协定》等多个文件。与此同时，国际组织也相应地做出自己的贡献，世界贸易组织的《服务贸易总协定》及《金融服务协定》对金融数据跨境流动做出规定。经济合作与发展组织等国际组织出台推动跨境数据流动国际合作治理的推荐性“软法”，为国际数据治理合作机制作出了重大贡献。我国在立足本国国情的基础之上，重视国际交流，开展相应国际合作，来增强我国数据治理能力。近年来，我国在数字贸易与数据安全领域积极开展国际合作，在贸易方面，有2011年的《中国—哥斯达黎加自由贸易协定》、2015年的《中国—韩国自由贸易协定》和《中国—澳大利亚自由贸易协定》等双边贸易协定，重点探讨数字领域相关议题，包括消除数字鸿沟、推动电子商务发展以及规制线上个人信息保护等行为的《区域全面经济伙伴关系协定》以及《全面与进步跨太平洋伙伴关系协定》与《数字经济伙伴关系协定》，并且签署了《金砖国家领导人厦门宣言》和《金砖国家数字经济伙伴关系框架》，旨在消除数字鸿沟、加速数字化转型和推动可持续发展。

目前，关于数据治理国际合作的方式方法，多名学者在论文中给出自己的意见，有人建议新增专门国际条约，构建区域合作框架，在尊重共有公共秩序的前提下，应增加“基本安全利益”，当缔约方认为对数据采取规制对保护其基本安全确有必要时缔约方承认其正当性。有人认为可以加强对外贸易投资合作，推进投资协定谈判与升级，引导企业把握投资机会。我国要充分参与现有双多边规则，逐步提高开放水平，加强保障大数据安全技术研究创新，构建数据安全关键技术体系，利用新技术宣传我国数字经济成果和治理经验，防范违法违规信息和意识形态渗透。也有学者认为，从防范数据安全风险的角度来看，我国可以明确不同类型数据的保护水平和保障措施，进一步明确“重要数据”内涵标准等内容，提升可操作性，细化数据跨境评估事项，树立数据跨境全生命周期管理和风险全链条控制理念，加快相关配套规则出台与实施。我国尝试建立独立的数据跨境监管机构，统筹负责数据跨境对外合作事务。

关于数据治理上的国际合作，笔者认为，应当从国内国际层面分别入手，全方位扩大数据治理合作覆盖面。我国推进数据治理国际合作可以从以下几方面着手。

（一）推动专门性国际条约制定。现存全球性自由贸易协定应与专门性数据规制国际条约建立协同机制，在不丧失数据流动规制效力的同时，有效应对数据跨境流动现状。构建区域性合作框架。以区域性为基础制定专门的数据跨境流动条约，便于缔约国沟通数据保护诉求和关切点，减少风险并定期通报进展。在必要公共政策需求下，通过专门安全保护措施促进个人金融信息跨境流动，发挥区域性合作机制在事后追责方面的优势，使各国能根据本国政策和数据变化及时调整措施。

（二）因“国”施策促进对外投资合规健康发展。加强对外贸易投资合作，强化投资并购管理及数据安全审查，对特定投资行为进行安全评估和监管。效仿其他国家搁置数据跨境争议，利用缓冲期根据国际形势和自身情况调整数据跨境政策措施。

（三）开展数据跨境监管主体国际合作。以维护数据主权和网络安全为目的进行制度建设，同时坚持开放思维，加强国际监管协调合作，对接国际标准，促进国家间监管协调。从商业发展角度促进数字经济发展，从以人为本角度保护个人隐私安全。

（四）充分参与现有双多边规则。优先对接部分难度较小条款，采用“小步快走、逐步放宽”方针，在有合作基础的领域中先行尝试放宽跨境限制，以双边贸易协议与国际协定重复条款进行谈判，逐步提高开放水平，提高国际合作参与度。实现数据自由流动，调整数据本地化模式，推广更高标准的数据自由流动模式，增强与发达数字经济体及自由贸易协定的合作，兼顾自由流动与安全保护。借助“一带一路”影响力打开数据跨境治理新局面，达成高水平双边或多边协议，对接 RCEP 规则标准，推动与 CPTPP 成员国贸易谈判。

（五）协调国内跨境数据法规与国内外兼容合作。明确数据保护标准界限，制定清晰可操作的数据保护标准，融入全球标准，接纳高标准数字贸易条款；规范立法用语，整合简化地方政策，构建相互衔接、兼容的国内数据监管体系；加强科技创新体系建设，减少技术依赖，利用优势提升数字贸易竞争力和影响力，推动中国式跨境数据监管模式得到国际认可。创新治理模式，将国内跨境数据监管例外规则与国际标准相衔接，发挥中国影响力，推广跨境数据治理经验，构建特色数据监管体系，注重国际标准认定，建立良好监管合作的关系，优化整合数字监管体系。做到国际跨境数据监管规则兼容并济，完善区域性合作，注重例外规则衔接，开展双边合作，在区域性合作基础上与理念相近的国家建立更密切的合作关系，达到国际组织构建的数据治理国际标准。

四、数据实践带来的困境

随着信息技术的飞速进步，数据已成为推动经济发展、科技创新以及社会治理的关键要素。然而，当我们深入审视数据实践的各个领域时，我们却发现一系列复杂而严峻的问题正逐渐浮现，并成为阻碍数据充分发挥其价值的巨大障碍。从国内数据法律监管的不完善，到跨境数据治理话语权的有限，从全球数据治理规则的碎片化，到数据霸权主义的横行，从有条件数据本地化的实践难题，到公共数据治理的重重困境，再到跨境数据流动治理面临的诸多挑战，数据实践的困境成了学者们研究的热点问题。结合实践与有关学者观点，笔者简要总结了当今数据实践面临的一些困境。

（一）国内数据法律监管规制不完善

法律条款多为原则性、概括性内容，可操作性不强。国内相关法律在实施细则、指南规范、统一性宏观规范等方面存在滞后性，原有行业领域监管规定未能及时修订；国家层面未成立专门的跨境数据监管部门，呈现“多头监管”格局，各部门权力不清、责任不明，这可能导致监管漏洞。我国数据本地化立法虽初成框架，但未形成完整清晰制度体系，存在立法盲区与冲突规定，整体呈现碎片化特征。企业未建立健全数据安全管理制度，数据泄露事件频繁发生，给打击违法行为的执法活动造成困难。

（二）全球数据治理规则碎片化

国际社会尚未建立普遍认可的跨境数据流通规则，导致国家层面、双边或多边关系层次的跨境数据流动规则呈现重复性和碎片化特点。棱镜门事件后，越来越多的国家推行数据本地化政策，增加了数据跨境成本，造成“数据壁垒”，加剧了各国数据治理规则的冲突和碎片化趋势，使建立全球性数据跨境流动规则更加艰难。

(三) 大国数字地缘政治博弈

中美科技竞争影响全球数据治理：中美作为世界最大的两大经济体和数字经济规模最大的两个国家，在全球数据治理中发挥重要作用。随着中国的崛起，美国对中国遏制打压，在科技领域中，两国博弈激烈，对华科技遏制成为美国遏制战略的重要内容。美国以更新自由贸易协定方式构建跨境数据自由流动的“小圈子”，如通过印太经济框架设定跨境数据流动标准。国际数据治理陷入“丛林状态”中：多方参与数据规则制定，难以形成共识；非政府组织提出的方案影响有限；地缘政治因素成为跨境数据困境的主要障碍。

(四) 公共数据治理面临的现实挑战

公共数据治理的主要困境是实现政府公共治理新目标、面临政务大数据运用难题、整体协同能力有待提升。其原因包括传统治理思维固化、科层结构形成壁垒、法律政策环境不好。其现实挑战是人工智能发展与个人数据保护冲突、政府数据开放与公共数据安全冲突、数据治理立法现实性与数据产业发展冲突。

第二章

中国数据治理

第一节　中国数据治理理论

在金融业，加快数据治理是大趋势，通过数据治理与业务的结合，我们可以更精准地了解客户需求，并催生新产品、新业务、新模式。周凌寒则特别关注了金融数据的社会价值及其治理的复杂性，指出金融数据治理对提高金融行业治理能力、推动创新发展具有重要意义，并强调了先进技术与法律法规的支撑作用。他观察到数据治理在国内外发展趋势上的共性与差异，强调在具体实施路径、政策法规环境等方面的特色。此外，我国应揭示数据跨境流动的全球趋势及我国数据资源的战略意义，呼吁综合施策以保障数据资源的开发利用和对外合作。有人从数字中国建设的高度出发，强调了数据治理作为基础工程的重要性，指出其通过提升数据质量与安全性、促进数据共享与流通等方式，为数字中国建设提供了坚实保障，并推动了数字经济创新发展。

综上，数据治理已成为推动各行业数字化转型、提升治理能力的关键，其核心与基础是数据资产管理。数据资产管理需要政府、企业和社会各界共同努力，深化人们对数据治理时代内涵、价值意蕴与实现路径的研究，使人们不断探索创新数据治理理念、模式和方法，来构建具有中国特色的数据治理体系，为数字中国建设和国家治理体系与治理能力现代化贡献智慧和力量。

一、数据治理的定义与范畴

随着数字技术的迅猛发展，数据治理已成为各行各业不可忽视的重要议题。

（一）数据治理定义

目前对数据治理虽然没有官方的政策制度统一定义，但学界普遍认为，数据治理是对数据资产的治理，表现为对其的控制与利用，涉及所有利益相关方的协调与规范。笔者以下将从与数据相关的数据资产和数据资源概念中来释解数据治理这一定义。

1. 数据资产。自 2015 年出台《促进大数据发展行动纲要》至今，我国出台了诸多政策和法案来推进数据的发展和要素的资产化。2020 年 4 月 10 日，《中共中央　国务院关于构建更加完善的要素市场化配置体制机制的意见》正式公布，其将数据确立为五大生产要素（土地、资本、劳动力以及技术）之一，这标志着数据要素市场化已成为数字中国建设不可或缺的一部分，数据资产时代已然来临。2022 年 12 月，中共中央和国务院发布《关于构建数据基础制度更好发挥数据要素作用的意见》（简称“数据二十条”），这是我国首次提出“数据资产”相关表述的政策文件。2023 年 12 月 31 日，财政部发布《关于印发〈关于加强数据资产管理的指导意见〉的通知》，我国进一步明确数据资产作为经济社会数字化转型进程中的新兴资产类型，正日益成为推动数字中国建设和加快数字经济发展的重要战略资源①，我国亟须加强数据资产全过程管理。该文件的出台对我国当前数据资产管理工作正处于“摸着石头过河”的阶段具有重要的指导意义。目前，我国对数据资产的明确定义具体见于 2023 年 9 月 8 日在财政部指导下由中国资产评估协会印发的《数据资产评估指导意见》中。该指导意见的出台为数字资产入表、交易、流通和相关运作构建了设施基础。② 其将数据资产定义为“特定主体合法拥有或

① 财政部．关于印发《关于加强数据资产管理的指导意见》的通知［EB/OL］．中国政府网，2023-12-31.

② 中国资产评估协会．中评协关于印发《数据资产评估指导意见》的通知［EB/OL］．中国资产评估协会官网，2023-09-14.

者控制的，能进行货币计量的，且能带来直接或者间接经济利益的数据资源”，即数据资产的形成建立在甄别筛选并评估数据资源的基础上。

2. 数据资源。中国资产评估协会印发的《数据资产评估指导意见》同时明确，数据资源是指经过加工后，在现时或者未来具有经济价值的数据。

首先，在大数据时代，单一数据价值十分有限，真正促使数据成为社会生产要素的是“数量大、类型多、价值密度低、时效要求高”的巨量数据集合。① 其次，识别并排除脏数据的干扰是进行数据资源筛选重要的一点。因为在产生的海量数据中，其中很大一部分实际上从未被使用过，人们试图管理每一条数据是不可能的。生命周期管理要求将重点放在组织关键的数据上，并将数据 ROT（冗余的 Redundant、过时的 Obsolete、碎片化的 Trivial）减到最少。②

《数据资产评估指导意见》同时明确了数据资产的特征及其基础评估方面，即数据资产的特点包括非实体性、依托性、可共享性、可加工性、价值易变性等。非实体性是指数据资产无实物形态，虽然需要依托实物载体，但是决定数据资产价值的是数据本身。数据资产的非实体性也衍生出数据资产的无消耗性，即其不会因为使用而磨损、消耗。依托性是指数据资产必须存储在一定的介质里，介质的种类包括磁盘、光盘等。同一数据资产可以同时存储于多种介质中。可共享性是指在权限可控的前提下，数据资产可以被复制，可被多个主体共享和应用。可加工性是指数据资产可以通过更新、分析、挖掘等处理方式，改变其状态及形态。价值易变性是指数据资产的价值易发生变化，其价值随应用场景、用户数量、使用频率等的变化而变化。数据资产的评估方面包括信息属性、法律属性、价值属性等。信息属性主要包括数据名称、数据结构、数据字典、数据规模、数据周期、产生频率及存储方式等。法律属性主要包括授权主体信息、产权持有人信息，以及权利路径、权利类型、权利范围、权利期限、权利限制等权利信息。价值属性主要包括数

---

① 中国信息通信研究院政策与经济研究所，美团数据安全与治理委员会，君泽君律师事务所．数据治理研究报告（2020 年）：培育数据要素市场路线图［R/OL］．中国信息通信研究所，2020-11.

② DAMA 国际．DAMA 数据管理知识体系指南［M］．DAMA 中国分会翻译组，译．北京：机械工业出版社，2020.

据覆盖领域、数据所属行业、数据成本信息、数据应用场景、数据质量、数据稀缺性及可替代性等。

（二）数据治理范畴

关于数据治理范畴，有人认为，在当前数字化转型和数字经济发展的大背景下，数据治理的核心是通过完善的政策、制度、技术框架，确保数据在从采集、存储、处理、分析到流通的全生命周期内能够安全、合规、有效地运作。其不仅限于技术管理，还涉及数据的权利、责任和治理框架的构建。[①]具体来说，数据治理的范畴具体包括理、聚、管、治、用五方面。

具体来说，数据治理的范畴具体包括理、聚、管、治、用五方面。其中，“理”指的是梳理组织管理中的核心数据，来形成清晰的数据脉络；“聚”则强调构建一套全面的数据汇聚机制，确保数据的集中与整合；“管”通过标准管理、元数据管理和质量管理等手段，确保数据的规范性和准确性；“治”涉及数据的清洗、分类、转换、关联、质检以及小库等步骤，来提高数据质量；“用”则是数据治理的最终价值体现，旨在通过数据的共享与开发，进一步提升数据的实际应用价值。

华为云中心基于企业数据治理经验，认为企业数据治理具有四个范畴。这是因为随着大数据时代的到来，数据已经成为企业最重要的资产，然而数据的质量、安全、合规性和可利用性等问题也日益凸显。数据治理作为一种管理方法，可以帮助企业有效地管理数据，提高数据质量，降低数据风险，提高数据价值。数据治理可以分为四个范畴：数据资产管理、数据质量管理、数据安全管理和数据合规管理。

1. 数据资产管理。数据资产管理是数据治理的基础，它包括数据的收集、存储、处理、分析和利用等各个环节。数据资产管理的目标是确保数据的完整性、准确性和可用性，提高数据的价值。企业需要建立一套完整的数据资产管理流程，包括数据需求分析、数据收集、数据存储、数据处理、数据分析和数据利用等。同时，企业还需要对数据资产进行分类、编码、命名和描述，以便数据的查找、管理和利用。

---

① 张文魁．数据治理的底层逻辑与基础构架［J］．新视野，2023（6）：63-71.

2. 数据质量管理。数据质量管理是数据治理的核心，它包括对数据的质量进行检视、评估和改进。数据质量管理的目标是确保数据的质量，降低数据风险，提高数据的价值。企业需要建立一套完整的数据质量管理流程，包括数据质量的定义、数据质量的检视、数据质量的评估和改进等。同时，企业还需要对数据质量进行度量、分析和报告，以便数据的检视、评估和改进。

3. 数据安全管理。数据安全管理是数据治理的重要环节，它包括对数据的安全进行保护、检视和管理。数据安全管理的目标是确保数据的安全，防止数据泄露、篡改和损坏，提高数据的价值。企业需要建立一套完整的数据安全管理流程，包括数据安全的定义、数据安全的保护、数据安全的检视和管理等。同时，企业还需要对数据安全进行评估、分析和报告，以便数据的安全保护、检视和管理。

4. 数据合规管理。数据合规管理是数据治理的保障，它包括对数据的合规性进行审查、评估和管理。数据合规管理的目标是确保数据的合规性，降低数据风险，提高数据的价值。企业需要建立一套完整的数据合规管理流程，包括数据合规的定义、数据合规的审查、数据合规的评估和管理等。同时，企业还需要对数据合规进行评估、分析和报告，以便数据的合规审查、评估和管理。

总之，数据治理是一个系统性的工程，它需要企业建立一套完整的数据资产管理、数据质量管理、数据安全管理和数据合规管理流程，来提高数据的价值，降低数据风险。同时，它还需要企业对数据治理进行持续的检视、评估和改进，来适应不断变化的数据环境和业务需求。

笔者基于《数据治理体系完整指南》，认为数据治理范畴亦可概括为理、聚、用、管、治五方面。① 无论数据治理范畴被如何界定，数据治理范畴可以包括如下基本内容。

①数据策略和原则，即制定组织的数据治理目标、策略和原则，为数据治理提供指导和框架。②数据治理组织结构，即建立数据治理相关的组织结构，如数据治理委员会、数据管理团队和数据负责人等，明确各个角色的职

① 大数据启示录．数据治理体系完整指南［EB/OL］. 知乎，2023-06-29.

责和权力。③数据标准和规范，即制定统一的数据定义、数据分类、数据质量要求等标准和规范，来确保数据的一致性和可用性。④数据质量管理，即通过数据清洗、验证和监控等手段，持续改进数据质量，确保数据的准确性、完整性和一致性。⑤数据安全和隐私保护，即实施数据访问控制、加密、脱敏和审计等措施，确保数据的安全性和隐私保护。⑥数据元数据管理，即收集、维护和管理数据的元数据（描述数据的数据），以便更好地理解、使用和管理数据。⑦数据生命周期管理，即管理数据从创建、存储、使用到销毁的整个生命周期，确保数据在不同阶段的合规性和有效性。⑧数据合规性和审计，即遵循相关法规和政策，如 GDPR（欧盟通用数据保护条例）和 CCPA（加州消费者隐私法案），确保数据的合规性和可靠性，同时进行定期的数据审计，来评估数据治理的效果和改进方向。⑨数据治理技术和工具，即采用适当的技术和工具，如数据质量工具、数据目录、数据集成工具等，来支持数据治理的实施和管理。⑩数据治理培训和沟通，即提供数据治理相关的培训和沟通，提高组织内部员工的数据意识和数据治理能力。

另外，DAMA 即“国际数据管理协会”（Data Management Association International）在数据管理领域具有很高的权威性和影响力，其致力于为企业和数据管理专业人士提供数据管理的最佳实践、标准和知识体系。在其出具的 DAMA 知识体系（DAMA-DMBOK）中，其构建出数据管理框架（也称为 DAMA 车轮图，参见图 2-1）。其具体以数据治理为中心，涵盖了数据架构、数据建模、数据存储与操作、数据安全、数据集成与互操作性、文件和内容管理、参考数据和主数据管理、数据仓库和商务智能、元数据管理等十方面的数据管理职能领域。这为数据治理，尤其是企业数据治理的范畴奠定了重要的基础。①

① DAMA 国际 . DAMA 数据管理知识体系指南［M］. DAMA 中国分会翻译组，译 . 北京：机械工业出版社，2020.

图 2-1　DAMA-DMBOK2 数据管理框架（DAMA 车轮图）

①数据治理（data governance），通过建立一个能够满足企业需求的数据决策体系，为数据管理提供指导和监督。②数据架构（data architecture），定义了与组织战略协调的管理数据资产蓝图，来建立战略性数据需求及满足需求的总体设计。③数据建模和设计（data modeling and design），以数据模型（data model）的精确形式，来发现、分析、展示和沟通数据需求。④数据存储和操作（data storage and operations），以数据价值最大化为目标，包括存储数据的设计、实现和支持活动以及在整个数据生命周期中，从计划到销毁的各种操作活动。⑤数据安全（data security），确保数据隐私和机密性得到维护，数据不被破坏，数据被适当访问。⑥数据集成和互操作（data integration and interoperability），包括与数据存储、应用程序和组织之间的数据移动和整合相关的过程。⑦文件和内容管理（document and content management），用于管理非结构化媒体数据和信息的生命周期过程，包括计划、实施和控制活动，尤其是指支持法律法规遵从性要求所需的文档。⑧数据和主数据（reference and master data），⑨数据仓库和商务智能（data warehousing and business intelligence），包括计划、实施和控制流程来管理决策支持数据，并使知识工作者

通过分析报告从数据中获得价值。⑩元数据①（metadata），包含规划、实施和控制活动，以便能够访问高质量的集成元数据，包括定义、模型、数据流和其他至关重要的信息（对理解数据及其创建、维护和访问系统有帮助）。⑪数据质量（data quality），包括规划和实施质量管理技术，来测量、评估和提高数据在组织内的适用性。

二、数据治理的基础理论

在当前全球数字化浪潮中，数据治理已成为国际竞争的焦点和各国必须积极面对的问题。

（一）中国数据治理的流程设计

中国数据治理的流程设计是从政府数据治理、企业数据治理和个人数据治理三个层面展开的。

1. 政府数据治理流程设计

（1）顶层设计。我们关注以下几个方面。一是规划数据战略，明确数据治理在政府工作中的目标和方向，结合政府的政务目标、社会治理需求等，确定数据对政府决策、公共服务、经济发展等方面的支撑作用，如制定未来一段时间内数据驱动的政务发展规划、明确数据在提升城市治理水平方面的战略定位等。二是成立数据治理委员会或相关组织，建立专门的数据治理领导机构。该机构由政府相关部门领导、技术专家、业务骨干等组成，他们负责统筹规划、协调推进数据治理工作。相关部门要明确各成员的职责和分工，

① 元数据（metadata），又称中介数据、中继数据，是描述数据的数据（data about data），是描述数据属性（property）的信息，用来支持如指示存储位置、保存历史数据、资源查找、文件记录等功能。技术元数据是描述数据系统中技术领域相关概念、关系和规则的数据，主要包括对数据结构、数据处理方面的特征描述，包括数据源接口、数据仓库、数据集市、ETL、OLAP、数据封装和前端展现等全部数据处理环节。业务元数据是描述数据系统中业务领域相关概念、关系和规则的数据，主要包括业务术语、信息分类、指标定义和业务规则等信息。管理元数据是描述数据系统中管理领域相关概念、关系和规则的数据，主要包括人员角色、岗位职责和管理流程等信息。元数据最为重要的特征和功能是为数字化信息资源建立一种机器可理解的框架。如果没有合适的元数据，主数据管理就会失语。如果没有元数据，数据治理就没有语料。参见段效亮．企业数据治理那些事［M］．北京：机械工业出版社，2020：4.

确保数据治理工作的有效开展。三是确定数据治理评价与考核指标，制定科学合理的评估指标体系，用于衡量数据治理工作的成效，包括数据的准确性、完整性、及时性、安全性等方面的指标，以及数据治理对政务效率提升、公共服务改善等方面的贡献度指标。

（2）数据归集。我们关注以下几个方面。一是梳理数据来源，政府各部门对自身所掌握的数据进行梳理，明确数据的产生渠道、存储位置、更新频率等信息，如公安部门的人口信息、税务部门的纳税信息、民政部门的婚姻登记信息等。二是按照标准规范采集数据，依据统一的数据标准和规范，采用合适的技术手段采集数据，确保数据的格式、内容符合要求。对纸质文件等非数字化数据，进行数字化转换。例如，通过扫描仪将纸质档案转化为电子文件，并按照规定的格式进行存储。三是数据整合与汇聚，将分散在各个部门、各个系统中的数据进行整合，汇聚到统一的数据平台或数据中心中，以便进行集中管理和分析。这可能涉及数据接口的开发、数据传输的加密等技术。

（3）数据治理实施。我们关注以下几个方面。一是数据质量提升，包括数据清洗（去除数据中的噪声，错误、重复等信息，对缺失的数据进行补充或修复）、数据标准化（制定统一的数据标准，对数据的格式、编码、单位等进行规范，确保不同来源的数据能够相互兼容、对比和分析）。二是数据质量监控，建立数据质量监控机制，定期对数据质量进行检查和评估，及时发现和解决数据质量问题。通过数据质量报告等形式，向相关部门反馈数据质量情况。三是数据安全保障，包括安全制度建设（制定完善的数据安全管理制度，明确数据的访问权限、使用范围、保密要求等，规范数据的存储、传输、处理等环节的安全操作）、安全技术防护（采用加密、脱敏、访问控制等技术手段，保障数据的安全性；对重要数据进行备份，防止数据丢失或损坏）、安全审计与监督（建立数据安全审计机制，对数据的使用情况进行监督和审计，发现和防范数据安全风险）。

（4）数据共享与开放。我们关注以下几个方面。一是数据共享，包括梳理可共享数据资源（各政府部门梳理本部门可对外共享的数据资源，明确数据的共享条件、方式和范围）、建立数据共享平台（搭建统一的数据共享交换平台，实现各部门之间的数据共享和交换）、共享申请与审批（需要共享数据的部门通过平台提出申请，数据提供部门对申请进行审批，根据规定的权限和范围决定是否同意共享）。二是数据开放，包括确定开放数据范围（政府根据法律法规和政策要求，确定可以向社会公众开放的数据范围，包括公共服务数据、统计数据、地理信息数据）。三是数据发布与更新（将开放的数据通过政府数据开放平台进行发布，提供数据的下载、查询、接口调用等服务）。同时，相关部门定期对开放数据进行更新，确保数据的时效性。四是用户反馈与互动，建立用户反馈机制，收集社会公众对开放数据的使用意见和建议，不断完善数据开放工作，提高数据的利用价值。

（5）持续运营与优化。我们关注以下几个方面。一是日常运营管理，对数据治理的各个环节进行日常管理和维护，包括数据的存储、备份、更新、安全监控等，确保数据的正常运行和使用。二是效果评估与反馈，定期对数据治理的效果进行评估，分析数据治理对政府决策、公共服务、经济发展等方面的影响，总结经验教训，为进一步优化数据治理工作提供依据。三是流程优化与改进，根据效果评估的结果和用户的反馈，对数据治理的流程、标准、制度等进行不断优化和改进，提高数据治理的效率和质量。

2. 企业数据治理流程设计

（1）目标规划与策略制定。我们关注以下几个方面。一是明确目标，企业需要结合自身业务发展战略、数字化转型需求等，确定数据治理的总体目标，如提高数据质量、实现数据标准化、提升数据安全性、增强数据的可用性和提高数据的价值等。二是制定策略，基于目标制定相应的数据治理策略，包括确定治理的范围（哪些数据需要进行治理）、重点领域（如客户数据、财务数据等）、治理的优先级等。同时，企业要制订数据治理的长期和短期计划，明确各阶段的工作重点和预期成果。

（2）组织建设与职责划分。我们关注以下几个方面。一是组建团队，建立专门的数据治理组织或团队，成员应包括数据管理员、数据分析师、业务人员、技术人员等。该团队负责数据治理的规划、执行、监督和评估等工作。二是明确职责，清晰界定各成员的职责和权限，如数据管理员负责数据的日常管理和维护，业务人员负责提供业务需求和数据使用反馈，技术人员负责数据系统的建设和技术支持等。同时，相关部门要建立数据治理的决策机制，确保在治理过程中人们能够及时做出正确的决策。

（3）数据标准制定。我们关注以下几个方面。一是定义标准，统一制定数据的定义、格式、编码、取值范围等标准，确保企业内不同部门、不同系统之间的数据具有一致性和可比性。例如，关于客户姓名、身份证号等关键信息，企业要明确其标准的录入格式和验证规则。二是标准发布与培训，将制定好的数据标准正式发布，并对企业内相关人员进行培训，使其了解和掌握数据标准的内容和要求，确保在数据的录入、存储、使用等环节中他们能够按照标准执行。

（4）数据质量评估与监控，即定期对企业内的数据质量进行评估，包括数据的准确性、完整性、一致性、时效性等方面。相关部门可以采用数据质量评估工具或编写脚本等方式，对数据进行抽样检查和分析，找出存在质量问题的数据。我们关注以下几个方面。一是质量监控，建立数据质量监控机制，对数据的产生、传输、存储、使用等过程进行实时监控，及时发现数据质量问题。例如，相关部门对数据的录入环节进行实时校验，对数据的传输过程进行监控，确保数据的完整性和准确性。二是问题反馈与处理，当发现数据质量问题时，我们要及时反馈给相关部门和人员，使相关人员制定相应的处理措施。关于一般性的数据质量问题，可以进行数据清洗和修正；关于严重的数据质量问题，相关部门需要深入分析原因，制定长期的解决方案。

（5）数据采集与整合。我们关注以下几个方面。一是数据采集，根据数据治理的目标和需求，确定需要采集的数据来源和采集方式。数据来源可能包括企业内部的业务系统、数据库、文件等，也可能包括外部的数据源，如合作伙伴提供的数据、互联网上的数据等。相关部门采用合适的技术手段，如 ETL（Extract, Transform, Load）工具，将数据从源系统抽取到数据仓库或数据治理平台中。二是数据整合，对采集到的数据进行整合和清洗，去除重复数据、无效数据和噪声数据，对数据进行转换和标准化处理，使不同来源的数据能够统一存储和管理。同时，相关部门建立数据之间的关联关系，确保数据的完整性和一致性。

（6）数据存储与管理。我们关注以下几个方面。一是存储规划，根据数据的类型、规模、使用频率等因素，规划合理的数据存储结构和存储方式，选择合适的数据库管理系统、数据仓库或数据湖等存储技术，确保数据的安全存储和高效访问。二是数据管理，建立数据的备份和恢复机制，定期对数据进行备份，来防止数据丢失。同时，相关部门对数据的访问权限进行管理，确保只有授权人员能够访问和使用数据，并加强数据的安全管理，采取加密、访问控制等措施，确保数据的机密性和完整性。

（7）数据应用与共享。我们关注以下几个方面。一是数据应用，将治理后的数据应用到企业的业务决策、风险管理、市场营销等各个领域中，为企业的业务发展提供支持。例如，企业通过数据分析挖掘客户需求，优化产品设计和营销策略；通过数据监控预警风险，及时采取措施降低风险损失。二是数据共享，建立数据共享机制，促进企业内不同部门之间的数据共享和协同。企业制定数据共享的规则和流程，明确数据的所有者、使用者和共享范围，确保数据的合法、安全、有序共享。

（8）持续优化与改进。我们关注以下几个方面。一是效果评估，定期对数据治理的效果进行评估，分析数据治理对企业业务发展的贡献和影响。企业通过建立数据治理的指标体系，如数据质量指标、数据使用效率指标等，对数据治理的成效进行量化评估。二是优化改进，根据效果评估的结果，总结经验教训，发现数据治理过程中存在的问题和不足，及时进行优化和改进。同时，企业关注数据治理技术的发展和应用，不断引入新的技术和方法，提升数据治理的水平和能力。

3. 个人数据治理流程设计

（1）数据盘点。首先需要清楚个人数据的范畴，如个人文档、照片、视频、联系人信息、账号密码等，确定数据的存储位置，如本地硬盘、移动硬盘、云端存储等。

（2）数据分类。按照数据类型（如工作文档、生活记录）、重要程度（如重要合同文件、日常笔记）、使用频率（经常使用的软件账号、很少用的会员卡信息）等进行分类。例如，将工作相关的文档放在一个文件夹中，生活照片放在另一个文件夹中。

（3）数据清理。关于无用的数据，如过期的文件、重复的照片，考虑删除来节省空间。同时，检查数据的准确性，修改错误信息，如更新联系人中已变更的电话号码。

（4）数据安全保护。对重要数据设置访问权限，如给包含隐私信息的文件夹加密。同时，使用强密码，并定期更换，避免在不可信的网络环境下访问敏感数据。

（5）数据备份。定期备份重要数据，如将本地文档备份到云端或者外部硬盘中。可以设置自动备份，确保数据不会因为设备损坏等丢失。

（6）数据更新和维护。当个人信息变更时（如更换工作单位），个人自己要及时更新相关的数据，并且定期回顾和检查整个数据治理流程，确保其有效性。

（二）中国数据治理发展

2022 年至今，我国数据要素市场发展进入快车道。党的二十大报告强调：要加快建设数字中国，加快发展数字经济。“数据二十条”初步搭建了我国数据基础制度体系的“四梁八柱”，擘画了数据要素市场发展的宏伟蓝图。2023 年 2 月，中共中央、国务院发布《数字中国建设整体布局规划》，我国分阶段制定目标任务，从短期确定了到 2025 年数字中国建设发展格局，从长期提出“到 2035 年，数字化发展水平进入世界前列，数字中国建设取得重大成就”的发展愿景。

（三）中国数据治理路径借鉴

美国数据治理借助硬件、电子化发展，主要从企业数据治理开始，逐步发展到个人数据治理；英国数据治理源于个人数据治理、数字化管理等，但目前主要侧重数据跨境交易；欧盟侧重公共数据管理、个人数据治理，且其对个人数据治理的体制机制法律法规建设是最早、最完善的；日韩虽然也日渐关注数据安全，但其政府管理比较松懈，归于各自部门、协会的管辖。

目前，中国数据治理发展主要借鉴美国的企业数据治理经验、英国的个人数据治理经验、欧盟的公共数据管理经验。并且，中国数据治理源于企业数据管理，逐渐扩展到公共领域，涵盖政府、企业、社会组织的多层次应用。① 美国、欧盟和日本作为全球数据治理的主要参与者，展现出了不同的数据治理实践路径，并在合作与竞争中推动全球数据治理进程。与此同时，中国也积极参与全球数据治理，并取得了一定的成绩，但仍面临诸多挑战，特别是在数据立法域外管辖、数据跨境流动及数据要素利用等方面。国内数据治理法治化已初步形成法律制度框架，为数字经济发展提供了必要的基础性保障，但法律供给仍滞后于数据产业发展的实际需求和速度，我国需要继续探索和完善。同时，全球数据治理机制存在不足，中国需坚定不移地贯彻总体国家安全观，适应数字技术和数字经济发展的新要求，找到参与全球数据治理的平衡点，形成数据治理的中国方案。

在中美数据治理的比较中，两国虽都处于世界领先地位，但因历史文化、数字技术与数字经济差距及数字地缘政治等因素，存在明显差异和分歧，这给未来全球数据治理带来不确定性。在国内，基层治理是国家治理的基石，推进基层数据治理是落实数字中国建设理念、实现国家治理体系和治理能力现代化的重要工程。因此，加快完善数字基础设施，推进数据资源整合和开放共享，保障数据安全，以数字技术推动基层治理各资源要素有效贯通，赋能基层治理提质增效，是大势所趋。

（四）中国数据治理“头雁”

1. 数据治理理论研究所。中国数据治理方面有不少具有影响力的“头雁”研究所，具体如下。

（1）清华大学中国电子数据治理工程联合研究院。2021 年 7 月 7 日，经清华大学校务会正式批准设立，其为学校校级科研机构。该研究院聚焦数据治理研究领域，整合了校内相关院系研究力量和中国电子产业优势，致力于开展基础理论、制度体系及关键技术的研究，注重理论研究与实践应用相结合，对推动国家治理体系和治理能力现代化建设具有重要意义。

（2）中国信通院云计算与大数据研究所。其在数据治理领域开展了大量的研究工作，对数据治理的发展趋势、相关标准等进行深入研究和解读，并且积极参与数据治理相关的标准制定和推广工作，为行业提供了很多有价值

---

① 沈岿．数据治理与软法［J］．财经法学，2020（1）：3-12.

的研究成果和指导建议。

(3) 复旦大学大数据研究院。其虽然不是专门的数据治理研究所，但在大数据相关领域中的研究实力强劲，其研究方向涵盖了数据治理相关的多个方面，如数据安全、数据应用等，其对推动数据治理的理论研究和实践应用具有重要作用。

(4) 国家信息中心中经网软件开发部。其在数据治理方面有一定的研究和实践成果，尤其是在数据采集、处理和清洗等环节的数据治理技术和应用方面有深入的探索。

(5) 浙江之江绿色科技创新研究院。其在 ESG（环境、社会和公司治理）数据治理方面开展了相关研究工作，对提升企业的数据治理能力以及推动可持续发展具有积极意义。

2. 数据实践领先地区

目前，我国数据实践领先地区主要是在安徽的合肥、湖北的武汉、浙江的杭州和贵州省。贵州省是全国首个大数据综合试验区。

三、数据治理的核心原则

其一，“和合共生”原则。公共数据治理有多方主体矛盾，需要新的制度进行规范，我们将“和合共生”理念融入公共数据国家治理中，则为其提供了新的思路和路径。

其二，追求正义原则。数据治理哲学的精髓在于追求天道、地道与人道的统一。天道者，规律也；地道者，机巧也；人道者，人性也。遵循规律，运用时代最新技术对制造和管理赋能，最终实现人性光辉的释放是酷特智能转型升级和组织变革的逻辑。“义谓天下合宜之理，道谓天下通行之路”，数据治理哲学一以贯之的是对正义的追求，就是要在企业经营管理的天、地、人三道合一中坚守正确的义利观。企业只有树立正确的义利观，践行义利的动态平衡，才能实现义利合一、德道相通。习近平主席在韩国国立首尔大学的演讲中提道：“国不以利为利，以义为利也。”① 企业经营同样需要正确的

① 习近平．共创中韩合作未来 同襄亚洲振兴繁荣［N］．人民日报，2014-07-05（2）．

义利观。酷特智能认为，企业经营不仅要关注利益相关者的利关系，还要关注利益相关者的义关系，这要求企业将义和利视为统一体并融入企业的制度设定中，摒弃零和博弈的思维，让员工的个人目标与企业的整体目标在义利的层面上达成一致，实现企业与员工和社会的共赢。①

其三，普惠、开放、共享、包容、公平等原则。自 20 世纪 80 年代起，我国在数据治理领域不断探索，并形成了具有中国特色的数据治理体系。我国始终坚持党的领导与以人民为中心的基本原则，同时体现出普惠、开放、共享、包容、公平等原则。中共中央、国务院印发《关于构建数据基础制度更好发挥数据要素作用的意见》（以下简称“数据二十条”），其提出了围绕数据要素治理、数据基础制度建设的五项原则。第一，遵循发展规律，创新制度。数据基础制度的建设必须在认识和把握数据发展的基本规律的前提下，来实现探索促进适应数据要素和数字化时代发展的生产关系变革，从而建立有效的市场机制与体系。第二，坚持共享共用，释放价值红利。让数据共享红利惠及最广大的人民群众，这是数据要素治理的根本目的，数据要素市场应满足不同类型企业的不同需求，不断提高企业创新能力，不断激发行业发展新动力，为数字经济发展提供公平、普惠的基础环境。第三，强化优质供给，促进合规流通。数字化背景下的经济社会高质量发展，需要不断优化数据要素供给侧改革，在依法合规的流通交易模式下，确保数据价值有序、健康、可持续地释放。第四，完善治理体系，保障安全发展。全面、系统、科学的数据治理体系是统筹数据要素市场构建的最重要保障。我国要坚持发展与安全并重，有效预测、应对数据安全风险，有效监管数据流通交易，发挥企业、行业与政府多方力量，共创良好的发展格局。第五，深化开放合作，实现互利共赢。基于双边多边协商和合作，我国要推进数据跨境模式创新，积极参与国际规则制定，探索建立适应国际环境与世界经济发展的规则体系。

公共数据作为数据治理中的重要内容，是当前我国数据要素化过程中的重点。公共数据治理同样应遵循一定的具体原则。一是发展优先原则，我国目前正处于探索释放数据要素价值的关键时期，要通过发展解决问题，在发

① 孙新波，李金柱．数据治理：酷特智能管理演化新物种的实践［M］．北京：机械工业出版社，2020：1213.

展中解决问题，也要设置相应的容错机制，推动释放公共数据价值。二是最小范围原则，包括数据范围最小化、知悉范围最小化、权限范围最小化三个层面，探索建立合法合规、安全可靠的公共数据应用规则。三是不可回溯原则，审慎对待原始数据的流转交易行为，结合多样的技术手段和数据处理方法，实现公共数据中敏感、隐私信息的不可回溯，保障流通应用中的数据安全、个人隐私和企业利益。四是区分场景原则，不能对公共数据的隐私和安全保护要求一概而论，而应是在统一的原则要求下，结合不同类型场景，确定具体的治理机制、治理要求和治理模式。

同时，我国要坚持“数据发展主义”策略。数据治理及数据基础制度建设，既要强调数据保护，同时也要强调数据发展，我国的数据治理与数据发展策略是在二者之间找到一个平衡点，兼顾发展和安全。当下及未来，我国依然要坚持数据发展主义策略。这也是在数据治理过程中，对数据跨境等问题的基本理念和策略。对我国数据发展而言，发展是第一要义，我国在发展的同时要避免可能产生的各种风险。尤其是在数据资源开发利用上，我国在发展与安全保护两方面都面临着诸多紧迫性工作，国家数据局的成立和“数据二十条”的出台，能够促进数据资源的开发和利用，从而更好地让数据赋能数字经济高质量发展，推动数字中国建设总体规划的实施。同时，在《中华人民共和国个人信息保护法》《中华人民共和国数据安全法》等数据保护相关法律制度下，我国要持续对数据开发使用过程中可能产生的风险进行强力的监管，保障数据治理与数据发展的安全底线。①

四、数据治理的目标和价值

（一）数据治理的目标

在当今高度信息化的时代，能带来直接或者间接经济利益的数据已成为

① 孟庆国，张腾．数据治理与数据基础制度建设［EB/OL］．清华大学互联网产业研究院，2023-08-04.

一种重要的战略资源，其重要性不亚于传统的石油和天然气。① 党的十九大以来，党中央对发展数字经济的思考更加深入。党的十九届四中全会首次提出将数据作为新的生产要素，这标志着我国正式进入数据红利大规模释放时代。中共中央、国务院发布“数据二十条”，将数据作为一种新生产要素首次写入了中央文件中，这使我国成为全球第一个在国家政策层面将数据确立为生产要素的国家，这是中国共产党的重大理论创新，更是习近平经济思想的重要体现。② 至此，数据作为关键生产要素的地位得到确立。

在当今时代，数据作为新型生产要素，具有巨大的经济价值和社会价值。数据要素的高效利用、与其他要素的高效结合能够推动数字经济发展，创造红利。数据作为新质生产力，可以进一步解放和发展社会生产力。笔者以下将从数据治理的直接目标、根本目标展开分析。

1. 数据治理的直接目标。数据治理的直接目标是充分挖掘、释放数据要素价值。途径是提升数据效能，即将数据作为新生产要素加速融入生产、分配、流通、消费和社会服务管理等各环节中，推动数智一体化平台的总体建成，并顺应数据全球化的趋势，塑造发展新动能和新优势，加快数字经济社会发展质量变革、效率变革、动力变革。③ 其具体包括如下几方面。

（1）提升数据质量。数据治理可以帮助企业和组织提高数据的质量，确保数据的准确性、完整性和一致性。通过建立数据质量管理体系，企业可以对数据进行清洗、整合和验证，从而提高数据的可用性和价值。一是准确性。确保数据准确无误地反映实际情况，减少数据错误和偏差，为决策提供可靠的依据。例如，在金融领域，准确的客户信息和交易数据对风险评估和业务决策至关重要。二是完整性。保证数据的完整，不缺失关键信息，避免因数据不完整导致的分析结果偏差或业务流程中断。比如，在企业的客户关系管理系统中，完整的客户信息包括基本信息、购买记录、沟通记录等，有助于

---

① 孟庆国，张腾．数据治理与数据基础制度建设［EB/OL］．清华大学互联网产业研究院，2023-08-04.
参见《什么是数据治理？我国与新加坡的数据治理有何异同》。

② 卢延纯．夯实数据要素驱动基础　培育数据资产价格链［J］．价格理论与实践，2023（3）：12-14，25.

③ 加强数据治理 释放数据价值［EB/OL］．光明网，2023-12-26.

企业全面了解客户需求。三是一致性。使不同系统、不同部门之间的数据保持一致，避免数据冲突和矛盾。例如，企业内部各个业务系统中的客户数据应保持一致，以便企业能够统一管理和分析客户信息。四是及时性。确保数据能够及时更新和获取，来反映最新的业务状态和情况。对实时性要求较高的业务，如物流、金融交易等，及时的数据能够帮助企业快速响应市场变化和业务需求。

（2）实现数据资产标准化。一是定义统一标准。企业通过制定和实施数据标准，包括数据的命名规则、数据类型、数据格式、编码规范等，实现企业范围内数据的一致性和可理解性。例如，统一制定产品数据的标准格式，方便企业内部各部门对产品信息进行理解和使用。二是元数据管理。企业要对数据的定义、来源、结构、关系等元数据进行有效管理，提高数据的可追溯性和可管理性。元数据就像数据的“说明书”，能够帮助用户更好地理解数据的含义和用途。三是打破数据孤岛。企业要消除不同部门、不同系统之间的数据壁垒，促进数据的共享和流通，实现数据的协同效应。例如，企业通过建立企业级的数据平台，整合各个业务系统的数据，实现数据的互联互通。

（3）保障数据安全。数据治理可以帮助企业和组织保障数据的安全，防止数据泄露、篡改和滥用。通过建立数据安全管理制度和技术保障体系，企业可以对数据进行分类、分级和加密，从而提高数据的安全性和可靠性。

（4）促进数据共享。数据治理可以帮助企业和组织促进数据的共享和开放，打破数据孤岛，实现数据的流通和应用。通过建立数据共享平台和开放平台，企业可以推动数据的共享和开放，提高数据的利用效率和价值。

（5）符合法规要求。数据治理可以帮助企业和组织符合相关的法规和标准要求，如欧盟的《通用数据保护条例》（GDPR）和中国的《中华人民共和国网络安全法》等。通过建立数据治理框架和制度，企业可以确保数据搜集使用等的合规性和合法性，维持社会秩序。①

（6）促进数据价值最大化。一是驱动业务洞察和决策支持，利用数据分析技术，深入挖掘数据中的潜在信息和价值，为企业的战略决策、业务运营、

① 数据治理：释放数据价值的关键［EB/OL］. CSDN 博客，2024-09-05.

市场营销等提供有力的支持。例如，通过对销售数据的分析，企业可以了解客户的购买行为和偏好，制定更精准的营销策略。二是推动创新和增长，将数据作为创新的驱动因素，鼓励企业基于数据开展业务创新和模式创新，提升企业的竞争力和增加市场份额。例如，互联网企业利用大数据技术开发个性化推荐系统，为用户提供个性化的服务和产品。

（7）加强数据生命周期管理。企业对数据从采集、整合、存储、使用到废弃的整个过程进行管理，确保数据在其生命周期中的完整性、可用性和安全性。例如，在数据采集阶段，确保数据的来源可靠、准确；在数据存储阶段，采取合适的存储方式和技术，保证数据的安全和可访问性；在数据使用阶段，对数据的使用权限进行严格管理，防止数据泄露和滥用。

（8）培养数据人才。数据管理人才存在较大缺口，数据管理推进后劲不足。充足的人才供给是推动行业发展的根本动力。由于数据管理是一个新兴领域，专业人才供应量相对较少，难以满足企业数据管理日益增长的需求。同时，数据管理人才分布不均，他们主要集中于金融、通信、互联网等行业中，传统行业的人才缺口较大。

2. 数据治理的根本目标。数据治理的根本目标是提升综合国力，赋能实现中国式现代化，增进人民福祉，即提升社会数字素养，缩小数字鸿沟，使不同群体都能够充分享受数字经济带来的便利和机遇；保障民生福祉，促进共同富裕；通过教育、培训等方式提高公众对数据的认识和应用能力，促进数据治理的广泛参与。①

（二）数据治理的价值

数据治理的价值在于促进技术创新与行业发展，为企业提供精准可靠的数据支持，助力精细化管理与智能化决策。同时，对企业来说，它也有助于理论与实践的深度融合，提升企业核心竞争力。随着企业规模的扩大和数字化转型的深入，数据治理面临越来越复杂的挑战。我们要深入研究这些问题，探索科学有效的治理方案，为企业带来显著的效益。

此外，数据治理还存在五大价值：高质量数据决策、数据合规性和风险

---

① 提升全民数字素养与技能专家系列解读丨顺应数字时代潮流　加快提升全民数字素养与技能［EB/OL］. 中国网信网，2022-08-25.

管理、数据资产价值最大化、数据共享与协作以及优化业务流程。这些价值共同构成了数据治理的核心优势，为企业的数字化转型和可持续发展提供了有力保障。

综上所述，数据治理不仅是企业数字化转型的核心环节，还是推动行业发展和提升核心竞争力的关键所在。因此，加强数据治理，构建完善的数据治理体系，对企业的发展和行业的进步具有重要意义。未来，随着数据技术的不断发展和数据治理的不断深入，数据治理将为企业带来更多意义和价值。

第二节 中国数据治理实践

近年来，数据治理已成为社会多领域关注的焦点，其在社区教育、政府开放数据、公共数据及政府统计数据等方面的作用日益凸显。

在社区教育领域，数据治理被视为提升教育质量、促进个性化发展、优化资源配置及推动教育公平的关键手段，这展现出其对教育领域的深远影响。同时，政府开放数据治理效能的提升也被视为加快政府职能转变、构建数字化、服务型和法治化政府的重要举措，这要求政府通过多种手段对数据开放全生命周期进行有效管控。

此外，随着数据运作的普及，数据滥用和不合理运作等问题也日益凸显，强调了数据规制的必要性及安全防护、隐私权保障的重要性。在政府统计数据治理方面，其作为重要决策依据和公共产品的地位，对数据治理的专业性提出了更高要求。

因此，数据治理在多个领域都展现出其重要性和复杂性，它不仅是提升各领域效率和公平性的关键手段，还是应对大数据时代挑战和机遇的重要途径。政府、企业和社会各界需共同努力，加强数据治理的研究和实践，来确保数据的合法、合规使用，并充分发挥数据在推动社会进步和发展中的巨大潜力。

一、中国数据治理实践的主要环节

中国数据治理实践主要集中在数据产权、流通交易、收益分配和安全治理四方面。

(一) 数据产权

在数字经济时代，数据产权的界定与治理成了一个备受关注的重要议题。多位学者对此进行了深入研究，并提出了各自的观点和建议。何梦婷等人强调，数据产权的界定与分配是数据治理的首要问题，需要政府及业界共同努力，通过划定数据权属、开展数据产权治理等方式，保障数据权益的同时促进数据流转，平衡数据资源的私人产权和公共价值。马斌则指出，在分割产权理论应用于数据产权架构的过程中，存在一些问题，如财产权与合同的边界模糊、利益束细分导致法律预期不稳定、分割产权导致形同所有权等。他建议转向基于模块理论的数据持有权，来更好地解决这些问题。董涛则关注知识产权数据治理，认为数据化进程给知识产权的治理结构和治理模式带来了较大变化。他提出，知识产权数据治理需要技术赋能和多维度协同支撑与规范制约，来推动知识产权治理体系的完善与治理能力的提升。马诗雅则针对知识产权数据作为新的生产要素，强调了其在文学创作、科技创新等方面的基础性作用。她指出，互联网环境下知识产权数据面临诸多风险，需要加强风险防范工作，推动知识产权公共服务高质量发展。方燕则从数字经济向纵深发展的角度出发，强调了数据治理在数字市场监管和治理中的重要性。她认为，为了更好地看清数字时代的未来，需要深入探究数据及其技术带来的深刻变革，并提炼出数据治理过程中涉及的经济学基本理论问题。

综上所述，数据产权的界定与治理是一个复杂而重要的议题，需要政府、企业和社会各界共同努力。政府通过制度创新、技术创新和模式创新等方式，推动数据资源的高效利用和公平分配，为数字经济的持续健康发展提供有力支撑。同时，政府也需要加强风险防范工作，确保数据安全和隐私保护，维护数字市场的有效竞争和创新激励。

(二) 流通交易

在数字经济的大潮中，数据流通交易正扮演着越来越重要的角色，它不仅是经济增长的新动力，还是科技创新的源泉。然而，数据流通交易之路并非坦途，面临着数据安全、隐私保护、权属界定及跨境流通规则等多重挑战。针对这些挑战，多位专家提出了各自的见解。有的强调需要重新审视数据治理策略，构建既保护数据权益又促进流通的治理范式；有的则主张探索跨境数据流通的新途径和新模式，构建多层次的治理体系，同时利用先进技术保障数据安全；有的聚焦于医疗数据流通，提出利用区块链等技术完善信用机制，重塑监管模式，并加强知识产权保护。这些建议共同指向了一个方向：完善数据流通交易的制度，加强数据安全和个人隐私保护，明确数据权属，推动跨境数据流通规则的制定和实施。只有这样，我国才能充分释放数据的价值，促进数字经济的健康发展。数据流通交易的发展是一个系统工程，需要政府、企业、社会和个人等多方面的共同努力。通过不断完善制度环境、加强技术保障和推动国际合作，我们期待一个更加开放、安全、高效的数据流通交易市场形成，并使其为数字经济的繁荣贡献力量。

（三）收益分配

在数字经济蓬勃发展的背景下，数据作为新兴生产要素，其收益分配问题日益凸显，并成为影响经济高质量发展的关键一环。邢丽指出，数据要素收入分配面临诸多挑战，如成本与市场价值核算难、收益分割不清等，同时公共数据的确权、跨域互信、流通安全与隐私保护等问题也亟待解决。她建议通过完善财税政策、数据管理机制等，提高数据流通效率与公平性，并强调平台企业的社会责任。王磊则基于党的政策导向，强调将数据纳入生产要素参与收益分配中，这是经济制度的创新，需建立健全数据产权规则、市场体系与交易制度，平衡效率与公平，构建高效公平的数据收益分配机制。李凯更以宁波市为例，提出完善公共数据收益公平分配机制的重要性，建议引入公共数据信托模式，将使用权转化为股权收益，并明确有偿使用与收益分配标准，为地方乃至全国立法提供借鉴。赵申豪关注政府数据开放下的收益分配不公问题，提出通过提升公众数据处理能力、实施有偿开放制度等措施，缩小数据企业与信息主体间的财富差距。沈斌则进一步探讨了政府数据开放收益分配模式的多样性，建议根据数据开放方式的不同，采取无偿、有偿及营利性收费等多种模式，确保政府作为数据持有者的合理收益。数据要素收益分配机制的完善需综合考虑多方面因素，包括技术创新、制度设计、市场规则与社会责任等，旨在实现数据资源的高效利用与公平分配，推动数字经济的持续健康发展。

（四）安全治理

随着大数据时代的来临，数据治理与网络安全问题已成为各行各业不可忽视的重要议题。多位学者和研究人员针对此问题进行了深入探讨，并提出了相应的解决策略。陈泽恩强调企业应重视数据治理和网络安全，加强管理和技术支撑，确保数据安全。施骏则指出在突发公共卫生事件中，AI 的应用为数据治理提供了关键支持，并强调建立坚实的数据治理框架和强化隐私保护的重要性。杨呈永等人在总结国内研究历程的基础上，从安全监管架构与技术架构两方面入手，针对高校数据治理系统的安全风险提出了数据分级、数据脱敏、数据权限管理信息系统等应对措施，并展望了可搜索加密技术、深度学习入侵检测系统以及隐式身份认证技术等未来发展方向。郑荣等人则聚焦于复杂信息环境下的产业数据安全治理问题，探索并提出了完整的产业数据安全治理体系框架。最后，张军等人强调了随着数字经济的快速发展，数据安全问题的重要性，特别是会计师事务所作为数据流动的重要节点，加强其数据安全管理迫在眉睫。

二、中国数据治理实践的主体及其体悟

中国数据治理实践主要集中在公共（政府）、企业和个人数据三方面。

（一）政府公共数据治理实践发展脉络

中国政府在数据治理方面不断发展和完善，大致流程、相关阶段时间及实际事件阐述如下。

1. 顶层设计阶段。顶层设计于 21 世纪 10 年代开始逐渐加强。例如，2015 年 8 月，国务院发布《促进大数据发展行动纲要》，2015 年是一个具有标志性的时间节点，其标志着国家开始将大数据提升到国家战略的高度，并从顶层对数据治理进行规划。

在 2020DAMA 中国数据管理峰会上，中国软件评测中心副主任吴志刚在演讲报告中提出，2020 年是数字经济的元年，更是数据治理的元年。这一提法得到业界的广泛认同，由此可见，数据治理是企业数字化转型的关键，是

数字经济基础的基础。①

国家不断制定相关的数据治理政策、战略规划和法律法规，为数据治理提供宏观的指导和法律保障。2021 年，《中华人民共和国数据安全法》和《中华人民共和国个人信息保护法》的出台，进一步完善了数据治理的法律框架，对数据的安全管理、隐私保护等方面进行了明确规定。

“十二五”规划期间，国家对信息化建设给予了高度重视，将其作为推动经济社会发展的重要战略举措。这在一定程度上为政府数据治理的顶层设计提供了宏观政策环境和发展方向。规划中提出要加强信息资源的开发利用，推动信息技术在政府管理、公共服务等领域的广泛应用，这也为政府数据治理工作的开展提供了政策支持。

国家相关部门亦开始加强对电子政务标准的研究和制定工作，为政府数据的规范化管理提供标准依据。例如，工信部等部门组织制定了一些电子政务数据交换、信息安全等方面的标准规范，为政府数据的互联互通和安全管理提供了技术标准支持。

2020 年 5 月，中共中央、国务院出台的《关于构建更加完善的要素市场化配置体制机制的意见》，提出培育数据要素市场，将数据作为一种重要的生产要素纳入市场化配置的体系中，这为后续数据治理的相关政策制定奠定了基础。

2023 年 2 月 27 日，《数字中国建设整体布局规划》明确了数字基础设施和数据资源体系是数字中国的两大基础，提出了畅通数据资源循环，包括构建国家数据管理体制机制、推动公共数据汇聚利用、释放商业数据价值潜能等，对数字中国建设进行了整体布局。

2023 年 3 月，十四届全国人大一次会议第三次全体会议表决通过了《国务院机构改革方案》，提出组建国家数据局。国家数据局负责协调推进数据基础制度建设，统筹数据资源整合共享和开发利用，统筹推进数字中国、数字经济、数字社会规划和建设等。

---

① DAMA 中国数据管理峰会取得圆满成功：2020 数据治理的元年［EB/OL］. 中国日报中文网，2020-10-27.

截至目前，国家数据局已出台公共数据开发利用、数字经济高质量发展、城市全域数字化转型、数字经济促进共同富裕、“数据要素×”三年行动计划、全国一体化算力网、国家数据标准体系建设指南等方面的重要政策文件 8 份。国家数据局后续还拟出台企业数据开发利用、数据产业高质量发展、公共数据资源登记、公共数据授权运营、数据空间、数据流通安全治理等方面的 7 份政策文件。

2. 组织建立阶段。各地方政府在 2010 年代后期开始陆续推进组织建立。如截至 2019 年年底，我国 31 个省（自治区、直辖市）中，已设立专门数据管理机构的省份为 22 个。这些省明确牵头政府部门，打破部门壁垒，构建多部门共同参与的数据治理组织。一些地方政府成立了大数据管理局、政务数据中心等专门机构，它们负责统筹协调数据治理工作。同时，在数据主管部门的领导下，各省成立数据治理专班，包括技术管理委员会、数据治理团队、业务专家团队等组织，形成权责清晰的统筹协调体系。

贵州省大数据发展管理局的成立。贵州省是我国较早重视大数据产业发展和数据治理的省份之一。2015 年，贵州省成立了大数据发展管理局，这是一个专门负责统筹全省大数据发展和数据治理工作的政府机构。该机构的成立对整合贵州省内的政务数据资源、推动数据开放共享、促进大数据产业发展起到了重要的推动作用。它为其他地方政府提供了一个数据治理组织建设的范例，也为贵州省在数据治理领域中的探索和实践提供了有力的组织保障。

广州市政务服务数据管理局的组建。广州市作为经济发达、信息化程度较高的城市，在数据治理方面也进行了积极探索。2019 年，广州市组建了政务服务数据管理局，将政务服务与数据管理职能进行整合，旨在打破部门之间的数据壁垒，提高政务数据的管理和应用水平。该机构负责统筹推进广州市的“数字政府”建设，包括政务数据的归集、共享、开放和应用等工作，为广州市的政务服务和城市治理提供了有力的数据支持。

国家互联网信息办公室在数据治理的组织协调方面发挥了重要作用。随着互联网的快速发展，网络数据的安全和治理成为重要问题。国家互联网信息办公室负责制定互联网数据管理的相关政策和法规，协调各部门之间的数据治理工作，加强对网络数据的监管和保护。例如，在网络安全法的实施过程中，国家互联网信息办公室积极推动相关工作，加强了对网络数据的安全管理，为数据治理提供了法律保障和政策支持。国家发展和改革委员会在数据治理的宏观规划和政策制定方面发挥着重要作用。例如，国家发展和改革委员会制定了一系列关于大数据发展的规划和政策，推动了国家大数据综合试验区的建设，加强了对数据中心、云计算等基础设施的统筹规划。这些工作为数据治理提供了政策引导和基础设施支持，促进了数据治理工作的开展。

3. 标准制定阶段。标准制定伴随数据治理工作不断更新完善，从 2010 年代起持续进行。全面、切实可行的数据标准规范体系，包括总体规范、技术框架、数据资源目录规范、数据分类规范、元数据规范、数据资产管理规范、数据安全规范、数据运营规范和数据运维规范等。政府组织相关领域的专家、学者和企业代表，共同研究制定数据标准。例如，某些城市在政务数据治理项目中，制定了统一的数据格式、编码标准和数据交换协议，为数据的共享和应用奠定基础。

《数据管理能力成熟度评估模型》（GB/T 36073-2018）于 2018 年 3 月 15 日发布，规定了数据管理的 8 个能力域以及相应的成熟度等级划分等内容，为企业和政府机构评估自身数据管理能力提供了标准和方法，有助于推动各单位不断提升数据管理水平，对政府在数据治理过程中对数据管理能力的提升和自我评估具有重要指导意义。《信息技术服务治理第 5 部分：数据治理规范》（GB/T 34960.5-2018）于 2018 年 6 月 7 日发布，明确了数据治理的相关术语、原则、治理域、治理过程等内容，为政府部门开展数据治理工作提供了基本的规范和指导，使政府在数据治理时有了统一的标准可依，对提高数据治理的科学性和规范性具有重要作用。

贵州省的数据治理标准探索。贵州省作为我国大数据产业发展的先行地区，在数据治理标准制定方面进行了积极探索。例如，该省制定了一些针对大数据产业发展的数据治理地方标准，包括数据存储、数据交易、数据安全等方面的标准，这为贵州省的大数据产业发展和政府数据治理提供了有力的支撑。上海市在数据治理方面也制定了一系列地方标准和规范，如在数据开放、数据共享、数据安全等方面出台了相关的标准和指南，这为上海市的政府数据治理工作提供了具体的操作规范和标准依据。

4. 数据归集阶段。不同地区和部门根据统一安排逐步推进数据归集。例如，宁波市江北区 2022 年年初开展“保好耕地‘一件事’”数据归集工作，分阶段进行数据治理和归集。数据生产部门按照政务数据目录和相关标准规范归集本部门数据，并向大数据中心完整归集。政府通过建立数据采集平台、整合各类信息系统等方式，收集来自不同部门、不同领域的数据。

浙江省较早地进行了政务数据归集的探索和实践，打造全省统一的政务数据交换平台，如将公安、民政、社保等多个部门的数据进行集中汇聚和交换。这为政务服务的高效开展提供了有力支持，像群众办理业务时，工作人员可以快速获取所需的多部门数据，提升了办事效率。相关人员对归集到的数据进行清洗和标准化处理，确保数据的质量和一致性。比如，对不同部门提交的人口信息数据，相关部门按照统一的标准进行整理，去除重复、错误数据，统一数据格式和编码，为后续的数据应用和分析奠定基础。北京市建立了市级大数据平台，整合各个委办局的数据资源。北京市通过制定统一的数据采集和归集标准，要求各部门将相关数据上传至大数据平台。在交通领域，相关人员将交通管理部门的路况监测数据、公交地铁的运行数据等进行归集，为城市交通的智能化管理提供数据支持。贵州省作为我国大数据产业发展的先行地区，积极推动数据的归集工作。其成立了大数据管理机构，制定相关政策和标准，引导各部门、企业等将数据进行归集。例如，该省建立了多个大数据产业园区，吸引了大量的数据企业入驻，同时也促进了政府部门与企业之间的数据交流和归集。贵州省牵头建立人口、法人、电子证照、空间地理等基础数据资源库，为政务服务、社会管理等提供了全面、准确的数据支持。2022 年 1 月，宁波市江北区自然资源和规划局向市局大数据中心提交“保好耕地‘一件事’”数据归集第一阶段（最近两年）的数据治理最终成果，这是该区“保好耕地‘一件事’”应用建设的数据基础。该区后续还将按要求完成其他阶段的数据归集治理工作。

5. 数据质量提升贯穿数据治理的全过程，不断进行优化，包括对归集的数据进行质量检查、清洗和修复，去除重复数据、纠正错误数据、补充缺失数据等，提高数据的质量。政府部门利用数据治理工具和技术，建立数据质量监测机制，定期对数据质量进行评估和改进。例如，江苏省某市大数据中心项目中，建立了超过3000条数据质检规则。

2018年左右，浙江省在大数据发展过程中，不断加强数据质量提升工作。例如，该省通过建立数据质量监测平台，对各部门上传的数据进行实时监测和分析，及时发现数据质量问题并通知相关部门进行整改。同时，该省制定了严格的数据质量标准和规范，要求各部门按照标准进行数据采集、存储和传输，确保数据的准确性、完整性和一致性。2019年起，北京市加强政务数据的质量提升工作。一方面，加大对数据采集环节的管理力度，要求各部门在数据采集时严格按照规定的格式和标准进行，确保数据的源头质量；另一方面，建立数据质量评估机制，定期对各部门的数据质量进行评估和考核，并将考核结果纳入政府部门的绩效评估体系中，从而提高各部门对数据质量的重视程度。2020年以后，贵州省在大数据产业发展的基础上，进一步强化数据质量提升。该省成立了专门的数据质量治理工作小组，对全省的数据进行全面梳理和排查，对存在质量问题的数据进行分类、整理和整改。同时，该省加强了对数据治理企业的监管，要求企业按照相关标准和规范进行数据处理和管理，保障数据质量。2023年，雅安市采取“三举措”持续开展共享开放数据治理，不断提升数据质量。该市成立“数据质量治理”专班，分县（区）、分部门“包保”推进，通过微信工作群、电话指导、现场演示等多种形式，及时协调解决各单位数据治理中所遇到的问题。市政府组织全市相关单位参加数据治理专题培训会，使人们统一认识、明确目标。各部门对平台上现有数据进行逐一检查，平台技术人员复核把关，对问题数据目录和低质量数据进行处理、优化、下架。

6. 数据安全保障。随着数据重要性的不断提升，安全保障工作持续加强。各地区要加强数据安全管理，制定数据安全策略和制度，采取加密、脱敏、访问控制等技术手段，保障数据的保密性、完整性和可用性，并建立数据安全应急响应机制，应对突发的数据安全事件。

2017 年，《中华人民共和国网络安全法》施行，将数据安全纳入网络安全范畴，网络安全等级保护制度、关键信息基础设施保护制度、个人信息保护制度等为保障数据安全提供重要制度支撑。2021 年 6 月，《中华人民共和国数据安全法》正式颁布，我国确立国家数据安全工作体制机制，构建数据安全协同治理体系，明确预防、控制和消除数据安全风险的一系列制度、措施，提升国家整体数据安全保障能力。2023 年，根据国务院机构改革方案，我国组建国家数据局。这一举措明确了地方数据管理机构的上层指导，在统筹管理公共数据开发利用的同时，也将全力拉动数据安全产业快速发展，充分扩大数据安全技术在各领域、各部门的应用空间。

7. 数据共享与开放阶段。数据共享与开放从 2010 年代起逐步推进，近年来不断加快步伐。2019 年，国家数据共享交换平台的数据共享服务调用量已超过 8 亿次，跨部门、跨地区数据共享交换量超过 600 亿条。数据生产部门梳理本部门可共享数据资源，在数据共享交换平台上注册、发布和及时更新的情况。数据应用部门根据履行职责需求申请数据共享，通过数据共享交换平台提出共享申请，数据生产部门对共享申请予以授权或拒绝。同时，政府持续向社会开放政府数据，提供数据服务。2015 年左右，上海、北京、广州等城市率先开始探索地方数据开放平台的建设。之后，各地纷纷跟进，数据开放平台数量增长迅猛。例如，截至 2019 年 10 月，我国已有 102 个符合政务数据开放基本特征的地级及以上平台陆续上线。2017 年起，国家不断推进政务信息系统整合共享工作，国家数据共享交换平台逐步建立和完善。截至 2019 年 10 月，中央本级累计清理“僵尸”系统 400 余个、整合小散系统 2000 余个，政务信息系统整合工作成效显著。国家数据共享交换平台的数据共享服务调用量已超过 8 亿次，跨部门、跨地区数据共享交换量超过 600 亿条。2020 年 12 月 1 日，《贵州省政府数据共享开放条例》正式施行，这是中国首部省级层面政府数据共享开放地方性法规，它从政府数据管理、共享、开放、监督管理等方面明确了贵州省政府数据共享开放事项，对推动当地政府数据共享开放、培育发展数据要素市场等具有重要意义。

8. 持续运营与优化阶段。数据运营与优化在数据治理工作开展后持续进行。数据治理规范与流程需要不断地迭代优化，数据质量与数据安全管控需要持续进行监督和改进。政府部门定期对数据治理工作进行总结和评估，根据实际情况调整数据治理策略和方法，不断提升政务数据治理体系的能力。

2022年起，多个地区不断对已有的政务数据治理平台进行功能升级和性能优化。例如，一些地方政府加大投入力度，提升数据平台的存储能力、计算能力和加快数据处理速度，来更好地应对日益增长的数据量和复杂的业务需求。同时，一些地方政府加强平台的安全防护体系建设，不断更新和完善安全防护技术，确保政务数据的安全。2023年，部分省市开始组织数据治理专项评估，对政府部门的数据管理、共享、开放等工作进行全面评估。各省市通过制定评估指标体系，对数据质量、数据安全、数据共享效果等进行量化评估，并根据评估结果提出改进措施和建议。例如，某省在2023年对全省各级政府部门的数据治理工作进行了评估，发现了数据标准不统一、数据共享不及时等问题，并制订了相应的整改计划。2022—2023年，各地政府加大对数据人才的培养力度。一方面，在高校和职业院校中增加数据治理相关专业和课程，培养专业的数据人才；另一方面，组织政府部门工作人员参加数据治理培训，提高他们的数据意识和数据处理能力。例如，某市在2022年举办了多期数据治理培训班，培训了数百名政府工作人员。2023年，相关部门和行业组织不断对数据治理标准进行修订和完善。随着数据治理实践的不断深入，一些新的问题和需求不断涌现，相关部门需要对原有的标准进行调整和补充。例如，在数据质量标准方面，进一步明确数据质量的评估指标和方法；在数据安全标准方面，加强对个人隐私数据的保护要求。2023—2024年，为了解决数据孤岛问题，政府加强了跨部门、跨地区的数据协同治理。各省市通过建立跨部门的数据协同机制，明确各部门的数据责任和义务，促进数据的共享和流通。例如，某地区建立了跨部门的数据共享平台，实现了公安、民政、社保等多个部门的数据共享和业务协同。

（二）企业数据治理实践发展脉络

1. 萌芽阶段（20世纪80年代—90年代末）。20世纪80年代起，中国企业开始引入计算机信息系统，这是企业数据治理的萌芽。企业逐步使用数据库管理系统来存储和管理业务数据，但此时的数据管理较为简单，主要是对基础业务数据的录入、存储和简单查询。例如，一些大型企业开始建立财务电算化系统，对财务数据进行信息化管理，但数据的规范性、完整性等方面尚未得到充分重视，各部门的数据往往是独立存储和管理，缺乏统一的标准和规范。20 世纪 80 年代起，一些大型制造企业，为了更好地管理生产过程中的物料信息、产品信息以及库存信息等，开始引入数据库管理系统，如 Oracle、Sybase 等国外数据库产品。例如，汽车制造企业开始使用数据库系统记录汽车零部件的型号、规格、库存数量等信息，便于生产管理和物料采购。这是企业数据管理的最初形态，但此时数据较为分散，各部门独立使用，缺乏统一的管理和标准。20 世纪 90 年代，部分银行等金融机构开始重视客户信息和交易数据的管理。例如，银行开始建立客户信息数据库，记录客户的基本信息、账户信息、交易记录等，以便更好地为客户提供服务和进行风险管理。在这个阶段，数据标准不统一，不同分支机构的数据格式和存储方式可能存在差异，数据的整合和共享存在一定的困难。20 世纪 90 年代，随着通信技术的发展，电信企业的业务量快速增长，电信企业对数据管理的需求也日益迫切。电信企业开始建立用户信息数据库、通话记录数据库等，用于用户管理、计费管理和网络优化等。例如，电信企业记录用户的通话时长、通话地点、话费消费等信息，以便进行计费和业务分析。不过，此时的数据管理主要是为了满足业务的基本需求，缺乏对数据质量和数据价值的深入挖掘。

2. 起步阶段（21 世纪初—2010 年左右）。21 世纪初，随着企业信息化建设的不断推进，数据治理开始受到关注。企业逐渐意识到数据的重要性，开始着手建立数据标准和规范，部分企业成立了专门的数据管理部门或岗位。例如，金融行业的一些大型银行，率先开展数据标准制定工作，对客户信息、交易数据等关键数据进行规范定义，来提高数据的准确性和一致性。同时，企业开始进行数据集成的尝试，将分散在各个业务系统中的数据进行整合，以便更好地支持企业的决策分析。这一阶段的数据治理主要集中在大型企业，中小企业的数据治理意识相对较弱。2005 年左右，中国的大型银行如工商银行、建设银行等开始重视数据标准的制定和数据质量的管理。例如，它们制定统一的客户信息标准，对客户的基本信息、账户信息等进行规范管理，确保不同业务系统之间客户数据的一致性和准确性。这有助于银行更好地进行客户关系管理和风险控制。2008 年，部分银行开始探索建立数据治理体系，成立专门的数据管理部门或团队，数据管理部门或团队负责数据标准制定、数据质量监控、数据安全管理等工作。例如，交通银行成立了数据管理中心，该中心统筹全行的数据治理工作。2006 年，原保监会（国家金融监督管理总局）启用了保险稽核系统，要求各保险公司按照规定的数据格式和要求进行数据报送。这促使保险公司开始加强对内部数据的管理和治理，各保险公司开始提高数据的准确性和完整性，来满足监管要求。2009 年，原保监会对保险稽核系统进行升级，这进一步推动了保险公司的数据治理工作。保险公司开始对数据进行分类、整理和分析，以便更好地进行业务决策和风险管理。2008 年左右，宝钢集团等大型企业集团开始推进信息化建设，将数据治理作为信息化的重要组成部分。例如，宝钢集团建立了企业级的数据中心，该中心对生产、销售、采购等各个环节的数据进行集中管理和分析，为企业的战略决策提供数据支持。通过数据治理，宝钢集团提高了生产效率，降低了成本，增强了企业的竞争力。2010 年，海尔集团开始实施数据驱动的管理变革，加强对企业内部数据的挖掘和分析，推动业务流程的优化和创新。例如，通过对销售数据的分析，海尔集团优化了产品的销售策略和渠道布局，提高了市场占有率。

3. 快速发展阶段（2010—2015 年左右）。2010 年之后，大数据技术的兴起推动了企业数据治理的快速发展。企业面临的数据量呈爆炸式增长，数据类型也日益多样化，包括结构化数据、半结构化数据和非结构化数据。为了应对这些挑战，企业加大了对数据治理的投入力度，数据治理的技术和工具不断涌现。例如，企业开始采用数据仓库、商业智能等技术，对海量数据进行存储、分析和挖掘，来获取有价值的信息。同时，数据质量管理、数据安全管理等方面的工作也得到了加强，企业逐渐建立起数据治理的体系框架。这一阶段，不仅大型企业在积极推进数据治理，一些中型企业也开始重视并逐步开展数据治理工作。2012 年，原银监会（国家金融监督管理总局）发布了《关于试行中国银监会监管数据标准化规范的通知》（银监办便函〔2012〕473 号），即“EAST1.0”。该规范从中小银行及农村金融机构切入，统一数据标准，涉及 9 个主题域、57 张报表、1331 个数据项。这一举措推动了银行机构对数据治理的重视，促使银行在数据标准制定、数据质量提升等方面加大投入力度。例如，一些银行开始梳理内部业务系统的数据，按照 EAST1.0 的标准进行数据整理和规范，提高监管数据的准确性和报送效率。2013 年左右，三大通信运营商（中国移动、中国联通、中国电信）进一步加强了对用户数据的管理和分析。例如，这些通信运营商通过建立大数据平台，对用户的通信行为、消费习惯等数据进行深度挖掘，为精准营销、网络优化等业务提供支持。同时，运营商也开始重视数据的安全管理，制定了一系列的数据安全策略和规范，确保用户数据的安全。2014 年左右，阿里巴巴、腾讯等互联网巨头企业在这一时期大力推进数据治理工作。阿里巴巴通过建立数据中台，对旗下各个业务板块的数据进行整合和治理，实现了数据的共享和复用。例如，淘宝、天猫等电商平台的数据通过数据中台进行整合后，为商家提供了更精准的用户画像和营销策略，提高了平台的运营效率和商家的销售额。腾讯则在社交数据的治理方面取得了显著成果，通过对微信、QQ 等社交平台的数据进行分析和挖掘，为用户提供了更个性化的服务和体验。

4. 深化应用阶段（2015 年—至今）。2015 年以来，企业数据治理进入深化应用阶段。随着数字化转型的加速，数据成为企业的核心资产，数据治理与企业的业务流程深度融合。企业通过数据治理优化业务流程、提高运营效率、创新商业模式。例如，制造业企业利用数据治理实现智能化生产，通过对生产设备数据、产品质量数据等的实时监测和分析，优化生产工艺，提高产品质量；零售企业通过对消费者行为数据的治理和分析，精准营销，提升客户满意度和忠诚度。同时，数据治理的理念和方法不断创新，人工智能、机器学习等技术在数据治理中的应用日益广泛，数据治理的自动化、智能化水平不断提高。2016 年起，中国建设银行不断深化数据治理工作。一方面，持续完善数据标准体系，对客户信息、交易数据等各类数据的标准进行细化和统一，确保数据的一致性和准确性。例如，该银行在客户信息方面，统一了客户的身份信息、联系方式等标准，方便了银行对客户的全面了解和精准营销。该银行加强数据质量管控，建立了数据质量监测系统，实时监控数据的质量状况，及时发现和解决数据质量问题。通过数据治理，建设银行在风险管理、业务决策等方面的能力得到了显著提升，能够更加准确地评估客户风险，制定更加科学的业务策略。2017 年开始，国家电网推进数据治理工作，来满足智能电网建设和能源互联网发展的需求。在数据采集方面，国家电网通过智能电表、传感器等设备，实现了对电力生产、传输、分配等各个环节数据的实时采集和监测。例如，国家电网可以实时获取用户的用电数据，为电力调度和需求响应提供数据支持。企业开展数据资产盘点和管理，建立了数据资产目录，对数据资产进行分类、登记和管理，明确了数据的所有者、使用者和管理者，提高了数据资产的管理水平和利用效率。2019 年 12 月，临矿集团选择与亿信华辰合作，启动“数据治理项目”。管理方面，集团公司高管牵头成立数据治理委员会，制定了相关管理制度；技术方面，该集团进行元数据管理、数据标准梳理和数据质量管控，最终实现了人力、财务、安全、设备、媒质数据的全数据生命周期治理及应用。该项目在 2020 年斩获“星河”数据资产管理优秀案例，具有行业典型示范效应。2016 年起，腾讯在数据治理方面不断探索和创新。在数据质量管理方面，腾讯建立了数据质量评估体系，对数据的准确性、完整性、一致性等进行评估和监控，确保数据质量符合业务需求。例如，在社交数据的治理中，腾讯对用户的聊天记录、社交关系等数据进行严格的质量管控，这为社交广告投放、用户画像等业务提供高质量的数据支持。2016 年起，海尔集团亦深化数据治理，打造互联工厂模式。通过对生产设备、工艺流程等数据的采集和治理，海尔集团实现了生产过程的智能化管理和优化。例如，海尔集团通过对生产设备运行数据的分析，提前预测设备故障，进行预防性维护，提高了设备的可靠性和生产效率。海尔集团建立用户需求数据平台，收集用户的需求和反馈数据，通过对这些数据的分析，实现了产品的个性化定制和精准营销，满足了用户的多样化需求。

（三）个人数据治理实践发展脉络

1. 萌芽阶段（20 世纪末期—2010 年左右）。这一阶段处于互联网发展的早期，个人数据开始在网络上大量产生和积累，但人们对个人数据治理的意识还处于初步形成阶段。首先，数据分散且缺乏管理。个人在不同平台上产生的数据较为分散，没有统一的管理方式。例如，人们在早期的社交平台、电子邮件等不同应用中留下的个人信息、聊天记录等数据，都是各自独立存储，没有进行整合和统一管理。其次，隐私保护意识淡薄。大众对个人数据的隐私保护意识相对较弱，对个人数据被收集、使用的情况关注度不高。很多互联网服务提供商在收集用户数据时，用户往往没有充分意识到数据的重要性以及可能存在的风险。20 世纪 90 年代，电子邮箱开始广泛普及，用户在注册和使用电子邮箱时会提供个人信息，如姓名、地址、电话号码等。这些数据被电子邮件服务提供商收集和存储，形成了早期的个人数据集合。例如，雅虎邮箱、Hotmail 等电子邮件服务，用户的邮件内容、联系人信息等都成了个人数据的一部分。随着用户使用时间的增长，这些数据不断积累，但在当时缺乏有效的管理和保护措施。最后，早期社交网络平台的兴起。21 世纪初，社交网络开始兴起，如 Friendster、MySpace 等。用户在这些平台上创建个人账号，上传个人照片、填写个人资料、发布动态等，这样产生了大量的个人数据。这些平台开始尝试对用户数据进行管理，如设置一些简单的隐私设置选项，让用户可以选择公开或限制他人查看自己的部分信息，但整体的数据管理仍处于较为初级的阶段。

2. 初步发展阶段（2010—2015 年左右）。随着移动互联网的快速发展和智能手机的普及，个人数据量呈现爆发式增长，个人数据治理开始受到关注。首先，数据价值逐渐被认识。企业开始意识到个人数据的商业价值，通过收集和分析用户数据来提供个性化的服务和精准营销。这也促使个人开始关注自己数据的价值，如一些用户开始关注自己在电商平台上的消费数据，以便更好地进行消费决策。其次，隐私保护意识提升。一些数据泄露事件的发生，如部分社交平台的用户信息泄露事件，引起了人们对个人数据隐私保护的关注，个人开始重视对自己数据的保护，如设置更复杂的密码、谨慎选择分享个人信息的范围等。腾讯作为国内互联网巨头，在这一时期开始加强对用户数据的管理和治理。例如，腾讯对用户在 QQ、微信等社交平台上的聊天记录、好友关系等数据进行更规范的存储和保护。腾讯不断优化数据存储系统，提高数据的安全性，防止用户数据被非法获取或泄露。同时，腾讯也开始探索如何在保护用户隐私的前提下，合理利用用户数据进行产品优化和个性化推荐，如根据用户的聊天内容和浏览行为，为用户推送更符合其兴趣的信息和服务。阿里巴巴旗下拥有淘宝、天猫等多个电商平台，积累了大量的用户购物数据。在这一阶段，阿里巴巴开始对这些分散在不同平台的用户数据进行整合和治理，建立统一的数据平台。通过数据整合，阿里巴巴能够更全面地了解用户的购物行为和偏好，为用户提供更精准的商品推荐和个性化的购物体验。例如，根据用户的历史购买记录和浏览行为，阿里巴巴为用户推荐相关的商品和优惠活动。2014 年，携程网被曝光，其存在安全漏洞，这导致部分用户的银行卡信息等个人数据被泄露。这一事件引发了公众对在线旅游平台数据安全的质疑，也促使携程网等在线旅游企业加强对用户数据的保护和管理，完善数据安全防护体系。

3. 快速发展阶段（2015—2020 年左右）。这一时期大数据技术、云计算等技术快速发展，这为个人数据治理提供了技术支持。首先，工具和技术的应用。一些个人数据管理工具，如密码管理工具、数据备份工具等，帮助个人更好地管理自己的数据。同时，云计算技术使个人可以将数据存储在云端，方便其随时随地访问和管理，但也带来了新的安全和隐私挑战。其次，法律法规的推动。《中华人民共和国网络安全法》对企业收集、使用和保护个人数据提出了明确的要求，推动了个人数据治理的发展。苹果系统在这一时期不断加强对用户个人数据的保护。例如，iOS 系统多次更新隐私政策和功能，增强了用户对应用获取数据权限的控制。用户可以在系统设置中详细查看每个应用获取的个人数据类型，并选择是否允许应用访问某些敏感信息，如位置、照片、通讯录等。这不仅提高了用户对个人数据的掌控权，还推动了整个行业对数据隐私的重视。腾讯旗下的众多产品，如微信、QQ 等，在这一阶段进一步加强了数据安全管理。腾讯投入大量资源用于建设数据安全防护体系，采用加密技术保护用户的聊天记录、支付信息等敏感数据，防止数据被窃取或篡改。同时，腾讯也加强了对第三方应用接入的审核，确保用户在使用腾讯平台上的第三方服务时，个人数据的安全得到保障。2016 年 11 月，《中华人民共和国网络安全法》正式颁布，并于 2017 年 6 月开始实施。该法明确了网络运营者对用户个人信息的保护责任，规定了网络运营者收集、使用个人信息的规则，为中国的个人数据保护提供了重要的法律依据。一些专门的个人数据管理平台开始涌现，为用户提供了集中管理个人数据的工具。用户可以将自己在不同平台上的个人数据导入这些管理平台中，进行统一的查看、整理和分析。同时，这些平台也提供了一些数据隐私保护的功能，如数据加密、访问控制等，帮助用户更好地保护自己的个人数据。

4. 深化应用阶段（2020 年至今）。随着数字化转型的深入，个人数据治理进入了一个新的阶段。首先，个人数据主权意识增强。个人对自己数据的主权意识不断增强，越来越多的人开始要求对自己的数据有更多的控制权。例如，用户要求互联网服务提供商明确告知数据的收集和使用方式，以及有权决定自己的数据是否被共享。数据共享与协作在保证数据安全和隐私的前提下，个人数据的共享和协作逐渐增多。例如，个人通过授权将自己的健康数据共享给医疗研究机构，为医学研究提供数据支持，同时也能获得更好的医疗服务。其次，人工智能与个人数据治理的结合。人工智能技术在个人数据治理中的应用不断深化，如通过人工智能算法对个人数据进行分类、整理和分析，帮助个人更好地管理和利用自己的数据。苹果系统继续推进隐私保护政策，如在应用追踪透明度方面，要求应用开发者在追踪用户数据之前必须获得用户的明确许可。这一举措加强了用户对自己数据被追踪和使用情况的控制，也促使应用开发者更加规范地处理用户数据。

国内的大型互联网平台如阿里巴巴、腾讯等，不断加强内部的数据治理体系建设。例如，腾讯推出了一系列数据安全和隐私保护的技术和措施，对用户在其平台上的社交、支付等数据进行更严格的管理和保护。同时，这些平台也积极响应国家的法律法规要求，对用户数据的收集、存储、使用和共享进行规范和整改。其中，阿里集团的数据治理主要借鉴美国经验，华为数据治理主要借鉴日本经验，腾讯数据治理亦呈迅猛探索发展趋势，与中国本土探索结合最紧密。2021 年 11 月 1 日，《中华人民共和国个人信息保护法》

正式实施。这是中国在个人数据保护领域的一部重要法律，明确了个人信息处理者的义务和责任，规定了个人信息主体的权利，为个人数据治理提供了有力的法律保障。区块链技术可以为个人数据提供确权和追溯功能，确保个人数据的真实性和完整性。一些区块链项目尝试将个人的医疗数据、学历数据等存储在区块链上，方便个人在不同场景下使用和验证自己的数据，同时也防止数据被篡改或伪造。

（四）中国数据治理实践的基本体悟

中国数据治理的基本实践，总结起来在公共数据、企业数据、个人数据以及国家化等方面有一些基本体会和感悟。

1. 中国公共数据治理实践的基本体悟

一是提升政府决策科学性。数据是精准决策依据。数据治理能够整合来自各个部门和领域的信息，如经济、社会、环境等方面的数据。通过对这些海量数据的分析，政府可以获取关于社会经济运行状况的精准画像。例如，在制定经济政策时，政府利用税收数据、企业生产数据、消费数据等，能够准确把握经济发展的趋势、企业的经营困难和市场的消费需求，从而制定出更具针对性的产业扶持政策或税收调整政策。

数据具有预测与预警功能。借助数据治理收集和处理的数据，政府可以建立预测模型。以公共卫生事件为例，相关部门通过对医疗资源数据（医院床位数量、医护人员数量、医疗物资储备等）、人口流动数据、传染病监测数据等进行综合分析，能够提前预测疫情的发展趋势，及时发布预警信息，为疫情防控措施的部署争取时间，有效保障公众健康和社会稳定。

二是提高政务服务质量和效率，有效促进一站式服务实现。数据治理推动了政务数据的共享，打破了部门之间的数据壁垒。例如，在办理企业注册登记时，市场监管部门、税务部门、社保部门等可以通过共享的数据平台，实现信息的实时传递和协同办理。企业无需在多个部门之间来回奔波提交材料，大大缩短了办事时间，提高了企业和群众对政务服务的满意度。

三是高效提供个性化服务，通过对公民个人信息（年龄、教育程度、就业情况、健康状况等）的数据治理和分析，政府可以为不同群体提供个性化的服务。比如，政府为老年人提供便捷的养老服务信息，为失业人员精准推荐就业培训和岗位信息，使政务服务更加贴合公众的实际需求。

四是促进中国数字经济发展，高效率培育市场要素。政府的数据治理工作有助于规范数据的采集、存储、共享和交易等环节。政府通过制定相关的数据标准和政策，能够建立起健康有序的数据要素市场。例如，政府明确数据产权归属、数据交易规则等，激发企业和社会对数据资源的开发、利用积极性，促进数据的流通和增值，为数字经济的发展提供动力。

五是高强度支持企业创新。政府开放公共数据，如气象数据、地理信息数据等，可以为企业提供丰富的创新素材。以交通出行领域为例，企业可以利用政府开放的交通流量数据、道路状况数据等，开发出更智能的交通导航系统或交通优化方案，提升企业的创新能力和市场竞争力，推动整个数字经济产业蓬勃发展。

六是增强社会治理能力，切实保障公共安全。在社会治安方面，数据治理整合了公安系统内部以及与其他部门（如社区、电信运营商等）的数据。通过大数据分析技术，公安部门可以及时发现犯罪线索、预防犯罪活动。例如，公安部门利用视频监控数据、通信数据等进行智能分析，对重点区域和人员进行实时监控，有效打击违法犯罪行为，维护社会秩序。

七是强化城市精细化管理。对城市的交通、环境、基础设施等管理，数据治理发挥着重要作用。以城市交通为例，通过对交通流量、道路设施、公共交通运行等数据的收集和分析，交通部门可以实现智能交通信号控制、优化公交线路等，提高城市交通的运行效率，提升城市治理的精细化水平。

八是改善政府行政方式。随着大数据时代的发展，数据治理在一定程度上转变了政府的管理方式，提升了政府的治理能力和治理水平，但目前我国在推动政府数字治理的发展中仍然存在着许多问题，与现有的国家治理体系与大数据时代的发展不相适应。例如，政府组织中仍存在着大量的“数据壁垒”、公民数据安全隐私存在隐患、政府基层公务员没有树立理性的治理思维等问题，仍需政府组织在未来发展中进一步解决。①

大数据治理成为政府治理变革的趋势，是理论与实务界都无法回避的重要现实。在此背景下，各种大数据治理的政策试点与创新项目不断涌现，并被政府视为改善自身管理和服务水平的重要工具或手段。然而，这些大数据治理创新是如政府所设想的那样有效，可以提升政府管理与服务水平，还是只是一种“技术盆景”或“政策盆景”，这有待检验。毕竟，技术驱动的治理功能开发与综合运用只是冰山一角，实际效果才是最应该关注和探查的重点。当代政府的数字化转型与政府治理向大数据治理转变已经成为当下理论界与实务界都共同关注的热点话题。②

深度访谈和102份贵州省市县党政官员问卷数据分析结果进一步显示，在执行层面，部门间存在“不愿”“不敢”“不能”共享政务数据等现象，政务数据全周期管理流程中存在数据质量、数量、部门覆盖度等问题。数据共享全周期调度流程中存在审批时效、审批风险等问题，公共财政投入缺乏、配套要素保障不足，执行者对政策认知的程度低，缺乏数字思维和数据治理能力，这造成了制度、技术、行为三重执行困境。研究表明，政府职责体系与数字治理要求不匹配，是造成部门间数据孤岛、信息烟囱的主要原因。政策目标设置和政策工具的冲突性、政策语言与责任分工的模糊性可能会造成象征性执行发生。另外，现有行政规则与信息技术融合困难，受多方面影响，经济环境对技术环境的带动乏力，执行者传统治理思维与新兴治理工具、专业主义与信息技术之间存在矛盾。政府要加强顶层设计，调整政策，践行政策集群理念，出台目标明确、文本具体的配套实施细则和标准，完善体制机制，优化政策执行结构方式，提升部门数据治理能力，强化政务数据共享政策的资源配置，优化数据共享政策执行的经济环境，加强执行者的数字思维和数据治理能力，营造公众对政务数据共享的需求环境，推动部门间政务数

① 许海莹．广东省地方政府大数据治理领域的学习机制研究［D］．广州：华南农业大学，2020.

② 唐慧．大数据治理真的改善了政府公共服务吗？——基于国家级大数据综合试验区的合成控制法检验［D］．成都：四川大学，2023.

据共享政策落地见效。①

九是数字技术赋能政府治理尚有较大空间。可以说“十四五”阶段下，我国政府数字化现状及趋势总体来说是行稳致远的。在“十四五”规划开局之年，我国电子政务发展指数从2018年的0.6811提高到2020年的0.7948，2020年，我国排名比2018年提升了20位，位列全球第45位，取得历史新高，达到全球电子政务发展“非常高”的水平。根据清华大学《2020数字政府发展指数报告》显示，各省数字政府发展程度呈现金字塔形状，不同区域/省份的发展存在一定差异，东北地区及西部地区政府数字化程度不及其他地区，距离数字技术更好地赋能政府治理尚有较大的进步空间（可参见图2-2：我国省级数字政府发展指数及构成）。因此，我国政府在数据治理中应该注重以下三方面的内容。

首先，一体化平台建设，提升政府服务质量。我国网上政务服务具有覆盖广、需求多、弹性大的特点。截至2020年6月，国家政务服务平台已接入40余个国务院部门、32个地方政府和1000多项高频热点办事服务，覆盖多领域，实名注册用户数破亿。随着全国一体化在线政务服务平台的深入应用，政务服务将由“分头办”向“协同办”转变，政府供给导向向用户需求导向转变。

其次，数据赋能，促进政府治理能力提升。当前，数据已经成为驱动数字经济创新发展、构建数字政府的核心要素。2020年，中央网信办会同相关部门选取了国内8个省市，启动开展了为期两年的公共数据资源开发利用试点工作，目的在于探索形成可复制、可推广的经验，并逐步在全国范围加以推广。预计“十四五”时期，公共数据资源开发利用将由“试点探索”向“全面推进”转变，促进政府治理能力、服务能力全面提升。以下是我国省级数字政府发展指数及构成。②

---

① 郑意．基于米特-霍恩模型的贵州省部门间政务数据共享政策执行问题研究［D］．贵阳：贵州大学，2022.

② 数据来源：清华大学数据治理研究中心。

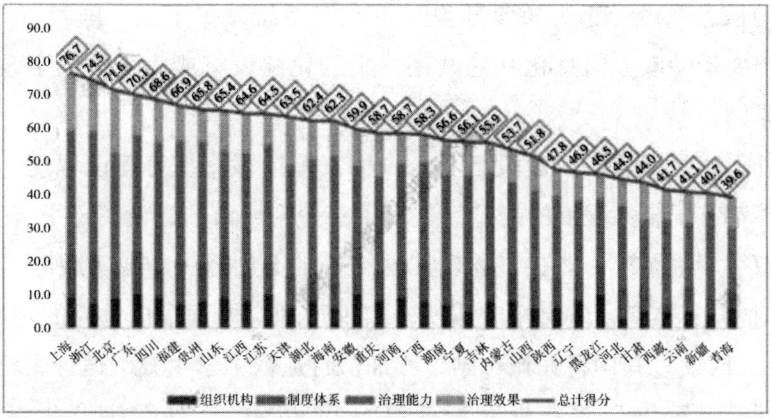

图 2-2　我国省级数字政府发展指数及构成图

最后，技术创新，提升政府治理智慧化水平。部分地区在大数据、人工智能、区块链、5G 等新技术应用方面取得了积极进展，例如，北京市政府网站“一网通查”提供智能搜索服务，浙江省创建全国首个区块链电子票据平台，广州南沙区在全国首推 5G 政务应用，等等。在“十四五”政策指引下，G2B 和 G2C 层面将涌现出大量的创新性应用，推动政府治理能力不断提升。①

十是数据治理工程将成为政府数据治理重中之重。政府治理能力提升依赖数据驱动，以数据驱动为特征覆盖所有地区、部门、层级的全国一体化无缝隙的信息服务基础体系将更加完善，为政府监管能力、协同能力、服务能力等的提升提供有力支撑。由此可见，数据已成为一种新型生产要素，将来政府数字化转型的基础措施是要做好数据治理。首先，需要做好数据的安全审查和评估，解决数据安全、隐私保护、数据伦理、数据素养、数字鸿沟等问题，推动政府数据的汇聚、共享和开放；其次，推进数据开发利用技术水平的提升，进一步发挥数据价值。

我国要进一步健全数字政府的整体联动机制。目前，数字政府建设还存在集约化程度不深的问题。硬件设施方面，各类物联感知基础设施技术水平、覆盖密度等差别较大，不利于统一管理和数据全面搜集；软件建设方面，各

① 饶水清 .【十四五数字化】专题 | “十四五”规划下的政府数字化转型新发展［EB/OL］. 微信公众号“孜寻”，2020-12-11.

级各部门信息系统分散、重复建设，不利于系统统一上云。国家“十四五”规划提出要推动政务信息化共建共用，集约化建设将成为未来数字政府建设的首要原则。

另外，我国智慧城市建设已步入全面发展阶段，统筹建设程度、技术发展水平等都有了较大程度的提升，这为数字孪生城市的建设奠定了坚实基础。所谓的数字孪生城市，即在“物理实体”基础上创造一个数字版的“虚拟模型”，并根据实体变化做出相应调整，实现物理实体到虚拟世界的精准映射。“十四五”时期，我国将在城市副中心加快打造数字孪生城市运行底座，融合基础地理、建筑信息等数据开展三维城市建模，开展数字孪生城市应用试点。①

2. 中国企业数据治理实践的基本体悟

政府数字化转型带来了利好的市场机会。其主要表现在以下几方面。

一是市场规模迅速增长，行业发展空间大。根据《2020—2026 年中国数字政府行业市场深度评估及投资盈利预测报告》测算，随着中国数字化进程的不断加速，国家数字政府政策不断赋能，2020 年我国数字政府市场规模将达到 4142 亿元，2025 年将达到 7522 亿元，市场规模将以 12.6%的年均增速高速增长，未来发展空间巨大。

二是行业转型加速技术迭代，软件、服务领域空间较大。我国政府经历了数据在线—数据运营—数据应用几个数字化阶段，对应的行业技术发展也从硬件层、系统层逐步转向平台层、决策层与软件层。面对市场需求的转变，供应商也应在硬件、网络基础设备能力建设基础上，更加关注软件及业务应用服务能力建设。

三是行业市场集中度提升，厂商集成能力成为行业优势。我国政府一体化、系统化平台建设趋势明显，数字政府市场集中度提升，市场对供应商的包括硬件、网络设备、软件和服务的专业与集成能力有了更高的要求。数字政府行业的供应商少部分企业具有较强的集成能力，未来集成能力较强的大

① 胡婕．数字化解读丨“十四五”规划掀开中国数字化转型新篇章［EB/OL］．华信咨询设计研究院有限公司，2021-05-10.

型厂商在技术、资源、渠道方面优势凸显。

四是数字政府转型与云计算、大数据等行业转型协同发展。数字政府的智慧化发展转型，与物联网、云计算、新一代移动宽带网络、系统集成技术等新一轮信息技术的深入应用相辅相成。从 2015 年开始，云计算、大数据等技术进入产业化阶段，为数字政务的集中化带来了契机，同时数字政府产业转型也反过来推动着云计算、大数据等新技术行业实现新的突破。

五是利用现有优势，进行区域下沉。运营商应该充分发挥自身在网络基础设施建设和信息化应用方面的突出优势，结合各区域/省份政府数字化发展现状，积极布局在硬件、基础设施方面有较大需求的市场。运营商及时关注各省份政府信息化规划政策，关注二、三线城市，乡、县政府的数字化需求，利用自身网络的延展性和网络布局的广泛性进行区域下沉式经营。

六是加速能力培养，打造核心竞争力。运营商在软件、系统解决方案能力上与新型互联网企业相比略有欠缺，应不断加大研发投入力度，提高在数字政府平台应用以及运营支撑服务方面的综合一体化能力，抓住“十四五”规划下的转型机遇，坚持从云、网、端、用四方面不断创新，围绕 5G、云计算、大数据等新技术打造核心竞争力。

七是加强生态合作，提高内外协同能力。一方面，运营商应加强产业内生态合作，通过借助生态伙伴的力量优势互补，快速获取业务集成能力。另一方面，运营商应充分调动各省公司积极性，做好前后端协同、主战和主建协同，打通政企、实体渠道，打通线上、线下渠道，调动一切力量做好全渠道协同发展。①

八是有效提升数据质量，能够减少数据错误、缺失和不一致的情况，让企业数据更加精准。例如，在财务数据治理中，准确的数据可以使财务报表真实反映企业状况，避免因错误数据导致的决策失误。

互联网、金融、电信和能源等各行各业都开始意识到数据对获取商业洞察和行业竞争优势的重要性，加紧对海量数据的开发利用和有效治理，并踏

① 饶水清.【十四五数字化】专题丨“十四五”规划下的政府数字化转型新发展［EB/OL］. 微信公众号“孜寻”，2020-12-11.

上数据治理与价值挖掘的旅程。其中，中国移动积极把握时代特征，明确了“十三五”时期做大连接规模、做优连接服务、做强连接应用的大连接战略。大连接战略提出连接对象从个人向家庭、企业以及万物互联扩展。中国移动先试先行，自从2009年集团就开始启动大数据新技术试点工作，并很快就意识到大数据并不是简单的技术颠覆和变革，而是面向数字经济的运营，面向另外一部生态的一个颠覆和转型。中国移动大数据定位服务中国大连接战略，整合全公司数据资源，盘活公司内部和外部相关的海量数据资产，努力提升数据服务的层次和水平，为公司的精益化管理提供决策依据，为市场和客户的精准化营销提供数据支持，为合作伙伴提供新服务和新商机。①

九是提高决策科学性，增强企业合规性。基于高质量数据的分析，企业管理者可以深入了解市场、客户和业务运营情况，像电商企业通过治理后的销售数据和用户行为数据，能够精准把握市场趋势，优化商品推荐策略，进而提高销售转化率。在增强企业合规性方面，许多行业有严格的数据法规要求，如金融行业的《巴塞尔协议》等。企业进行数据治理可以确保数据的收集、存储和使用符合法律法规，避免因违规行为遭受处罚。电子商务平台企业收集用户个人数据，利用数据、挖掘数据价值促进企业发展。但是，电子商务平台企业中数据体量庞大、流动频繁，这使电子商务平台企业在不断发展的同时还存在着数据流动利用的诸多问题。因此，在发展电子商务的同时，企业需要进行电子商务平台企业数据治理。②

十是保障企业数据安全，提升企业运营效率。数据治理有助于建立完善的数据安全体系，企业通过访问控制、加密等手段，防止数据泄露、篡改。特别是对拥有大量用户信息的互联网企业，这可以有效保护用户隐私。良好的数据治理能让数据在企业内部流畅共享和使用，可以打破部门间的数据壁垒。例如，制造企业的生产部门和销售部门通过共享数据，可以更好地协调生产计划和销售订单，减少库存积压。

数据治理平台成为数据管理、数据安全的重要保障，这已成为业界与学

---

① 王东宁 . A电力公司数据治理问题研究［D］. 济南：山东大学，2020.

② 朱琪 . 电子商务平台企业数据治理评价研究［D］. 重庆：重庆邮电大学，2022.

界的共识，对拥有大规模庞杂数据的企业来说，数据治理更是迫在眉睫。元数据管理、权限管理以及数据标准管理作为数据治理的核心内容，在企业管理企业数据、提升企业数据价值以及降低企业数据风险等方面提供了强大的助力。一个成熟规范的数据治理平台是数据资产保护的有力保障，是信息产业乃至国家人工智能战略实施不可或缺的前提条件。数据治理平台的建设具有前沿性，提升了传统数据管理工作的效率，提供了优质的数据信息服务，不仅提升了企业的效率，而且保障了企业数据的安全性。①

3. 中国个人数据治理实践的基本体悟

（1）保障数据安全，可以防止个人敏感信息（身份证号、银行卡号等）泄露。如今网络环境复杂，数据泄露可能会导致个人隐私曝光、遭受诈骗等风险。通过数据治理，人们采取加密、设置访问权限等措施，能有效保护个人隐私。

在云计算、物联网、人工智能、移动互联网快速发展的大数据时代，如何平衡数据的商业利用和个人信息保护之间的关系是一个争论不休的问题。目前，我国的个人数据保护采用的是传统的"知情—同意"模式。在这种模式下，作为数据主体的个人面对冗长复杂的格式条款和以互联网平台为代表的数据控制者难以保障知情权，在权利受到侵害时也难以承担举证责任。造成这一现象的原因是数据主体与数据控制者权利结构不平衡。为了解决这种权利失衡问题，数据信托作为一种新型的数据治理工具在近些年被提了出来。②

（2）提升数据可用性。合理分类和整理的数据方便个人快速查找和使用。例如，当需要某份工作文件或者特定的照片时，人们能够迅速定位，而不是在混乱的数据中浪费时间寻找，从而提高工作和生活效率。

电子商务平台成为利用个人数据的典型代表。电子商务不仅成为一种普遍的消费形式，吸引了广泛的网络用户，还随着经济全球化不断深入，成为全球性贸易的一种重要形式，在经济发展中占据越来越重要的地位。在电子

---

① 王苗苗．企业数据治理平台的设计与实现［D］．西安：西安电子科技大学，2021.

② 解振超．我国个人数据信托法律制度构建研究［D］．济南：山东大学，2023.

商务中，个人数据体量庞大、流动频繁。淘宝和亚马逊购物网站作为世界龙头电子商务企业，在扩展全球性业务的过程中，面临着用户个人数据流动的诸多问题。由于技术的发展和业务创新的推动，两大电子商务平台对用户数据的收集范围不断扩大，在数据处理过程中占据绝对主动权，这使用户在行使对个人数据的知情权、控制权和自决权时处于弱势地位。①

（3）避免数据丢失。定期备份重要数据能减少因设备故障（如电脑硬盘损坏）、意外事件（如手机丢失）导致的数据损失现象。像对珍贵的家庭照片和重要的个人文档备份后，即使原始设备出现问题，人们也可以从备份中恢复。

公共数据治理过程中存在个人数据泄露范围逐渐增大、数据运用方式不合理及公权部门对数据处理的责任分配不明确、公共数据收集与个人数据保护存在本质冲突等一系列问题，因此实现多元利益协调，健全个人数据保护，实现我国国家治理体系和治理能力转型升级刻不容缓。面对纷繁复杂的数据保护难题，我们需从现有理论的缺陷与司法实践的困境中探寻原因。②

（4）优化设备性能。清理无用数据（大量过期的文件、缓存）可以释放存储空间，让设备运行更加流畅。例如，电脑硬盘空间足够时，软件的运行速度也会有所提升。

4. 中国数据治理实践的国际化体悟

跨境数据流动是经济全球化发展中不可回避的问题。随着全球数字经济发展，安全风险凸显，各国围绕数据治理展开博弈，力争全球数字经济发展格局的主导权。

武汉召开的第二届“上合国家软件产业和数据治理合作论坛”强调，上合国家需携手推动软件产业和数据治理等领域务实合作，为构建更紧密的上合组织命运共同体贡献力量。随着数字贸易发展，数据自由流动与安全矛盾突出，我国作为数据本地化代表性国家面临执法、监管和地缘政治困境，需

① 胡小燕．电商平台个人数据流动与保护政策研究——以淘宝网和亚马逊网为例［D］．南京：南京师范大学，2020.

② 吕依蓉．公共数据治理中的个人数据法律保护［D］．南宁：广西大学，2023.

明确安全与发展并重理念，完善立法及配套规则，深化国际合作来增强话语权。在非洲科技国际合作方面，随着经济快速发展，科技赋能需求大，加强与世界各国科技合作是非洲发展创新和数字化转型重要途径。联合国、非盟等国际组织和世界多国制定政策战略规划，为非洲科技国际合作创造良好的环境。通过双边和多边技术合作及思想交流，各组织输出成功科技发展经验，帮助非洲清除发展障碍，促进转型变革。

当前，新一轮技术革命蓄势待发，中国应充分利用在全球数字技术变革中的先发优势以及应用场景广泛的比较优势，在新一轮科技革命和产业变革的推动下，紧紧抓住数字化发展的良好契机，通过充分利用企业间动态交织的复杂网络联系，积极探索出口贸易提质增效的内在动力，实现从“贸易大国”向“贸易强国”的转型升级，这是应对“百年未有”之大变局的必然选择。为此，政府需着力构建与国际标准兼容的电子贸易数据交换平台，该平台要能够支持实时信息共享与跨境数据流动，从而简化跨境贸易流程，降低企业贸易成本，提高贸易效率。国内政府开放数据价值研究热点的划分则较为模糊，省市级政府以及部分地区对政府开放数据价值实现路径及共创机制实践成果的推广与普及亟待加强。

第三章

国外数据与数据治理借鉴

第一节 国外数据与数据治理

一、英美法系数据与数据治理

（一）英国数据与数据治理

英国在“数据”“数据治理”“个人数据保护”等相关理念的产生上有较早的历史渊源。在第一次工业革命时期，英国经济和社会快速发展，出现了大量以简单形式存在的手工记录的商业交易、人口普查等数据，并且在商业和社会活动中被记录和使用的个人信息催生着英国个人信息保护等观念的产生。这虽然和现代意义上的“数据”“数据治理”① 概念有较大差别，但可以看到，数据治理与数据保护等观念甚至伴随着数据的诞生就已经存在了。可以说，英国的数据治理源于个人数据。

英国作为欧洲第一个制定和颁布隐私影响评估的国家，在现代意义上，以数据治理特征为标准，英国数据治理可以分四个阶段。

机构治理阶段（1981—1998 年），如何规范个人信息处理是这一阶段的中心任务；公民嵌入式治理阶段（1998—2016 年），伴随着政府信息化水平的提高以及信息技术的持续发展，个人数据泄露事件频发，公众对政府数据

---

① 《中华人民共和国数据安全法》第三条指出，“数据，是指任何以电子或者其他方式对信息的记录”。数据治理是包括数据的采集、存储、处理、共享、安全等全方位的体系。

治理的不信任导致个人数据自治程度的呼声越发高涨；转型治理阶段（2016—2018年）；依法治理阶段（2018年至今）。

总体来看，英国数据跨境较为热门，如健康数据、警用数据、科研数据的共享等。

（二）美国数据与数据治理

自2012年美国政府率先颁布《大数据研究和发展计划》以来，全球各国纷纷跟进，制定了各自的数据治理战略。美国通过发布一系列战略文件，进一步明确了数据治理在提高政府管理效率、提升公共服务水平、创造新的社会价值以及加快创新建设方面的重要作用。

1. 数据治理政策制度。美国政府在数据治理方面历史悠久，自20世纪90年代起，历届总统通过签发法规政策和设立部门机构，持续在数据治理及国家主权安全层面发力。在数据治理政策的制定中，各国普遍重视政府大数据的及时性、充分性，技术设施建设的健全性，公民隐私保护和信息安全的保障，以及资金支持的充足性。

随着数字经济的兴起，数据治理成为各国实现经济发展模式转变的必然要求。美国依托其强大的科学技术实力和创新能力，在数字经济领域形成了综合竞争优势。同时，各国也在跨境数据治理方面展开合作，数据安全成为全球数据合作治理的重要内容。与此同时，美国的高校和科研领域的数据治理也受到越来越多的关注。美国高校在数据治理方面经验丰富，体系相对完备，这对国内高校数据治理体系的完善具有重要的借鉴价值。因此，数据治理已成为全球各国政府、高校和科研机构面临的关键任务，对推进国家治理现代化进程、促进数字经济发展以及提高高校教育教学水平具有重要意义。

2. 信息保护与数据流动。全球数据要素市场化配置规则基本是由美国制定的。美国依靠20世纪90年代实施的“国家信息基础设施计划”（NII），建立起了覆盖全球的互联网，培养了一批全球性数据平台企业，形成了全球数据向美国单向流动的数据流动体系，这对其他国家数据主权、数据安全造成的威胁也越来越大。

美国凭借由其主导全球互联网建设的先发优势，将商业利益导向作为数据要素市场化的基本准则，提倡数据自由流动，尽可能多地获取和掌控全球数据资源，逐步形成“防止数据产权垄断，坚持公共数据开放，引导企业数据共享，兼顾个人隐私保护，布局全球数据规则，鼓励数据经济发展”的数据要素市场化方式和路径。这极大增强了美国本土数字企业的全球竞争力和辐射力，推动了全球数据在美国跨国数字平台企业内部的流动，加速了世界各国的数据向美国流动，极大促进了美国数字经济的快速发展，进一步巩固了美国在全球数字经济发展中的领先地位。

二、欧盟数据与数据治理

欧盟在数据体量存量增大的情况下，先后修订完成《开放数据和公共部门信息再利用指令》(ODD)、《数据法案》（DA）与《数据治理法案》（DGA）等多部法律，配合《通用数据保护条例》（GDPR）形成了较为健全的法律制度体系，成了全球首个完善数据法律的单位。①

欧盟的 GDPR 作为全球最先进、严格的数据保护立法，不仅搭建了数据保护和监管框架，还对全球数据流通产生着深远的影响。一方面，GDPR 的跨境传输机制、数据主体保障权利、数据分类制度及监管机构设立经验等，为我国完善个人数据跨境流动规制提供了重要参考。另一方面，欧盟亦将个人数据安全放在重要位置，但由于其数字经济发展水平不高，形成了个人和公司一分为二的数据保护条例。

在数据发展方面，欧盟形成了“一总四分”的数字战略，即一个《欧洲数据战略》与四项立法，分别是《数据治理法案》（DGA)、《数据法案》(DA)、《数字市场法案》（DMA）和《数字服务法案》(DSA)。欧盟通过该方式建立了共享数据空间（IDS)，打破了美国在大型数字平台对数据的独家占有，为数据产权保护提供了有效支撑。

综上，伴随详尽的数据治理规则的出台，欧盟目前已经形成了“立法—执行—服务”为一体的多方协同治理机构，构建了从保护个人数据隐私到涵盖数据隐私保护、数据流通安全与平台算法安全等方面的促进数据流通利用

---

① 陈咏梅，胡涵严．欧盟的政府数据再利用规则：法理演进、适用路径与中国思考［J］．国际展望，2024，16（3）：125-152，158.

的综合法律法规体系。①

由此可见，欧盟数据治理的基本思路是先立法，来源和流程是从个人公民隐私保护到知情权，再拓展到数据经济价值、公私主体数据共享、ECAT（算法透明度中心）与 GDPR（认证体系）共享。其从个人数据发展而来，在发现了经济价值后应公民要求监管而上升到公私矛盾，继而成立了专业机构和调度认证体系，最后规模化发展数据共享。

然而，欧盟数据监管模式也引发了对法律域外效力及主权扩张问题的讨论。因此，我国应借鉴欧盟经验，完善数据立法域外适用体系，明确数据治理理念，加强立法、司法、执法配合，同时尊重数据主权，提升国际话语权，推动国际数据治理规则构建。在促进数据流通共享方面，我国可借鉴欧盟的三种治理模式，即数据中介模式、公共数据开放模式和数据利他模式，来充分激发数据潜力，推动数字经济发展。

在全球数字化时代，数据已成为国家基础性战略资源，对个人隐私、经济发展乃至国家综合实力具有重要影响。欧盟在数据治理方面积累了丰富的理论与实践经验，其数据治理体系以完善法律体系为基础。近年来，欧盟更加重视消除数据流动障碍，建立了从欧盟到成员国的统一性、垂直性和专业化的金融数据治理体系。

三、金砖国家数据与数据治理

数据是科学研究、国家治理、政策制定的重要来源。金砖国家的数据流通有助于各国之间推动可持续性发展，促进经济高效增长；金砖国家之间数据开放共享，将为长期科学规划以及各国之间的交流合作提供参考。为了保证数据的共享以及安全，各国亦成立了相关机构以及出台相关法律法规，但仍存在许多数据安全问题。

其中，金砖国家之间的数据共享可以让各国更好地应对挑战，构建风险防范机制。全球各国经济相互联系的同时，基于金砖国家之间的数据共享以

---

① 周文泓，杨璐羽，吴一凡．欧盟数据政策体系研究及其启示［J/OL］．情报理论与实践，1-12［2025-01-02］；吕佳宽．欧盟数据治理模式及启示［D］．保定：河北大学，2024.

及数据治理，不仅能妥善应对美联储的加息，使国内生产总值和通货膨胀率不过度受到冲击，还可以加强金砖各国在出口贸易方面的优势，带动经济稳定发展，从而表现出较强的国家竞争力。

印度作为新兴大国，其在数据和数据治理方面也正积极探索并取得了一定的进展。其借鉴美国等发达国家的经验，制定了许多数据治理的架构和标准，通过将数据分为共享和非共享两类，有效地保证了涉密数据不外泄。对非共享数据，其严格限制访问权限，确保数据的安全性；对共享数据，其则制定了规范的共享机制，促进数据在合法合规的前提下流通和利用。

为了促进数据产业的发展，印度政府还出台了一系列政策支持。一方面，加大对数据基础设施的投入力度，为企业和机构提供高效的数据服务。另一方面，鼓励本土企业进行数据创新，吸引国内外企业投资印度的数据产业。

印度政府对数据保护亦进行了立法规范。例如，2022 年的《数字个人数据保护法案》草案，对数据处理的年龄限制、数据主体的权利和义务、数据跨境流动等方面进行了规定。又如，印度计划推出《数字印度法》来取代 2000 年的《信息技术法》等，这些法案将共同初步构成印度的数据治理的法律框架。

伊朗拥有较为庞大的互联网用户群体。由于长期受到西方制裁，国际主流支付系统和应用商城在伊朗的使用受到限制，这促使了伊朗本土应用商店的发展。伊朗政府重视数据的本地化存储，要求本国数据存储在境内，来保护国家的数据主权和安全。这一政策有助于防止本国数据被轻易传输到境外，减少数据泄露和滥用的风险。同时，伊朗在数据保护和网络安全方面制定了一些法规和政策，加强对数据的管理和监管。例如，关于手机应用的发布，伊朗有严格的审查规定，来确保应用程序的合法性和安全性。

巴西的数字经济规模在世界上位于前列，占国内生产总值的比例较高。互联网覆盖率持续增长，政府和企业加大了对数据中心和云计算设施的建设投入力度。圣保罗成为巴西连接最紧密的城市，吸引了全球知名云服务提供商，边缘数据中心也在不断部署，来减少延迟并提供更好的连接服务。

沙特阿拉伯在 2021 年发布了第一部全面统一的国家数据保护法，后又在 2023 年进行了修订并正式实施。该法对个人数据的处理、保护等方面进行了详细规定，明确了数据保护的范围、主管部门等内容，适用于在沙特境内以及境外处理沙特居民个人数据的行为。

总之，在当前世界经济形势下，金砖国家进一步加强数据分析、数据共享具有重要意义。近年来，金砖国家虽然吸引了大量外资流入，但彼此之间的投资额相对较少，各国之间的投资制度还有待完善。除了贸易往来，金砖国家还应积极尝试国际金融体系改革，来维持国际经济治理秩序。

四、亚洲国家数据与数据治理

大数据时代，个人信息保护将伴随着科技的进一步发展，面临新的挑战。在信息化时代的背景下，政府数据治理显得十分重要，亚洲国家和地区在此领域所采取的策略和措施也随各自的国情有所不同。

日本个人信息的保护体制发达，在其历史性、国民性、独特法律文化影响下，有其独有的特征。日本政府通过跨部门合作、数据交易安全市场环境以及个人信息保护体制与法律改革，如《个人信息保护法》来治理数据。政府希望通过促进跨部门的分工合作、出具数据交易合同指引、建立一个适合数据交易的安全市场环境，来构建一个通过连接各种数据创造更大附加值的工业社会。

我国近年来也不断加大数据治理的力度，不仅陆续出台了一系列与数据安全相关的法律法规来规范数据的收集、使用和存储等行为，还积极推动数据开放共享来促进数字经济的发展和创新。同时，我国也在不断加强数据安全技术的研发和应用来提高数据安全防护能力。

在数据治理方面，韩国政府也采取了一系列积极有效的措施。其致力于通过开发公共数据来增加新的就业机会，“开放数据应被纳入创意产业中”的理念就是鲜明的例证。一方面，韩国政府积极推动公共数据的开放共享，建立专门的数据开放平台，将政府部门掌握的大量数据向社会开放，鼓励企业和创业者利用这些数据进行创新开发。这些开放的数据涵盖了多个领域，如交通、环境、教育等，为社会创新提供了丰富的素材源泉。另一方面，韩国政府出台了一系列对数据产业扶持和引导的政策，鼓励企业加大在数据领域的研发力度，并培养数据专业人才，以期推动数据产业的快速发展。

综上，不同国家和地区在政府数据治理方面都有各自的特点，但数据治理普遍都还处于初级阶段，在各方面仍有相互借鉴、发展的空间。

第二节　国外数据治理理论与实践

一、英美法系数据治理理论与实践

（一）英美数据治理理论

20 世纪 90 年代，美国进入了一个新的经济时代。第三次科技革命的到来，使全球范围内的信息数据数量激增，美国充分发挥自身优势，在科技创新上加大力度，积极搭建数据平台，为企业利用大数据技术提供了空间，保证了美国在世界上的竞争地位。美国联邦政府的大数据治理，大致可以分为 6 个领域：数据开放、信息公开、个人隐私保护、信息安全、电子政务和信息资源管理。我们对美国联邦政府数据治理的研究可以从两个维度入手：政策和组织体系。[①] 政府通过实行纵向的单层级管理，如城市、州或者联邦，或者横向的跨层级，如跨州和地方政府，利用现代化的通信技术以及信息技术手段实施综合管理，然后不断创新，产生社会价值。

随着人类社会步入数字时代，数字经济（Digital Economy）正日益成为加速全球经济高质量发展的新动能和新引擎。大力发展数字经济，已经成为国际社会的战略共识。在此背景下，加快数字经济创新成为各国实现经济发展模式由要素驱动和投资驱动向创新驱动转变的必然要求。近年来，数字经济发展领域的国际竞争日趋激烈，大国纷纷布局数字经济创新。美国依托其强大的科学技术实力和创新能力，在数字经济领域形成综合竞争优势。[②] 美国肯塔基州教育数据治理体系完备、特点显著、成效卓然、价值突出。肯塔基州主要以教育数据治理政策为引领，以跨机构教育数据治理协作为动力，以教

---

① 王蕾．国内外政府大数据治理的对比研究［D］．哈尔滨：黑龙江大学，2019.

② 李征．美国对华“全政府”科技遏制战略与中国数字经济创新发展研究［D］．长春：吉林大学，2021.

育数据治理的全面性为目标，以教育数据治理角色落实为手段，成功实现了肯塔基州教育数据治理架构，推动教育数据在教育教学和教育管理等领域中被广泛运用。①

目前，欧盟、美国都谋求在国际数字治理中抢得先机，而数据域外管辖权的扩张逐渐成为实现这一目标的重要手段。无论是“设立机构标准”“目标导向标准”还是“数据控制者标准”，这都在一定程度上突破了传统管辖权在网络空间中的适用困境，具有理论和实践上的价值。②

西方政府，以美国、英国、加拿大和欧盟地区为例，其开放数据的主要内容包括法律法规、政策文件、研究报告、公共信息、科研数据信息、地图与地理信息、气象信息等基于公共目的与公共利益而产生或收集的数据和各类信息。在开放政府运动兴盛之际，西方政府普遍意识到政府开放数据所带来的巨大经济价值、社会价值和政治价值，并一直在世界范围内充当着开放数据倡导者和先行实践者的角色。西方政府开放数据具有集中整合特点、注重公民回应性并具有明显的阶段性等特点。③ 国外，尤其是美欧等发达国家（地区）在跨境数据治理方面相对较成熟，其跨境数据治理的政策与经验亦是学术界的一大热点。数据安全是全球数据合作治理中最重要的内容，也是影响全球数据治理国际合作的关键因素。④

（二）英美数据治理实践

随着数字化、信息化、智能化技术的深度发展和广泛普及，政府数据量呈爆炸式增长，政府数据治理已然成为大数据时代政府面临的关键任务，是推进国家治理现代化进程的必然选择。

美国政府自20世纪90年代以来，克林顿、小布什、奥巴马、特朗普等历代总统均通过签发大批法规政策、设立系列部门机构，持续在数据治理及

① 但金凤．大数据时代美国肯塔基州教育数据治理体系研究［D］．重庆：西南大学，2020.

② 游诗妍．欧美数据域外管辖权的扩张与中国的应对研究［D］．广州：广东财经大学，2023.

③ 包倩宇．大数据视阈下西方政府开放数据与个人隐私保护研究［D］．重庆：西南政法大学，2018.

④ 梁宇，郑易平．全球数据治理的现实困境与中国方案的实践进路［J］．昆明理工大学学报（社会科学版），2023，23（6）：105-114.

国家主权安全层面发力。早在1993年，美国就在《国家绩效评估报告》中提出要推行电子政务，并在1994—1996年期间成立政府信息资源管理机构与组织，于2002年公布了《电子政务法》来推动政府数据治理走向公共服务层面。

英国政府自1998年颁布了《数据保护法案》明确个人数据隐私和权限以来，也围绕gov. uk、data. gov. uk、legislation. gov. uk等网站全面展开国家数据治理。新加坡、澳大利亚等国家也相继出台有关文件，不仅在政策法规层面规定了政府数据的治理原则，还从社会层面对政府数据的整合共享和体系建设提出了指导性建议。①

2012年3月，美国政府率先公开颁布了《大数据研究和发展计划》战略，并于2013年开启了"大数据元年"，之后欧盟出台了"开放数据战略"、英国出台了《把握数据带来的机遇：英国数据能力战略》。从大数据法律设立来看，美国近期出台的《加州消费者隐私法案》(California Consumer Protection Act）和《澄清合法使用境外数据法》（Clarifying Lawful Overseas Use of Data Act)、欧盟的《通用数据保护条例》（GDPR)，均表明世界主要经济体越来越重视数据治理领域的立法。②

我们同时需要注意，美欧数据法的域外管辖同时具有"侵犯性"和"可借鉴性"。包括我国在内的大部分国家，均是在阻断这两部法律所产生的负面作用的同时，吸收借鉴体现在上述两部法律中的有益治理经验，对美欧数据法域外管辖的双面影响做出法律应对。

总之，科学数据治理是释放数据要素价值的基础和前提，是科学数据资源优质供给的核心保障，能有效改善当前科学数据权属模糊、数据污染、数据不一致与不完整等问题。现今，欧盟2019年的《开放数据和公共部门信息再利用指令EU2019/1024》、美国2022年的《确保联邦政府资助的研究数据公平惠及全美国的新指南》、2021年的"地平线欧洲"计划（Horizon Europe）等都强调通过科学数据开放共享、科学数据重用等方式激发数据活

① 王冰洁．主权视角下的国际数据治理模式研究［D]．武汉：武汉大学，2020.

② 林伟，周耀铭．国内外数据治理研究述评［J]．数字图书馆论坛，2022（6）：65-72.

力，促进科技创新。①

二、欧盟数据治理理论与实践

（一）欧盟数据治理理论

《数据治理法案》是欧盟最新的公共数据立法，构建了包含知识产权等的法律框架，标志着欧洲治理逻辑向“权益共享”转化。我国公共数据开放正处于探索期，受旧有财产思维和信息公开制度影响，我国可适当借鉴欧盟法案，建立契合我国数据法律体系的共享制度。②

大数据技术使个人信息获取更易，过度使用将会冲击隐私安全。欧、美、日等国（地区）发布个人数据保护条例，欧盟推出的数据保护条例（GDPR）尤为严格，影响全球数据流通。GDPR 遏制信息滥用，但其严苛的规定影响企业进入欧洲市场。我们主要以此分析各国数据保护政策，重点研究 GDPR 内容及创新，探讨其对我国涉欧企业要求。③ 在全球数字化时代，个人数据跨境流动规制成为我国立法重点。欧盟 GDPR 作为个人数据保护里程碑，其跨境传输机制、数据主体保障权利、数据分类制度及监管机构设立经验等，对我国完善个人数据跨境流动规制具有重要参考价值。④

在全球数字经济下，数据治理成为关键。欧盟先行，其机制既保护数据隐私，又促经济发展。我们主要研究欧盟数据治理机制，探讨非欧区国家为何采纳及欧盟如何借此获得利益。通过理念与工具层面的规范性力量分析，我们认为非欧区国家基于成本利益考量，采用欧盟数据治理机制。欧盟则以市场、标准、柔性治理为支撑，强化监管，推企业发展、展数字外交，实现数据隐私保护、数字技术和经济发展，构建强大数字市场，提升国家实力。⑤

---

① 何依，司莉．国内外科学数据治理研究的比较分析［J］．情报科学，2024，42（1）：153-161，171.

② 司马航．欧盟公共数据共享的制度构造和经验借鉴：以欧盟《数据治理法》为视角［J］．德国研究，2023，38（4）：67-87，126-127.

③ 朱赛艳．欧盟数据保护与合规应对策略研究［D］．武汉：华中科技大学，2019.

④ 胡徽．《欧盟通用数据保护条例》对我国个人数据跨境流动规制的启示［D］．广州：广东外语外贸大学，2021.

⑤ 罗东炜．规范性力量视域下的欧盟数据治理研究［D］．南京：南京大学，2021

我国应借鉴欧盟数据立法经验，完善数据立法域外适用体系，明确数据治理理念，加强立法、司法、执法配合，来应对 GDPR 等带来的合规挑战。同时，我国要保护国家和企业利益，阻断外国法不当域外适用。在尊重数据主权基础上，我国要提升国际话语权，贡献中国方案，推动国际数据治理规则构建。①

全球数据监管面临合法性问题，欧盟单边监管模式引发法律域外效力和主权扩张讨论。其监管立法趋势体现欧盟利益超越全球利益。全球数据治理模式有善意单边主义和多边监管治理两种，前者承认有效性、合法性，后者强调国家利益平衡和跨际合法性。理想化模式应回归应然法价值观，反思法律效力边界和跨际合法性与欧洲中心主义悖论，强调大国责任观。②

数据作为第五大生产要素，对国家发展至关重要。欧盟在数据治理方面有丰富经验，其《数据治理法案》提出了三种促进数据流通共享的治理模式，即数据中介模式、公共数据开放模式和数据利他模式。这些模式在实践中取得了显著成效，如形成多元化数据中介机构、完善专业平台建设、在公共卫生和环境领域取得成果等。我国可借鉴欧盟经验，完善数据政策，促进数据流通共享，激发数据潜力。③

（二）欧盟的数据治理实践

欧盟经多年发展，建立了完善的数据治理体系，近三四年更重视消除数据流动障碍。目前，欧盟在数据权利界定、权利保护、跨境流动等方面已建立了较为完善的法律体系，并形成了从欧盟到成员国再到金融业最后到单一金融机构的统一性、垂直性和专业化的金融数据治理体系。我国可借鉴欧盟经验，完善数字经济法治，强化数据安全流动，提升数字金融竞争力。④

数字时代，数据治理正从所有权范式转向使用权范式，这对激活数据潜

---

① 丁馨婷．欧盟数据立法的域外适用及其对中国的启示［D］．北京：中国人民公安大学，2022.

② 钟燕慧，王一栋．欧盟数据监管立法及其全球影响［J］．国际经济评论，2024（1）：146-173，8.

③ 吕佳宽．欧盟数据治理模式及启示［D］．保定：河北大学，2024

④ 郑联盛，臧怡宏，李俊成．欧盟金融数据治理：框架、重点与启示［J］．金融监管研究，2024（2）：20-42.

能至关重要。所有权范式以物权思维为核心，局限性渐显；使用权范式则聚焦数据资源最大化利用，不再纠结数据归属。欧盟的《数据法案》确立了用户数据使用权，标志着使用权范式里程碑，对数据治理有重要意义。①

三、金砖国家数据治理理论与实践

（一）金砖国家数据治理理论

科学数据作为支持科学研究、社会治理和经济发展的战略资源，不仅是推动科学研究创新的动力源泉，还是重塑国家科学技术水平和生产力的主导力量与重大战略资源，在促进经济高效增长、地区可持续发展中起着重要支撑作用。

金砖各国政府对科学数据的理解与需求不同，依据其各自国情发展，各国成立了不同层次的支持和监管机构，形成了系列科学数据发展政策。② 金砖国家进一步深化了经济协作体系建设。为了更好地推动金砖国家经济协作体系建设，未来各国应强化顶层设计和整体统筹，完善产能合作机制，创新金融合作方式，加强金融市场互联互通机制建设和本币合作，更好地服务金砖国家产能合作，深化金砖国家之间的人文交流，为产能合作奠定坚实的民意基础。③ 随着信息技术的迅速发展和互联网的普及，信息化已成为各国经济社会发展的关键驱动力之一。原金砖五国中，中国进步最为显著，中国、俄罗斯、巴西均高于全球平均水平。金砖国家应在信息通信领域加强战略布局，强化政策引导，携手应对挑战，构建网络空间命运共同体，共同推动信息技术的发展，实现可持续的信息化进程。④ 美联储加息对金砖五国经济具有显著的溢出效应，且存在时变特征和结构性变动；美联储加息对金砖五国金融变

① 付新华．从所有权到使用权：欧盟《数据法案》与数据治理范式革新［J］．法治社会，2024（5）：29-40.

② 张耀南，张杰，任泽瑶，等．金砖国家科学数据发展政策与规划［J］．中国科学数据（中英文网络版），2024，9（1）：52-73.

③ 陈卫东，廖淑萍，王有鑫，等．金砖国家深化经济协作体系建设的重要意义、实施路径和建议［J］．俄罗斯研究，2023（6）：20-44.

④ 林茜妍，谭颖臻，赵新力．金砖国家信息化发展水平评价与指数研究［J］．发展研究，2024，41（9）：23-30.

量的冲击相对经济变量更为明显。中国应加速推进人民币汇率制度改革和利率市场化改革，进一步完善宏观审慎货币政策，优化外汇储备结构，同时积极引导资金流向实体经济，优化经济结构，增强经济韧性，有效缓解美联储加息的溢出风险。①

（二）金砖国家数据治理实践

随着互联网、人工智能、大数据等高新技术的快速发展以及数字化转型的不断推进，俄罗斯各领域数据呈现快速增长态势，数据逐渐成为影响俄罗斯现代经济社会发展、国家安全和社会稳定的基础性战略资源。②

随着世界经济的全球化进程加快，数字产品贸易的跨境数据流动为各行业创新及效率和生产率水平的提升创造了引擎，让全球经济和社会发展日新月异。数字产品贸易虽然确实能够带来一定的风险和不确定性，但后续其所带来的经济效益是巨大的。因此，金砖国家应当科学地、系统地、有步骤地增强企业和消费者对虚拟经济和数字贸易的信心，突破数字贸易壁垒与降低数据限制性政策的水平。③

统一的数字规则有利于降低企业的合规成本，金砖国家应共同构建金砖数据要素市场规则，完善数字贸易生态治理体系，保障数据要素的安全流通。企业应提升自身的管理水平，同时利用大数据等信息技术充分挖掘信息价值，为成本节约提供有效的帮助。④ 金砖国家国别风险在不同的外部因素影响下对其股票市场收益会产生不同程度的影响，这种影响关系的分析并非仅仅为了反映评级变动对股票市场的影响，而是分析在当前全球经济更加密切往来的背景下，其为金砖国家市场走向成熟市场方向提供合理的应对对策建议。⑤ 伴随着世界互联网发展浪潮的持续涌进，金砖国家也从最初的概念逐渐走向了

---

① 邓道才，查芬．美联储加息对新兴经济体的溢出效应研究：基于金砖国家数据的实证分析［J］．征信，2022，40（10）：86-92.

② 张莹秋．俄罗斯数据安全治理研究［D］．哈尔滨：黑龙江大学，2023：110-111.

③ SARAFANOV I. 金砖国家数字产品贸易壁垒对数据密集型行业全要素生产率及宏观经济影响研究［D］．北京：对外经济贸易大学，2020.

④ 张之禧．信息通信技术对中国与其他金砖国家间货物贸易成本的影响［D］．北京：商务部国际贸易经济合作研究院，2024.

⑤ 吴思虹．金砖国家国别风险评级对其股票市场收益的影响：基于动态阈值模型的实证研究［D］．广州：广东财经大学，2018.

实体，并且日益受到国际社会的广泛关注。从金砖国家整体的角度考虑，为了保障互联网领域的健康稳定发展，中国应尽快联合金砖四国进行国际互联网基础通道的建设，以此来避免美国等发达国家的制约或干涉。① 通过加强基础设施建设、提升人力资源素质、优化政策法规环境等多方面的努力，金砖国家有望缩小数字鸿沟，充分释放数字贸易的巨大潜力，来共同应对和消除数字贸易壁垒。② 随着大数据与云计算互联网平台的迅猛发展，世界逐渐变成一个整体，信息通信技术使金融行业实现互联网技术运作，成为当今世界进行贸易洽谈的主要途径。③

中国、俄罗斯、巴西仍需要加大投入力度，推动建立大数据中心等新型基础设施，促进国家数字化转型与智能升级，以便进行更好的数字经济合作。同时，物流企业还要勇于自主研发创新，充分利用物联网、大数据等先进技术创造智能化、数字化的高效物流管理平台，实现物流信息全流程跟踪。④ 通过数据，我们可以看到，国家之间的经济差距、基础设施建设以及地理距离，均与贸易成本具有显著的相关性，且影响水平由高到低。信息技术的发达使人们突破了国与国之间阻碍交流的墙，我们可以在更短的时间内下单全世界的商品，这都得益于互联网的快速发展。近几年，农业贸易成本的下降离不开信息技术的发展。⑤

四、亚洲国家数据治理理论与实践

（一）亚洲国家数据治理理论

日本政府希望通过促进跨部门的分工合作、出具数据交易合同指引、建立一个适合数据交易的安全市场环境，在未来实现一个连接各种数据、创造

---

① 王瑨．金砖国家互联网发展现状研究［D］．杭州：浙江传媒学院，2016.

② 张之禧．信息通信技术对中国与其他金砖国家间货物贸易成本的影响［D］．北京：商务部国际贸易经济合作研究院，2024：78-81.

③ 何雪珂．金砖国家贸易便利化水平对中国出口贸易的影响研究［D］．南京：东南大学，2020.

④ 孙静．金砖国家电子商务发展与合作研究［D］．保定：河北大学，2022.

⑤ 李阳阳．国际多边合作机制下农业贸易成本问题研究［D］．北京：首都经济贸易大学，2021.

更大附加值的工业社会。因此，日本的数据市场是通过合同约定这一自我激励和调节机制来运行的，即交易双方通过合同相互约束。这种机制无法对第三者发挥作用，需要法律手段来保驾护航，恢复原本市场的调节机制。① 相较于欧美等国家，我国开放数据处于探索阶段，因此很多学者对具有代表性国家的政策制定和执行进行了分析，并从整体性研究向具体主题的政策研究拓展。目前，学界研究表明，我国存在以下问题值得关注：政府数据开放没有在充分的理论和证据基础上提出完整的政策体系框架，具体主题涉及的内容尚需进一步深入。我国的政府数据开放政策多以国外经验性研究为主，缺少对我国政府数据开放政策需求的研究。②

（二）亚洲国家数据治理实践

日本个人信息的保护体制发达，在其历史性、国民性、独特法律文化影响下，有其独有的特征。日本的《个人信息保护法》2020 年修正案，提出种种崭新的改革举措。其既展现出大数据时代立法者、内阁政府对个人信息进一步全面展开保护的决心，也体现出日本期待与国际进行数据交换，提高数据价值，进而提高经济效益，创新更富活力的新产业。③ 中国的大数据治理领域中的开放数据政策主要侧重“数据开放、数据发布、数据组织、数据质量、数据利用”等数据要素，明确提出了“大力推动政府部门数据共享、稳步推动公共数据资源开放、加快建设国家政府数据统一开放平台”。这些政策性规定，具有动态性大、可操作性强、时效性高等特点，随着社会大发展环境的变化，必能起到动态性地调整政策和及时出台新的政策的作用。④

从数据治理的实践来看，我国仍处在初级阶段，在基础政策、政社互动、活动开展的各方面存在一些不足。笔者认为，我国政府的数据治理文化体系构建势在必行。我国将政府数据治理文化体系的构建与运用作为辅助政府数据治理建设的重要环节，这是必由之路。政府数据文化日新月异、包罗万象，从精神指引到物质调配，所有的文化氛围培育与资源配置知识等，都应成为

---

① 姜一宁．日本数据保护的路径选择——反不正当竞争法中的限定提供数据条款［D］．上海：上海外国语大学，2022.

② 温芳芳．我国政府数据开放的政策体系构建研究［D］．武汉：武汉大学，2019.

③ 唐旭．大数据时代日本个人信息行政法保护探究［D］．苏州：苏州大学，2023.

④ 王蕾．国内外政府大数据治理的对比研究［D］．哈尔滨：黑龙江大学，2019.

政府数据治理能力现代化的重要组成部分。我国一旦忽视了政府数据治理文化，就会使整个数据治理体系庞大却僵硬、繁杂且不灵活，无法满足政府数据治理现代化的实际需求，无法满足人民日益增长的信息需求，也就无法使整个体系充满活力，有效运行。①

研究表明，政府数据治理体系应包括战略方针、组织结构和职责分工等内容。我国政府数据治理框架相对单一，缺少协同合作。数据治理框架可以确保数据质量的完整性和保密性，使行业中的理论与实务部门均能够更好地了解数据治理问题乃至及时解决数据治理中的问题。②

印度的政府数据开放平台在很大程度上借鉴了美国的 data. gov 平台。该平台将政府收集的所有非涉密数据集中在一起，制定相关架构和标准，将所有分散的数据转换为标准格式。此外，印度政府还拟定了一个非共享数据清单，保证涉及国家安全、隐私和机密、商业秘密和知识产权等数据不外泄。③韩国出台了《开放公共数据指令》，人们通过对其进行语义网分析，可确定公共政策中关键问题与维度及其一致性。他们认为开放公共数据指令应明确要求通过新产品的创新及传播，将创造性的经济生态系统纳入创意产业中。开放公共数据不仅限于改进政府透明度，而且通过开放公共数据的标准化，提高数据质量，创造新的商业模式和就业机会。④

亚洲国家的数据治理实践，正如克拉丽丝·吉罗（Clarisse Girot）主编的《亚洲个人数据传输规制》所说。该研究报告对亚洲 14 个国家和地区的数据传输监管法规进行了全面系统的研究后，认为亚洲的数据本地化趋势在数字能力和合规成本等方面对该地区跨国公司造成了一定的挑战，且各司法主体的数据跨境传输方式和要求差别极大，这使这一地区的数据治理态势呈现碎片化和拼凑感。⑤

---

① 程通．我国政府数据治理文化体系构建研究［D］．保定：河北大学，2021.

② 牛丽雪．政府数据治理成熟度模型研究［D］．保定：河北大学，2020.

③ 岳丽欣，刘文云．国内外政府数据开放现状比较研究［J］．图书情报工作，2016，60（11）：60-67.

④ JUNG K Y，PARK H W. A Semantic（TRIZ）Network Analysis of South Korea's " Open Public Da ta " Policy［J］. Government Information Quarterly，2015，32（3）：353-358.

⑤ GIROT C. Regulation of Cross-Border Transfers of Personal Data in Asia［M］. Singapore：Asian Business Law Institute，2018：410.

第三节 国外数据治理的基本体悟

通过对英美法系国家、亚洲国家、金砖国家以及欧盟等国家数据治理理论与实践的探索，我国在数据治理理论研究方面和数据治理实践方面予以借鉴。笔者在此，以我国数据治理理论及其实践为视域，仅以欧盟为例，释述数据治理的基本体悟。

一、欧盟数据治理的理论研究态势及借鉴

在全球数据主权博弈背景下，欧盟构建的数据空间治理规则体系有其自身的特点。2019 年，欧盟委员会主席乌尔苏拉·冯德莱恩（Ursula von der Leyen）就提出“技术主权”（Technological Sovereignty）理念，意指“欧洲必须具有能力、必须根据自己的价值观并遵守自己的规则来做出自己的选择”。

欧盟数据空间治理研究主要包含以下三方面：第一，欧盟早期的数据空间治理研究源于多领域的数据开放（Open Data）；第二，欧盟关于数据安全与伦理的规则构建走在世界前列；第三，欧盟数据空间治理重视数字经济与新信息技术的研究与应用。

欧盟数据空间治理的政策法规，包括欧盟委员会的数据治理政策法规和欧盟成员国的数据空间治理政策法规。欧盟数据空间治理的特点是，寻求技术主导地位，通过塑造和维护“欧洲价值观”（以人为本、绿色发展、开放民主），来引领规则体系构建。

我国在构建数据空间治理规则体系时，所面对的问题是如何借鉴欧盟数据空间治理规则体系。总体而言，笔者认为我国应立法先行——制定明确的政策来约束不确定性和实现法益平衡，即数据空间治理的多主体利益协调、话语对接。我国既要独立自主，又要融入国际规则体系中进行国际合作，在数据主权竞争中寻求合作共赢。

欧盟的数据治理历程大致分为两个时期。

（一）欧盟数据治理理念时期。欧盟数据治理理念经历了从注重数据安全

到安全前提下的发展之转变。其大体上可以分为以下几个阶段：一是数据保护起步期；二是数据保护上升期；三是数据保护高峰期；四是数据保护发展期。2020 年 DGA 草案出台，提出了新的欧盟数据治理理念，即数据利他主义。

（二）欧盟数据治理逻辑框架时期。欧盟的数据治理历程以及数据利他主义的产生，形成了欧盟数据治理的基本理念。欧盟在进行了不同程度上的数据共享探索后，2019 年出台了《开放数据指令》。其设立了“高价值数据集”，使具有高社会经济效益的数据能够被公众下载或在线读取。2020 年，欧盟出台的《欧洲数据战略》更是规划了企业和政府双主体之上高度共享的一体化数据市场蓝图。直至 2022 年，DGA 对公共部门数据进行再利用的探索，并倡导“数据利他主义”的运用，这是欧盟数据治理追求数据价值的最好例证，也是底层逻辑由数据私有向数据共享转变的又一实践成果。

欧盟数据利他主义是指数据主体为社会公共目的自愿分享有关个人数据而不图回报，或在获得其他数据持有者许可的情况下，出于非自我获利目的使用其他数据持有者的非个人数据（公益性、原则性、明确性）。欧盟数据利他主义治理模式主要由三部分组成：数据提供方、数据需求方以及数据中介。欧盟数据利他主义治理模式分为公共部门机构共享模式和数据中介共享模式。欧盟的《数据治理法案》强调：（1）欧盟《数据治理法案》之“得”提出数据利他主义理念要贯彻落实，以明确性规定为主，以模糊性规定为辅，其司法救济措施相对完备，来统一立法方式保障数据利他主义治理。（2）欧盟《数据治理法案》之“失”可能导致相关法律适用冲突，部分数据利他主义的规定过于理想化，难以落实、让渡数据管理权，会增加数据利他主义治理风险。《数据治理法案》发展数据利他主义理念，释放政务数据活力，引入多元数据共享主体来拓宽共享渠道，探索建设数据共享立法体系。

从欧盟的数据治理政策法规体系来看，欧盟颁布的《通用数据保护条例》《塑造欧洲的数字未来》和《数据治理法案》等一系列政策法规条例，初步构建了欧盟数据治理框架。从宏观层面来看，数据治理是指包含治理目标、权利层次、治理对象及解决问题等几方面的对数据产业、数据经济乃至整个社会数据化过程的治理体系框架；从中观层面来看，数据治理是通过对数据资源开放、共享、利用等的调度，以数据说话、决策、管理、创新的管理机制；从微观层面来看，数据治理是指不同主体或组织机构为了应对繁杂数据带来的困难和安全威胁，运用政策对数据或相关行为进行规制，以及运用技术工具对数据进行整合，来释放数据价值的行为策略。

二、欧盟数据治理的政策制定态势及借鉴

当前，欧盟在数据治理政策法规颁布实施方面已取得一定成效，从个人数据治理到公共数据治理再到网络数据治理，其已基本完成数据治理的顶层设计。研究欧盟的数据治理政策法规和方式方法，对我国抓住数据机遇，实现数据价值，推动经济发展和数字政府建设具有重要启示意义。

从欧盟的政策法规内容来看，欧盟数据治理包括四个要素，即治理主体、治理客体、治理目标和治理内容。欧盟的数据治理主体与结构可以从立法层、监管层和执行层三层面来解释。通过对欧盟数据治理政策法规文本内容进行编码发现，欧盟的数据治理客体可以从个人数据治理、公共数据治理、人工智能数据治理、企业数据治理和网络数据治理五方面来解释。实现治理目标是欧盟制定颁布一切数据治理相关政策法规的最终意图。

基于政策法规内容，欧盟的数据治理政策法规体系框架：宏观上战略谋划，引领发展；中观上支持保护，协调实施；微观上详细说明，指导实践。这对完善我国数据治理政策法规体系的启示是一是要有宏观的目标维度，明晰总体发展目标，健全政策法规体系；二是要有中观的保障维度，落实分类分级制度，实现差异化管理；三是要有微观的责任维度，明确主体权责分配，促进协同合作治理。

三、欧盟数据治理的法治态势及借鉴

欧盟注重精细化数据立法下的数据保护与流通。欧盟数据立法确权分为两个阶段。第一阶段可以概括为对数据的原始确权，其产生了若干权力概念。其中，欧盟的《通用数据保护条例》属于对数据的原始立法条例。数据的多种权力属性存在内生的冲突性，仅仅基于对数据的一次确权无法兼顾数据保护和数据流通两大命题，故有必要对数据进行二次立法确权。欧盟的《数据

法案（草案）》就属于对数据的二次立法条例，其核心在于确权的精细化。

欧盟精细化立法下的数据保护也是基于两方面：一是欧盟数据保护的法律依据，如1981年颁布的《关于个人数据自动化处理的个人保护公约》（以下简称《108号公约》）第一条、第九条、第十二条，2012年颁布的《里斯本条约》第一部分“原则”中第十六条规定，2016年颁布的《欧盟基本权利宪章》（以下简称《宪章》）第七条、第八条、第十一条。二是欧盟数据保护的政策导向，如2020年提出的《欧洲数据战略》明确指出，欧盟委员会的愿景源于欧洲的价值观、基本权利和以人为本的理念。在数据战略方面，欧盟提出了较为具体的路径规划：一是欧盟委员会在2021年提出的“欧洲数字化十年”政策中提出四大宏观指示；二是欧盟委员会、欧洲议会和欧盟理事会于2022年共同签署的《欧洲数字权利与原则宣言》中提出六大原则；三是欧盟数据保护的权利创设。《通用数据保护条例》第二十条创造性地提出了数据可携带“权”这一概念。

欧盟《数据治理法案》（Data Governance Act，DGA）中的数据利他主义的欧盟数据治理新理念，自2020年11月25日提出草案，历时12个月试行之后，于2022年6月经欧盟理事会批准，2023年9月开始普遍适用。与美国以科技巨头为主、政府部门为辅的数据治理模式不同，欧盟以数据利他主义（Altruism）为核心理念，并以此形成了公共部门机构共享模式和数据中介共享模式。

四、欧盟数据治理的经验及对中国的启示

一是欧盟注重数据安全监管。数据安全监管的内容主要包含对数据主权、数据隐私以及数字贸易等方面的保护、监督和管理。

二是欧盟在数据安全监管方面的规则体系建设相对完善。从最开始的分散立法到“大一统”欧盟法时代，欧盟逐渐形成了“个人数据+非个人数据”的数据安全和有序流动监管规则体系，并积极与美国、日本等国家和地区的数据安全监管规则进行互认互通，构建欧盟区域内、双边及多边的多层次数据安全监管规则体系。在制定数据安全相关监管规则的同时，欧盟也将数据保护机构的设置内嵌其中，形成覆盖全域层面和成员国层面的双重数据保护

机构体系。

三是欧盟跨境数据流动监管规则体系建设，从分散到统一，严格保护个人数据，鼓励非个人数据在欧盟境内自由流动与免费使用，积极开展双边和多边数据安全与有序流动规则的互认互通。

四是欧盟数据保护机构设置及运行机制：（1）欧盟数据保护机构的设置。其包括《关于涉及个人数据处理的个人保护以及此类数据自由流动的第951461EC号指令》（以下简称《95指令》）阶段、《通用数据保护条例》阶段和其他法规下成立的数据保护机构。（2）欧盟数据保护机构的运行机制。欧盟内部各国的数据保护机构的运行遵循一致性原则、成员国内部属地原则和欧盟区域内协同合作的原则。这里的一致性原则是指不同数据保护机构在出现争议时，应当由数据保护委员会来解决，来保障在欧盟全域内《通用数据保护条例》执行的一致性。属地原则指成员国内部数据保护相关事务可以遵循本国相关的法规或条例，但是当涉及欧盟内部的跨境数据保护时，成员国的数据保护机构就需要遵从欧盟数据保护委员会具有强制性的一致性原则。欧盟区域内协同合作主要包括合作、相互协助以及联合行动等。

欧盟数据安全监管对我国的经验启示，主要有两点：（1）完善数据安全监管规则体系建设，加快形成数据分级分类标准，并确立相应的分级分类监管体系；细化和明确数据流动中不同主体的权利、职责和义务；参与双边和多边规则建设，并加强互认互通。（2）构建数据保护机构体系，构建“1+X”数据保护机构体系，形成纵向与横向相结合的运行机制。

欧盟数据治理中的“一站式”监管机制（One-Stop-Shop Mechanism，以下简称OSS机制）及启示。欧盟GDPR中“一站式”监管运行机制，包括（1）“一站式”监管的运行主体：国家数据保护机构、欧盟数据保护委员会；（2）“一站式”监管的适用程序：GDPR要求欧洲经济区（欧盟成员国、冰岛、挪威及列支敦士登）的数据监管机构在含有数据跨界因素的案件中紧密合作，在OSS机制的启动程序、协调程序中，地方监管机构（LAS）和共同监管机构（CSA）需要遵守明确的时间期限以及履行相应的责任；（3）“一站式”监管的适用原则：闭门协商、客观标准。

欧盟GDPR中“一站式”监管运行机制在实施中也有不少困难，如OSS

协作程序不透明且效率低下，欧洲经济区各国数据保护机构（DPAs）之间的协作程序不透明，各国数据保护机构间管辖协调的效率低下；OSS 机制导致的管辖竞择现象的出现；OSS 机制影响各国数据保护机构的独立性，欧洲数据保护委员会（EDPB）的最终决策权可能引发欧洲经济区各国数据保护机构“向底竞争”；等等。

欧盟 GDPR 中“一站式”监管机制也有几点启示：（1）积极应对欧盟执法管辖权的扩张，通过法律手段回应监管工具输出，通过数据合规部署全球数字经营战略；（2）反思我国数据保护机构的现有设置，改革数据保护领域“多头治理”的模式，借鉴欧盟 OSS 监管中的管辖协调模式；（3）切实提高数据保护领域的执法水平，确保数据保护领域执法的程序正当，考虑采用阶段性、场景化的执法思路。

在国际法视域下，欧盟数据治理立法发展对我国有着多方面的启示。欧盟数据治理立法是在 WTO 数字服务贸易规则缺乏更新的国际法背景下形成的。回顾欧盟数据治理立法的改革历程，其有如下几种情形。（1）欧盟内部的个人信息保护机制。2012 年，欧盟司法专员提出个人数据保护改革。欧盟企业大多向欧盟境外传输数据，但欧盟此前的信息保护制度性框架《95 指令》中关于跨境流动的规则难以适应大数据时代信息快速流动的发展要求。（2）欧盟的数据流动监管机制。欧盟数据流动监管分为全球市场上的数据流动与欧洲内部市场的数据流动两方面。在数据跨境流动监管方面，欧盟形成了以基本权利保护为价值基础、以欧盟法院司法审查为监管工具的模式。（3）欧美数据隐私保护合作机制的更新。从欧美的数字治理和贸易实践来看，双方在数字经济和数据流动监管方面竞争明显，数据传输与合作机制存在较大的不确定性。此前欧美数据监管合作集中在数据跨境流动的监管规则领域中。

欧盟数据治理立法出现的新走向。2020 年 2 月 19 日，欧盟委员会发布《欧洲数据战略》，就数据经济发展制定了未来五年的规划。从数据要素利用与共享、平台企业规制和数字市场竞争规则构建三方面，我们对欧盟数据立法中的亮点和关键规则展开论述，旨在促进数据要素的合理利用与共享，强化对超大规模网络服务提供者的义务规范，推动构建开放有序的数字市场。

这对我国参与国际数据治理的启示是可通过完善对数据主体的监督，为不同体量的市场主体构建相对公平、合理的数据市场竞争规则。欧盟的数据治理立法在一定程度上为我国数据立法完善和国际规则构建提供了借鉴。

欧盟数据治理视域下的再利用数据对我国也有着深刻的启示。欧盟数据再利用具有运作的“双重逻辑”特点：一是从数据再利用的内涵来看，欧盟《数据治理法案》第二条“定义”中明确规定，“再利用”是“自然人或法人将公共部门机构持有的数据用于商业或非商业，而非数据产生的公共任务中的初始目的，除公共部门机构之间纯粹为执行其公共任务而交换数据的情况”。二是从数据治理的两种模式来看，数据利他模式，即数据利他思想下的非政府部门间再利用数据模式。数据共享模式，即原政府数据共享行为的合规化模式。

欧盟的《数据治理法案》中明确规定，“数据”定义为“行为、事实或信息的任何数字表示及任何形式的汇编”，且仅限政府所持有的目标数据。欧盟的数据法案对可再利用数据类型进行了明确规定，甚至界定了不可被再次使用的数据类型，其中重点强调新闻传媒数据也同属不可再使用数据类型。

综上，欧盟以立法形式明确数据可再利用的范围、设立数据治理专设机构、明确司法救济措施，从而确立数据利他主义在数据治理中的核心地位，即对数据治理最佳做法是以参与者的相关利益为核心。

面向未来，从欧盟数据治理框架的要素来看，目前，国际上形成了三种较为典型的数据治理框架：一是由国际数据管理协会（Data Management Association）制定的 DAMA 框架；二是由国际数据治理研究所（Data Governance Institute）制定的 DGI 框架；三是由 IBM 数据治理委员会（IBM Data Governance Committee）制定的 IBM 框架。

值得一提的是，从欧盟“数字主权”概念的提出来看，在欧盟政界，总体而言，欧盟机构领导人的演讲与欧盟出台的政策文件多次提及“数字主权”概念，却未对这一概念的内涵与外延给出明晰的官方界定。在欧盟学界，在数字时代，“主权”概念更多地被用来描述对数字技术和内容的独立自主的控制权。欧盟在数字治理中对主权概念的运用及其政治考量集中在主权的拥有者与欧盟数字治理的合法性、主权的绝对性与欧盟数字治理的有效性、主权的对外维度与欧盟数字治理的自主性上。

欧盟建构“数字主权”概念的驱动力是数字空间中的非对称相互依赖关系与欧盟面临的国际竞争压力，数字技术的政治化、安全化与欧盟的安全威胁认知建构，新冠疫情下对自主性的反思与欧盟的地缘政治考量。

欧盟“数字主权”政策实践与数字权力博弈的焦点是数字治理政策中的权力博弈、数字税收与议程设置权博弈、Gaia-X 云计划与决策制定权竞争。

欧盟数字治理相关立法与偏好塑造权运用体现在以下几方面：第一，欧盟界定自身的数字治理偏好，设定欧盟的数字治理规范，并以“数字主权”概念为依据来确立欧盟的治理权威。第二，欧盟以监管性权力规制大型数字平台的垄断性市场权力，强调“数字主权”的防御性维度，来提高欧盟数字治理的有效性。第三，欧盟运用全面完善的法律监管框架，塑造数字企业的合规偏好与他国数字治理偏好，推动欧盟监管性权力向全球市场辐射。

数字时代欧盟推动主权概念回归，是基于其内部分歧与“数字主权”概念的内生性困惑、外部压力与“数字主权”政策实践的迟滞、监管性权力与技术发展之间的张力。

第四章

中国数据治理政策检视

第一节 中国数据治理的政策梳理

随着信息技术的逐步发展，数据的重要性开始显现，我国对数据的管理处在早期探索阶段，相关的政策规定与制度建设尚未全面展开。我国对数据的管理主要侧重一些基础的信息安全保护措施，且多是在各个行业内部自行探索和实践的。

多年来，尤其是近年来，我国围绕数据治理出台了大量的政策性文件，为我国数据治理提供了基本的行动指南。笔者紧紧围绕“数据治理”对我国“中央级”相关政策进行了梳理，对其相关政策的核心内容进行了整理，按照时间顺序对其进行了如下归结。

一、中共中央、国务院关于数据治理方面的政策性文件

2014 年 3 月 5 日，时任国务院总理李克强在中华人民共和国第十二届全国人民代表大会第二次会议上所作的《2014 年国务院政府工作报告》，在强调 2014 年重点工作时，提出要以创新支撑和引领经济结构来优化升级。我国要设立新兴产业创业创新平台，在新一代移动通信、集成电路、大数据、先进制造、新能源、新材料等方面赶超先进，引领未来产业发展。

2015 年 7 月 1 日，《国务院办公厅关于运用大数据加强对市场主体服务和监管的若干意见》（国办发〔2015〕51 号）发布，我国要充分认识运用大数

据加强对市场主体服务和监管的重要性。一是要提高大数据运用能力，增强政府服务和监管的有效性。高效采集、有效整合、充分运用政府数据和社会数据，健全政府运用大数据的工作机制，将运用大数据作为提高政府治理能力的重要手段，不断提高政府服务和监管的针对性、有效性。二是要推动简政放权和政府职能转变，促进市场主体依法诚信经营。运用大数据提高政府公共服务能力，加强对市场主体的事中事后监管，为推进简政放权和政府职能转变提供基础支撑。以国家统一的信用信息共享交换平台为基础，运用大数据推动社会信用体系建设，建立跨地区、多部门的信用联动奖惩机制，构建公平诚信的市场环境。三是要提高政府服务水平和监管效率，降低服务和监管成本。充分运用大数据的理念、技术和资源，完善对市场主体的全方位服务，加强对市场主体的全生命周期监管。根据服务和监管需要，有序推进政府购买服务，不断降低政府运行成本。四是要政府监管和社会监督有机结合，构建全方位的市场监管体系。通过政府信息公开和数据开放、社会信息资源开放共享，提高市场主体生产经营活动的透明度。有效调动社会力量监督市场主体的积极性，形成全社会广泛参与的市场监管格局。

2015 年 9 月 5 日，国务院发布了《促进大数据发展行动纲要》（国发〔2015〕50 号），其要求一是打造精准治理、多方协作的社会治理新模式，建立运行平稳、安全高效的经济运行新机制，构建以人为本、惠及全民的民生服务新体系，开启大众创业、万众创新的创新驱动新格局，培育高端智能、新兴繁荣的产业发展新生态；二是加快政府数据开放共享，推动资源整合，提升治理能力；三是推动产业创新发展，培育新兴业态，助力经济转型；四是强化安全保障，提高管理水平，促进健康发展。

2016 年 3 月 16 日，第十二届全国人大第四次会议通过的《中华人民共和国国民经济和社会发展第十三个五年规划纲要》，简称“十三五”规划（2016—2020 年）指出，一是要实施国家大数据战略，把大数据作为基础性战略资源，全面实施促进大数据发展行动。二是要加快推动数据资源共享开放和开发应用，助力产业转型升级和社会治理创新。加快政府数据开放共享，全面推进重点领域大数据高效采集、有效整合，深化政府数据和社会数据关联分析、融合利用，提高宏观调控、市场监管、社会治理和公共服务精准性和有效性。依托政府数据统一共享交换平台，加快推进跨部门数据资源共享共用。加快建设国家政府数据统一开放平台，推动政府信息系统和公共数据互联开放共享。制定政府数据共享开放目录，依法推进数据资源向社会开放。统筹布局建设国家大数据平台、数据中心等基础设施。研究制定数据开放、保护等法律法规，制定政府信息资源管理办法。三是要促进大数据产业健康发展。深化大数据在各行业的创新应用，探索与传统产业协同发展新业态新模式，加快完善大数据产业链。加快海量数据采集、存储、清洗、分析发掘、可视化、安全与隐私保护等领域关键技术攻关。四是要促进大数据软硬件产品发展。完善大数据产业公共服务支撑体系和生态体系，加强标准体系和质量技术基础建设。

2016 年 06 月 24 日，国务院办公厅发布了《国务院办公厅关于促进和规范健康医疗大数据应用发展的指导意见》（国办发〔2016〕47 号），要求 2016 年 6 月 21 日到 2017 年年底，实现国家和省级人口健康信息平台以及全国药品招标采购业务应用平台互联互通，基本形成跨部门健康医疗数据资源共享共用格局。到 2020 年，建成国家医疗卫生信息分级开放应用平台，实现与人口、法人、空间地理等基础数据资源跨部门、跨区域共享，医疗、医药、医保和健康各相关领域数据融合应用取得明显成效；统筹区域布局，依托现有资源建成 100 个区域临床医学数据示范中心，基本实现城乡居民拥有规范化的电子健康档案和功能完备的健康卡，健康医疗大数据相关政策法规、安全防护、应用标准体系不断完善，适应国情的健康医疗大数据应用发展模式基本建立，健康医疗大数据产业体系初步形成、新业态蓬勃发展，人民群众得到更多实惠。

工业和信息化部 2017 年 1 月 17 日发布的《大数据产业发展规划（2016—2020 年）》提出，一是要强化大数据技术产品研发。以应用为导向，突破大数据关键技术，推动产品和解决方案研发及产业化，创新技术服务模式，形成技术先进、生态完备的技术产品体系。二是要加快大数据关键技术研发。围绕数据科学理论体系、大数据计算系统与分析、大数据应用模型等领域进行前瞻布局，加强大数据基础研究。三是要培育安全可控的大数据产品体系。以应用为牵引，自主研发和引进吸收并重，培育安全可控的大数据产品体系。

四是要创新大数据技术服务模式。加快大数据服务模式创新，培育数据即服务新模式和新业态，提升大数据服务能力，降低大数据应用门槛和成本。

中国共产党第十九次全国代表大会于2017年10月18日至10月24日在北京召开。习近平在大会上作了题为《决胜全面建成小康社会　夺取新时代中国特色社会主义伟大胜利》的报告。该报告指出，建设现代化经济体系，必须把发展经济的着力点放在实体经济上，把提高供给体系质量作为主攻方向，显著增强我国经济质量优势。加快建设制造强国，加快发展先进制造业，推动互联网、大数据、人工智能和实体经济深度融合，在中高端消费、创新引领、绿色低碳、共享经济、现代供应链、人力资本服务等领域培育新增长点，形成新动能。

2019年10月31日通过的《中国共产党第十九届中央委员会第四次全体会议公报》提出，建立健全运用互联网、大数据、人工智能等技术手段进行行政管理的制度规则，推进数字政府建设，加强数据有序共享，依法保护个人信息。2019年11月，《中共中央关于坚持和完善中国特色社会主义制度推进国家治理体系和治理能力现代化若干重大问题的决定》指出，健全劳动、资本、土地、知识、技术、管理、数据等生产要素是由市场评价贡献、按贡献决定报酬的机制。其首次明确将数据作为生产要素参与社会分配。

2020年4月9日，新华网授权印发的《中共中央　国务院关于构建更加完善的要素市场化配置体制机制的意见》指出，加快培育数据要素市场。一是推进政府数据开放共享。优化经济治理基础数据库，加快推动各地区各部门间数据共享交换，制定出台新一批数据共享责任清单。研究建立促进企业登记、交通运输、气象等公共数据开放和数据资源有效流动的制度规范。二是提升社会数据资源价值。培育数字经济新产业、新业态和新模式，支持构建农业、工业、交通、教育、安防、城市管理、公共资源交易等领域规范化数据开发利用的场景。发挥行业协会商会作用，推动人工智能、可穿戴设备、车联网、物联网等领域数据采集标准化。三是加强数据资源整合和安全保护。探索建立统一规范的数据管理制度，提高数据质量和规范性，丰富数据产品。研究根据数据性质完善产权性质，制定数据隐私保护制度和安全审查制度，推动完善适用于大数据环境下的数据分类分级安全保护制度，加强对政务数据、企业商业秘密和个人数据的保护。

2020 年 10 月，中共中央办公厅、国务院办公厅印发的《深圳建设中国特色社会主义先行示范区综合改革试点实施方案（2020—2025 年）》指出，加快培育数据要素市场。率先完善数据产权制度，探索数据产权保护和利用新机制，建立数据隐私保护制度。试点推进政府数据开放共享。支持建设粤港澳大湾区数据平台，研究论证设立数据交易市场或依托现有交易场所开展数据交易。开展数据生产要素统计核算试点。

2020 年 11 月 2 日，中央全面深化改革委员会第十六次会议审议通过，2021 年 1 月中共中央办公厅、国务院办公厅印发的《建设高标准市场体系行动方案》，在提到“发展知识、技术和数据要素市场”时指出：一是创新促进科技成果转化机制。制定出台完善科技成果评价机制、促进科技成果转化的制度，提升技术要素市场化配置能力。修订发布技术合同认定规则及科技成果登记办法，加强对技术合同和科技成果的规范管理。完善国家技术转移体系，培育发展国家技术转移机构，建立国家技术转移人才培养体系，提高技术转移人员的技术评价与筛选、知识产权运营、商业化咨询等专业服务能力。二是健全职务科技成果产权制度。深入开展赋予科研人员职务科技成果所有权或长期使用权试点，探索职务科技成果产权激励新模式。适时总结试点经验，完善职务科技成果转化激励政策和科研人员职务发明成果权益分享机制。三是加快培育发展数据要素市场。制定出台新一批数据共享责任清单，加强地区间、部门间数据共享交换。研究制定加快培育数据要素市场的意见，建立数据资源产权、交易流通、跨境传输和安全等基础制度和标准规范，推动数据资源开发利用。积极参与数字领域国际规则和标准制定。四是设立知识产权和科技成果产权交易机构。支持中国技术交易所、上海技术交易所、深圳证券交易所等机构建立国家知识产权和科技成果产权交易机构，在全国范围内开展知识产权转让、许可等运营服务，加快推进技术交易服务发展。

2021 年 3 月 12 日，新华社受权发布的《中华人民共和国国民经济和社会发展第十四个五年规划和 2035 年远景目标纲要》（简称“十四五”规划）提出，首先，要加快数字社会建设步伐。适应数字技术全面融入社会交往和日常生活新趋势中，促进公共服务和社会运行方式创新，构筑全民畅享的数字生活。一是提供智慧便捷的公共服务，二是建设智慧城市和数字乡村，三是构筑美好数字生活新图景。其次，要提高数字政府建设水平。将数字技术广泛应用于政府管理服务中，推动政府治理流程再造和模式优化，不断提高决策科学性和服务效率。一是加强公共数据开放共享，二是推动政务信息化共建共用，三是提高数字化政务服务效能。最后，要营造良好数字生态。坚持放管并重，促进发展与规范管理相统一，构建数字规则体系，营造开放、健康、安全的数字生态环境。一是建立健全数据要素市场规则，二是营造规范有序的政策环境，三是加强网络安全保护，四是推动构建网络空间命运共同体。

2021 年 7 月 15 日，新华社发布的《中共中央 国务院关于支持浦东新区高水平改革开放打造社会主义现代化建设引领区的意见》提出，要健全要素市场一体化运行机制。建设国际数据港和数据交易所，推进数据权属界定、开放共享、交易流通、监督管理等标准制定和系统建设。

2021 年 10 月，中共中央、国务院印发的《国家标准化发展纲要》提出，要加快完善相关标准。制定数据资源产权、交易流通、跨境传输和安全保护等标准规范。加强关键技术领域标准研究。在人工智能、量子信息、生物技术等领域，开展标准化研究。在两化融合、新一代信息技术、大数据、区块链、卫生健康、新能源、新材料等应用前景广阔的技术领域，同步部署技术研发、标准研制与产业推广，加快新技术产业化步伐。探索开展行政管理标准建设和应用试点，重点推进行政审批、政务服务、政务公开、财政支出、智慧监管、法庭科学、审判执行、法律服务、公共资源交易等标准制定与推广。加快数字社会、数字政府、营商环境标准化建设，完善市场要素交易标准，促进高标准市场体系建设。强化信用信息采集与使用、数据安全和个人信息保护、网络安全保障体系和能力建设等领域标准的制定实施。围绕乡村治理、综治中心、网格化管理，开展社会治理标准化行动，推动社会治理标准化创新。

2022 年 1 月 12 日，国务院印发的《"十四五"数字经济发展规划》（以下简称《规划》）指出，数据要素是数字经济深化发展的核心引擎。数据对提高生产效率的乘数作用不断凸显，并成为最具时代特征的生产要素。数据的爆发增长、海量集聚蕴藏了巨大的价值，为智能化发展带来了新的机遇。协同推进技术、模式、业态和制度创新，切实用好数据要素，将为经济社会数字化发展带来强劲动力。

《规划》部署了八方面重点任务。一是优化升级数字基础设施，二是充分发挥数据要素作用，三是大力推进产业数字化转型，四是加快推动数字产业化，五是持续提升公共服务数字化水平，六是健全完善数字经济治理体系，七是着力强化数字经济安全体系，八是有效拓展数字经济国际合作。

2022 年 4 月 10 日，中共中央、国务院发布的《中共中央、国务院关于加快建设全国统一大市场的意见》指出，加快培育统一的技术和数据市场。建立健全全国性技术交易市场，完善知识产权评估与交易机制，推动各地技术交易市场互联互通。完善科技资源共享服务体系，鼓励不同区域之间科技信息交流互动，推动重大科研基础设施和仪器设备开放共享，加大科技领域国际合作力度。加快培育数据要素市场，建立健全数据安全、权利保护、跨境传输管理、交易流通、开放共享、安全认证等基础制度和标准规范，深入开展数据资源调查，推动数据资源开发利用。

2022 年 6 月，国务院发布的《国务院关于加强数字政府建设的指导意见》（国发〔2022〕14 号），强调建立健全数据治理制度和标准体系，加强数据汇聚融合、共享开放和开发利用，促进数据依法有序流动，充分发挥数据的基础资源作用和创新引擎作用，提高政府决策科学化水平和管理服务效率。

中共中央、国务院于 2022 年 10 月发布的《全国一体化政务大数据体系建设指南》（国办函〔2022〕102 号），提出八个一体化，包括统筹管理一体化、数据目录一体化、数据资源一体化、共享交换一体化、数据服务一体化、算力设施一体化、标准规范一体化、安全保障一体化八方面。其旨在加强数据汇聚融合、共享利用，促进数据高效流通使用，充分释放政务数据资源价值，不断提高政府管理水平和服务效能，为推进国家治理体系和治理能力现代化提供有力支撑

2022 年 10 月 16 日，习近平在中国共产党第二十次全国代表大会上作的《高举中国特色社会主义伟大旗帜　为全面建设社会主义现代化国家而团结奋斗》报告，指出建设现代化产业体系。坚持把发展经济的着力点放在实体经

济上，推进新型工业化，加快建设制造强国、质量强国、航天强国、交通强国、网络强国、数字中国。加快发展数字经济，促进数字经济和实体经济深度融合，打造具有国际竞争力的数字产业集群。

中共中央、国务院发布了 2023 年第 1 号（总号：1792）《关于构建数据基础制度更好发挥数据要素作用的意见》，其从数据产权、流通交易、收益分配、安全治理四方面初步搭建数据治理基础制度体系，提出了 20 条政策举措，包括探索数据产权结构性分置制度、完善数据全流程合规与监管规则体系、健全数据要素由市场评价贡献按贡献决定报酬机制、创新政府数据治理机制等内容，对激活数据要素潜能、做强做优做大数字经济具有重要意义。

2024 年 7 月 18 日，中国共产党第二十届中央委员会第三次全体会议审议通过的《中共中央关于进一步全面深化改革、推进中国式现代化的决定》指出，一是建立数据相关制度，包括加快建立数据产权归属认定制度、建立数据市场交易制度、完善数据权益分配制度和构建数据利益保护制度；二是提升数据治理监管能力；三是建立数据跨境流动机制；四是推动相关产业发展，包括培育全国一体化技术和数据市场，加快构建促进数字经济发展体制机制和建设、运营国家数据基础设施。

2024 年 10 月 9 日，《中共中央办公厅 国务院办公厅关于加快公共数据资源开发利用的意见》以 2024 年第 30 号（总号：1857 号）发布，要求各级党政机关、企事业单位依法履职或提供公共服务过程中产生的公共数据。为加快公共数据资源开发利用，充分释放公共数据要素潜能，推动高质量发展，在提出总体要求下，重点强调：一是深化数据要素配置改革，扩大公共数据资源供给；二是加强资源管理，规范公共数据授权运营；三是鼓励应用创新，推动数据产业健康发展；四是统筹发展和安全，营造开发利用良好环境；五是强化组织实施。其明确指出：到 2025 年，公共数据资源开发利用制度规则初步建立，资源供给规模和质量明显提升，数据产品和服务不断丰富，重点行业、地区公共数据资源开发利用取得明显成效，培育一批数据要素型企业，公共数据资源要素作用初步显现。到 2030 年，公共数据资源开发利用制度规则更加成熟，资源开发利用体系全面建成，数据流通使用合规高效，公共数据在赋能实体经济、增加消费需求、扩大投资空间、提升治理能力中的要素作用充分发挥。统筹推进政务数据共享。完善政务数据目录，实行统一管理，推动实现“一数一源”，不断提升政务数据质量和管理水平。有序推动公共数据开放。健全公共数据开放政策体系，明确公共数据开放的权责和范围，在维护国家数据安全、保护个人信息和商业秘密前提下，依法依规有序开放公共数据。鼓励探索公共数据授权运营。落实数据产权结构性分置制度要求，探索建立公共数据分类分级授权机制。健全资源管理制度。建立公共数据资源登记制度，依托政务数据目录，根据应用需求，编制形成公共数据资源目录，对纳入授权运营范围内的公共数据资源实行登记管理。

2024 年 11 月 20 日，新华社发布习近平主席在亚太经合组织第三十一次领导人非正式会议上提出《全球数据跨境流动合作倡议》。中方在 2024 年世界互联网大会乌镇峰会正式发布了该倡议全文。外交部发言人林剑 11 月 20 日表示，中方发布倡议就各方普遍关切的数据跨境流动治理问题提出了建设性解决思路，明确中国促进全球数据跨境流动合作的立场主张。中方愿在倡议基础上与各方开展和深化数据跨境流动领域的交流合作。中方倡导秉持开放、包容、安全、合作、非歧视的原则，推动构建开放共赢的数据跨境流动国际合作格局，促进数据跨境高效便利安全流动。这一倡议，体现了习近平主席关于推动构建网络空间命运共同体理念的核心要义，展现了中国统筹发展安全、完善数字治理、践行多边主义的坚定决心。“数据安全是全球性问题，需国际社会共商解决之道”①。林剑表示，中方愿在《全球数据跨境流动合作倡议》基础上与各方开展和深化数据跨境流动领域的交流合作，欢迎各方支持这一倡议。

二、中央政府职能部门关于数据治理方面的政策性文件

（一）工业和信息化部的政策性文件

2020 年 2 月 27 日，工业和信息化部印发了《工业数据分类分级指南（试行）》（工信厅信发〔2020〕6 号），其主要内容是提出了工业数据分类分级的方法，明确工业数据的范围、分类准则和适用对象。其将工业数据分为研

① 外交部：中方愿与各方深化数据跨境流动领域交流合作［EB/OL］. 新华网，2024-11-20.

发数据域、生产数据域、运维数据域、管理数据域、外部数据域等类别。按照数据安全风险确立分级准则，将工业数据分为一般数据、重要数据和核心数据三级，为提升工业数据管理能力，促进数据充分使用、全局流动和有序共享奠定基础。要求企业作为数据分类分级主体，承担开展数据分类分级、加强数据管理等主体责任。

2020 年 4 月 28 日，工业和信息化部印发《工业和信息化部关于工业大数据发展的指导意见》（工信部信发〔2020〕67 号），提出坚持以习近平新时代中国特色社会主义思想为指导，深入贯彻党的十九大和十九届二中、三中、四中全会精神，牢固树立新发展理念，按照高质量发展要求，促进工业数据汇聚共享，深化数据融合创新，提升数据治理能力，加强数据安全管理，着力打造资源富集、应用繁荣、产业进步、治理有序的工业大数据生态体系。加快数据汇聚，推动数据共享，深化数据应用，完善数据治理，强化数据安全，促进产业发展，加强组织保障。旨在进一步促进大数据与工业的深度融合发展，在开展应用示范、发挥平台支撑作用、打造应用生态等方面进行重点部署，为推进更大范围、更高水平、更深层次的工业数据应用创新指明了方向。此外，该指导意见还强调了工业大数据在制造业数字化转型中的核心作用，以及如何通过深化工业数据应用来赋能制造业的数字化转型。

2020 年 8 月 19 日，工业和信息化部发布《关于运用大数据推进防范治理电信网络诈骗长效机制建设工作方案》（工信部网安〔2020〕121 号），提出应用信息通信行业反诈大数据技术手段，完善行业互联网反诈数据统一资源库和互联网反诈平台等技术平台。明确要加强行业源头治理，健全创新事前防范、责任落实、成效评价、信用管理等制度，提升监管能力。指出要持续优化跨政企、跨行业、跨部门的联防联控工作机制，充分发挥大数据在防范治理电信网络诈骗方面的强大效能。

2021 年 11 月 30 日，工业和信息化部发布的《“十四五”大数据产业发展规划》（工信部规〔2021〕179 号）提出优化工业价值链，以制造业数字化转型为引领，构建多层次工业互联网平台。围绕数据全生命周期关键环节，加快数据“大体量”汇聚，强化数据“多样化”处理，推动数据“时效性”流动，加强数据“高质量”治理，促进数据“高价值”转化。筑牢数据安全保障防线，坚持安全与发展并重，加强数据安全管理，加大对重要数据、跨境数据安全的保护力度，提升数据安全风险防范和处置能力，做大做强数据安全产业，加强数据安全产品研发应用等六项重点任务。通过数据安全铸盾行动，加强数据安全管理能力、数据跨境安全管理能力和建设数据安全监测系统。

2021 年 12 月，中央网络安全和信息化委员会印发的《“十四五”国家信息化规划》围绕发展目标提出了十项重大任务，并从八方面进行了具体部署：一是着力提高数字基础设施建设水平，部署建设泛在智联的数字基础设施体系任务；二是着力发挥数据要素价值，部署建立高效利用的数据要素资源体系任务；三是着力增强数字技术创新能力，部署构建释放数字生产力的创新发展体系任务；四是着力推动数字经济高质量发展，部署培育先进安全的数字产业体系、构建产业数字化转型发展体系和拓展互利共赢的数字领域国际合作体系三项任务；五是着力推进数字社会建设，部署构筑共建共治共享的数字社会治理体系任务；六是着力提升数字政府建设水平，部署打造协同高效的数字政府服务体系任务；七是着力增强数字民生保障能力，部署构建普惠便捷的数字民生保障体系任务；八是着力完善数字化发展环境，部署建立健全规范有序的数字化发展治理体系任务。

2022 年 12 月 23 日，工业和信息化部发布的《工业和信息化领域数据安全管理办法（试行）》（工信部网安〔2022〕166 号）界定了工业和信息化领域数据和数据处理者概念，明确监管范围和监管职责。确定数据分类分级管理、重要数据识别与备案相关要求，围绕数据收集、存储、加工、传输、提供、公开、销毁、出境、转移、委托处理等环节，针对不同级别的数据提出相应安全管理和保护要求。建立数据安全监测预警、风险信息报送和共享、应急处置、投诉举报受理等工作机制，明确开展数据安全监测、认证、评估的相关要求，规定监督检查等工作要求，明确相关违法违规行为的法律责任和惩罚措施。

2023 年 12 月，工业和信息化部发布的《工业领域数据安全标准体系建设指南（2023 版）》（工信部联科〔2023〕250 号），旨在为工业领域的数据安全提供技术引领和规范指导，确保数据安全管理的有效实施。该指南涵盖了工业领域数据安全的多方面，包括但不限于基础共性标准，为工业领域数据安全提供基本的原则和规范。安全管理标准：涉及数据安全的组织、管理和操作流程。技术和产品标准：针对数据安全技术和产品的性能和安全性进行规定。安全评估与产业评价标准：对数据安全标准和产品的评估和评价方法进行说明。新兴融合领域标准：包括智能制造、工业互联网等领域的数据安全标准。垂直行业标准：针对特定工业行业的数据安全需求，制定具体的数据安全管理和技术标准。指南的目标是在2024年初步建立工业领域数据安全标准体系，到2026年形成较为完备的标准体系，全面落实数据安全相关的法律法规和政策制度。实施这一指南，旨在提升数据安全管理的技术水平、应用效果和国际化程度，为工业领域的数据安全提供坚实的基础和有效的保障。工业领域数据安全标准体系明确了总体框架，以及基础共性、安全管理、技术和产品、安全评估与产业评价、新兴融合领域、工业细分行业六个子体系内容。基础共性、安全管理、技术和产品、安全评估与产业评价子体系聚焦工业领域具有共性的数据安全标准，新兴融合领域、工业细分行业两个子体系重点突出特定业务场景的数据安全标准。

2024年2月23日，工业和信息化部印发《工业领域数据安全能力提升实施方案（2024—2026年）》（工信部网安〔2024〕34号），指出2024年2月23日到2026年年底，工业领域数据安全保障体系基本建立。数据安全保护意识普遍提高，重点企业数据安全主体责任落实到位，重点场景数据保护水平大幅提升，重大风险得到有效防控。数据安全政策标准、工作机制、监管队伍和技术手段更加健全。数据安全技术、产品、服务和人才等产业支撑能力稳步提升。提升工业企业数据保护能力，提升数据安全监管能力，提升数据安全产业支撑能力。

2024年5月10日，工业和信息化部印发《工业和信息化领域数据安全风险评估实施细则（试行）》（工信部网安〔2024〕82号），提出对工业和信息化领域重要数据和核心数据处理者数据处理活动开展的数据安全风险评估的适用范围、管理机构、工作原则、评估内容、评估期限、评估方式等方面都进行了详细的规定。工业和信息化部统一管理、监督和指导工业和信息化领域数据安全风险评估工作，组织开展相关评估标准制修订及推广应用。各省、自治区、直辖市及计划单列市、新疆生产建设兵团工业和信息化主管部门，各省、自治区、直辖市通信管理局和无线电管理机构（以下统称地方行业监管部门）依据职责分别负责监督管理本地区工业、电信、无线电重要数据，核心数据处理者开展数据安全风险评估工作。

2024 年 8 月 30 日，工业和信息化部发布的《工业和信息化部办公厅关于组织开展 2024 年工业领域数据要素应用场景征集工作的通知》（工信厅信发函〔2024〕331 号）提出具体要求：（一）研发设计。发挥数据要素在协同研发、工艺设计等环节中的作用，推动产品形态丰富、功能优化和性能提升，助力企业改造升级工艺，缩短研发周期，提升产品竞争力。（二）中试验证。发挥数据要素在分析检测、仿真实验、产品试用等环节中的作用，促进中试流程提速，提高成果成熟度和转化率，实现产业需求、中试成果和市场应用精准对接。（三）生产制造。发挥数据要素在柔性生产、协同制造、智能制造、质量检测等生产全过程中的作用，加速工业知识软件化，提升生产制造系统运行效率，提高劳动生产率。（四）营销服务。发挥数据要素在需求分析、市场营销、产品监测与维护、售后服务等方面的作用，推动本企业或帮助中小企业精准及时识别市场需求，优化销售策略，提高产品和服务的客户满意度。（五）运营管理。发挥数据要素在设备管理、安全管控、资源配置、决策分析等运营管理方面的作用，提高设备综合效率，降低安全事故率，促进资源优化配置，实现决策高效智能。（六）产业链供应链协同。发挥数据要素在智慧物流、产供销一体化、供应商管理、供应链风险管控、产业链稳定等方面的作用，助力企业打通产业链、供应链上下游各环节，提升产业链供应链韧性和安全水平。（七）新业态新模式。发挥数据要素在人机协同工作、工业绿色发展、产业集聚集群发展等新业态新模式中的作用，提高人机协同工作效率，促进工业高端化、智能化、绿色化发展，助力打造世界级产业集群。（八）其他。工业领域其他数据要素发挥作用的典型场景和对应的典型实践案例。

2024 年 10 月 16 日，工业和信息化部、财政部、国家数据局联合印发的《新材料大数据中心总体建设方案》（工信部联原〔2024〕205 号）要求，构建新发展格局，推动高质量发展，以服务国家战略为导向，聚焦汇聚共享资源，搭建新材料大数据中心总体架构；聚焦有序流通和安全共享，建立数据管理共享机制和有偿交换规则；聚焦激活数据要素潜能，增强新材料大数据技术产品有效供给应用，着力打造资源富集、高效贯通、应用繁荣、治理有序的新材料大数据生态，通过“材料+数据”助力新材料原始创新，服务新材料企业发展，培育新材料产业创新发展新引擎，加快形成新质生产力，拥有全球竞争新优势。到2027年，材料领域数据资源汇聚能力、流通活力明显增强。搭建形成“1+N”的新材料大数据中心架构体系（1个新材料大数据中心主平台、N个数据资源节点）。探索形成以公益性服务引领、市场化运作为主的稳定运营模式。形成30个以上数据资源节点、30项以上材料大数据算法软件和工具、20种以上典型关键材料和产品的数据赋能应用示范。到2035年，新材料大数据中心体系全面建成并稳定运行。实现全国材料领域数据的汇聚、处理和开发，数据规模进入国际第一梯队；持续提供引领新材料产业创新发展的大数据技术产品和服务，形成数据驱动的材料创新发展范式；建立互利共赢、良性发展的运行模式，提高市场化的可持续运营能力。

国家互联网信息办公室2024年3月22日发布的《数据出境安全评估申报指南（第二版）》和《个人信息出境标准合同备案指南（第二版）》指出，数据处理者因业务需要向境外提供重要数据和个人信息，应当遵守《数据出境安全评估办法》《个人信息出境标准合同办法》和《促进和规范数据跨境流动规定》的有关规定。符合数据出境安全评估适用情形的，按照申报指南申报数据出境安全评估；通过与境外接收方订立个人信息出境标准合同的方式向境外提供个人信息的，按照备案指南向所在地省级网信部门备案。

国家数据局2024年11月22日发布的《国家数据基础设施建设指引（征求意见稿）》提出，到2029年，基本建成国家数据基础设施主体结构，初步形成横向联通、纵向贯通、协调有力的国家数据基础设施基本格局，构建协同联动、规模流通、高效利用、规范可信的数据公共服务体系，协同构筑数据基础设施和产业良好生态，国家数据基础设施和运营体制机制基本建立。

（二）国家发改委等部门的政策性文件

国家发展和改革委员会2016年1月7日发布了《国家发展改革委办公厅关于组织实施促进大数据发展重大工程的通知》（发改办高技〔2016〕42

号)，要求加快落实《促进大数据发展行动纲要》，从破解制约大数据创新发展的突出矛盾和问题出发，重点推进数据资源开放共享，推动大数据基础设施统筹，打破数据资源壁垒，深化数据资源应用，积极培育新兴繁荣的产业发展新业态。各地方、各部门及中央企业要加强统筹研究，提出具有全国性示范效应、产业带动性强的促进大数据发展重大工程项目建议。通过一批重大工程项目实施，有效促进数据要素流通，以数据流引领技术流、物质流、资金流、人才流，推动社会生产要素的网络化共享、集约化整合、协作化开发和高效化利用，创造新的增长点，加快实现经济发展方式转变。其重点方向：重点支持大数据示范应用，重点支持大数据共享开放，重点支持基础设施统筹发展，重点支持数据要素流通。

国家发展改革委、网信办、工业和信息化部和国家能源局 2020 年 12 月 23 日联合印发的《关于加快构建全国一体化大数据中心协同创新体系的指导意见》（发改高技〔2020〕1922 号）提出加强全国一体化大数据中心顶层设计，实现数据中心集约化、规模化、绿色化发展，形成“数网”“数纽”“数链”“数脑”“数盾”体系。到 2025 年，全国范围内数据中心形成布局合理、绿色集约的基础设施一体化格局，东西部数据中心实现结构性平衡，公共云服务体系初步形成，全社会算力获取成本显著降低，政府部门间、政企间数据壁垒进一步打破，数据资源流通活力明显增强。

国家发改委等部门 2021 年 11 月 30 日印发的《贯彻落实碳达峰碳中和目标要求 推动数据中心和 5G 等新型基础设施绿色高质量发展实施方案》提出在交通、能源、工业和市政等基础设施的规划和建设中同步考虑 5G 网络建设，优化数据中心建设布局，新建大型、超大型数据中心，原则上布局在国家枢纽节点数据中心集群范围内。数据中心满足东部地区有关后台加工、存储备份等非实时算力需求，向西部风光资源富集、气候适宜的地区转移。鼓励数据中心骨干企业率先完成布局落地，原则上，对在国家枢纽节点之外新建的数据中心，地方政府不得给予土地、财税等方面的优惠政策。各地加强对数据中心建设的统筹指导力度，坚决避免数据中心盲目无序发展。

国家数据局 2023 年 1 月 9 日发布的《“数据要素×”三年行动计划（2024—2026 年）》（国数政策〔2023〕11 号）提出落实数据安全法规制度，

建立健全数据安全治理体系，完善数据分类分级保护制度，落实网络安全等级保护、关键信息基础设施安全保护等制度，加强个人信息保护，提升数据安全保障水平。其提出如下要求：一是需求牵引，注重实效。聚焦重点行业和领域，挖掘高价值数据要素应用场景，培育数据商，繁荣数据产业生态，激励多方主体积极参与数据要素开发利用。二是试点先行，重点突破。加强试点探索，完善多样化、可持续的数据要素价值释放机制。推动数据资源丰富、作用效益明显的领域率先突破，发挥示范引领作用。三是有效市场、有为政府。充分发挥市场机制作用，推动数据资源有效配置，强化企业在激活数据要素价值中的主体地位，发挥政府作用，拓宽公共数据资源供给渠道，维护良好竞争秩序。四是安全有序，开放融合。坚持把安全贯穿数据要素价值创造和实现全过程，严守数据安全底线。推动数字经济领域高水平对外开放，加强国际交流互鉴，促进数据跨境有序流动。到 2026 年年底，数据要素应用场景广度和深度大幅提高，在经济发展领域数据要素乘数效应得到显现，打造 300 个以上示范性强、显示度高、带动性广的典型应用场景，产品和服务质量效益实现明显提升，涌现出一批成效明显的数据要素应用示范地区，培育一批创新能力强、市场影响力大的数据商和第三方专业服务机构，数据产业年均增速超过 20%，数据交易规模增长 1 倍，场内交易规模大幅扩大，推动数据要素价值创造的新业态成为经济增长新动力，数据赋能经济提质增效作用更加凸显，数据成为高质量发展的重要驱动力量

2024 年 4 月，国家发改委办公厅、国家数据局综合司印发的《数字经济 2024 年工作要点》提出了九方面的重点工作，旨在确保数字经济的持续发展。这些工作包括适度超前布局数字基础设施，深入推进信息通信网络建设，加快建设全国一体化算力网，全面发展数据基础设施。加快构建数据基础制度，推动落实“数据二十条”，加大公共数据开发开放力度，释放数据要素价值。深入推进产业数字化转型，深化制造业智改数转网联，大力推进重点领域数字化转型，营造数字化转型生态。加快推动数字技术创新突破，深化关键核心技术自主创新，提升核心产业竞争力，大力培育新业态新模式，打造数字产业集群。不断提升公共服务水平，提高“互联网+政务服务”效能，提升养老、教育、医疗、社保等社会服务数字化智能化水平，推动城乡数字化融合，

打造智慧数字生活。推动完善数字经济治理体系，加强数字化治理能力，加强新就业形态劳动者权益保障，推进构建多元共治新格局。全面筑牢数字安全屏障，增强网络安全防护能力，健全数据安全治理体系，切实有效防范各类风险。主动加强数字经济国际合作，加快贸易数字化发展，推动“数字丝绸之路”深入发展，积极构建良好国际合作环境。加强跨部门协同联动，强化统筹协调机制，加大政策支持力度，强化数字经济统计监测。

国家发改委等部门2024年7月23日印发的《数据中心绿色低碳发展专项行动计划》提出为推动数据中心绿色低碳发展，加快节能降碳改造和用能设备更新，支撑完成“十四五”能耗强度降低约束性指标。可能涉及数据中心的能耗管理、绿色技术应用、资源利用效率提升等与数据治理相关的内容，具体内容需查看该行动计划的详细文件。一是完善数据中心建设布局。强化“东数西算”规划布局刚性约束，新建大型和超大型数据中心，应优先布局在全国一体化算力网络国家枢纽节点数据中心集群范围内，梯次有序布局国家枢纽节点、省内数据中心、边缘数据中心。二是严格新上项目能效水效要求。严格数据中心项目节能审查，鼓励各地区结合实际对新上数据中心项目能效提出更高要求。稳步提升新建数据中心单位算力能效水平，新建及改扩建数据中心应采用能效达到《塔式和机架式服务器能效限定值及能效等级》（GB43630-2023）和《服务器和数据存储设备能效“领跑者”评价要求》（T/CECA-G 0284-2024）规定的节能水平及以上服务器产品。三是推进存量项目节能降碳改造。加快推进低效数据中心节能降碳改造和“老旧小散”数据中心整合改造。四是提升可再生能源利用水平。将新建及改扩建数据中心可再生能源利用目标和方案作为节能审查重要内容，逐年提升新建数据中心项目可再生能源利用率。五是加强资源节约集约利用。支持数据中心探索应用工业余冷和液化天然气气化站余冷等资源。六是推广应用节能技术装备。因地制宜推动液冷、蒸发冷却、热管、氟泵等高效制冷散热技术，提高自然冷源利用率。

国家发改委等部门2024年9月25日印发的《国家数据标准体系建设指南》提出，遵循数字经济发展规律，以促进数据“供得出、流得动、用得好、保安全”为主线，遵循顶层设计、协同推进，问题导向、务实有效，应用牵引、鼓励创新，立足国内、开放合作的基本原则，建立国家数据标准体系，为推动数据要素高水平应用提供有力支撑。到2026年年底，基本建成国家数据标准体系，围绕数据流通利用基础设施、数据管理、数据服务、训练数据集、公共数据授权运营、数据确权、数据资源定价、企业数据范式交易等方面修订30项以上数据领域基础通用国家标准，形成一批标准应用示范案例，建成标准验证和应用服务平台，培育一批具备数据管理能力评估、数据评价、数据服务能力评估、公共数据授权运营绩效评估等能力的第三方标准化服务机构。

（三）财政部等部门的政策性文件

财政部2023年12月31日印发的《关于加强数据资产管理的指导意见》提出，坚持确保安全与合规利用相结合，坚持权利分置与赋能增值相结合，坚持分类分级与平等保护相结合，坚持有效市场与有为政府相结合，坚持创新方式与试点先行相结合。构建“市场主导、政府引导、多方共建”的数据资产治理模式，逐步建立完善的数据资产管理制度，不断拓展应用场景，不断提升和丰富数据资产经济价值和社会价值，推进数据资产全过程管理以及合规化、标准化、增值化。通过加强和规范公共数据资产基础管理工作，探索公共数据资产应用机制，促进公共数据资产高质量供给，有效释放公共数据价值，为赋能实体经济数字化转型升级、推进数字经济高质量发展、加快推进共同富裕提供有力支撑。

财政部2023年8月1日印发的《企业数据资源相关会计处理暂行规定》（财会〔2023〕11号）自2024年1月1日起施行。其要求企业应当按照企业会计准则相关规定，根据数据资源的持有目的、形成方式、业务模式，以及与数据资源有关的经济利益的预期消耗方式等，对数据资源相关交易和事项进行会计确认、计量和报告。

财政部、工业和信息化部2023年12月16日印发的《财政部工业和信息化部关于印发〈数据库政府采购需求标准（2023年版）〉的通知》（财库〔2023〕35号）提出，为提高数据库政府采购需求管理的科学化、规范化水平，进一步落实政府采购公平竞争原则，优化营商环境，营造良好的产业生态，财政部、工业和信息化部制定了《数据库政府采购需求标准（2023

版）》（简称《需求标准》）。

财政部2024年2月5日印发的《关于加强行政事业单位数据资产管理的通知》（财资〔2024〕1号）提出对数据资产，一是要从严配置。行政事业单位主要通过自主采集、生产加工、购置等方式配置数据资产。加强数据资产源头管理，在依法履职或提供公共服务过程中，应当按照规定的范围、方法、技术标准等进行自主采集、生产加工数据形成资产。二是要规范使用。依据《中华人民共和国数据安全法》等规定，做好数据资产加工处理工作，提高数据资产质量和管理水平。规范数据资产授权，经安全评估并按资产管理权限审批后，可将数据加工使用权、数据产品经营权授权运营主体进行运营。三是要开放共享。积极推动数据资产开放共享，在确保公共安全和保护个人隐私的前提下，加强数据资产汇聚共享和开发开放，促进数据资产使用价值被充分利用。加大数据资产供给使用力度，推动用于公共治理、公益事业的数据资产有条件无偿使用，探索用于产业发展、行业发展的数据资产有条件有偿使用。依法依规予以保密的数据资产不予开放，开放共享进入市场的数据资产应当明确授权使用范围，并严格授权使用。四是要审慎处置。各部门及其所属单位应当根据依法履职、事业发展需要和数据资产使用状况，经集体决策和履行审批程序，依据处置事项批复等相关文件及时处置数据资产。确需彻底删除、销毁数据资产的，应当按照保密制度的规定，利用专业技术手段彻底销毁，确保无法恢复。五是要严格收益。建立合理的数据资产收益分配机制，依法依规维护数据资产权益。行政单位数据资产使用形成的收入，按照政府非税收入和国库集中收缴制度的有关规定进行管理。事业单位数据资产使用形成的收入，由本级财政部门规定具体管理办法。六是要夯实基础。各部门及其所属单位要结合数据资源目录对数据资产进行清查盘点，并按照《固定资产等资产基础分类与代码》（GB/T 14885-2022）等国家标准，加强数据资产登记，在预算管理一体化系统中建立并完善资产信息卡。

（四）中国人民银行等部门的政策性文件

中国人民银行、金融监管总局、中国证监会、国家外汇局和天津市人民政府2024年7月26日发布的《关于金融支持天津高质量发展的意见》中要求：推动金融与数字技术深度融合，促进金融业转型升级，提升服务实体经济质效。一是推进数字金融要素资源聚集。支持在津集聚金融信息服务、大数据运营机构等数字资产机构。支持在津落地金融信创适配生态基地，面向金融信创适配、验证提供模拟实验场景。积极构建金融信创云平台。支持金融机构数字化转型。二是支持金融机构明确数字化转型专职或牵头部门，提升数字化营销、运营和风险管理能力。推动金融机构重塑智能高效的服务流程，提升资产交易、支付清算、登记托管、交易监管等关键环节智能化水平。鼓励金融机构在风险可控前提下依法依规加强与数字科技企业合作，推进数字金融研发中心、应用中心、投资中心、孵化中心在津发展。支持天津利用全国一体化融资信用服务平台网络，加大公共信用信息归集共享力度。三是丰富数字金融应用场景。推动资本项目数字化服务试点增量扩面。推动数字技术在绿色金融领域的运用，更好满足绿色低碳发展需求。推进数字普惠金融发展，加快建设小微企业金融综合服务平台，推广差异化、场景化、智能化的金融服务。建立金融科技开发、金融风险监测预警等服务机构，支持稳妥探索在金融领域的合规应用。探索数字人民币在更多场景中的试点应用。四是完善数字化金融监管。强化监管科技运用和数字金融风险评估，提升金融监管数字化水平，加强数字化转型相关风险管理。加强金融数据安全保护，引导金融机构建立数字信息披露工作机制，完善数字金融安全治理体系。

中国银行保险监督管理委员会 2018 年 5 月 21 日印发的《银行业金融机构数据治理指引》提出数据治理架构，确保数据治理资源充足配置。在数据管理方面，其提出数据管理主要方面的要求，并明确提出建立自我评估机制，建立问责和激励机制，确保数据管理高效运行。在数据质量控制上，全面强化数据质量要求，建立数据质量控制机制，确保数据的真实性、准确性、连续性、完整性和及时性。同时明确监管数据应纳入数据治理范畴中，并在相关条款中提出具体要求。在数据价值实现方面，提出银行业金融机构应当将数据应用嵌入业务经营、风险管理和内部控制的全流程中，有效捕捉风险，优化业务流程，实现数据驱动银行发展。突出强调数据加总能力建设、新产品评估要求，有效评估和处理重大收购和资产剥离等业务对数据治理能力的影响。在监督管理方面，明确了监管机构的监管责任、监管方式和监管要求。对数据治理不满足有关法律法规和监管规则要求的银行业金融机构，要求其制定整改方案，责令限期改正，或与公司治理评价、监管评级等挂钩，也可依法采取其他相应监管措施实施行政处罚。

（五）自然资源部等部门的政策性文件

自然资源部2024年6月30日印发的《自然资源部关于印发〈关于加强自然资源领域基础研究的若干举措〉的通知》（自然资发〔2024〕118号）提出发展需求—数据—知识驱动的科研范式。以自然资源数据为基础，以专业领域知识为引导，以地球系统模拟为场景，推动大数据、人工智能、商用密码等先进技术在自然资源系统性、复杂性问题研究上的创新应用，催生新的自然资源研究方向，提升自然资源创新效能。

自然资源部办公厅2024年8月23日生成的《自然资源部办公厅　国家数据局综合司关于2024年实景三维数据赋能高质量发展创新应用典型案例的通报》（自然资办函〔2024〕1746号）要求，各地各单位要始终坚持以习近平新时代中国特色社会主义思想为指导，全面贯彻落实党的二十届三中全会精神，推进实景三维中国建设与时空信息赋能应用，认真学习典型案例并结合实际指导本地应用实践，进一步丰富实景三维应用场景，着力构建实景三维应用生态，充分呈现数据要素价值，显化实景三维中国作用，为推动高质量发展、建设中国式现代化提供有力支撑。

国家能源局2023年8月31日制发的《国家能源局关于加强电力可靠性数据治理 深化可靠性数据应用发展的通知》（国能发安全〔2023〕58号）深入贯彻“四个革命、一个合作”能源安全新战略，落实党中央、国务院决策部署，进一步健全完善电力可靠性管理各项工作，以提升数据质量为前提，以优化评价体系为抓手，以深化数据应用为目标，着眼提升电力可靠性管理水平，支撑新型电力系统建设，保障能源电力安全可靠供应，更好服务新时代经济社会发展。其提出：一是要数字赋能、提质增效。充分应用电力系统运行数据和电力设备监测数据开展分析评估，推进基于实时数据的电力可靠性管理体系建设，在确保信息安全的前提下，实现可靠性数据自动化采集、智能化分析、可溯化管理、透明化监督，确保可靠性数据的准确性、及时性和完整性。二是要优化体系、科学引导。建立健全电力可靠性评价体系，形成科学合理、实用落地的评价指标和评价方法，准确衡量电力企业可靠性管理质效，客观展示可靠性发展水平和短板，引导电力行业安全健康可持续发展。三是要强化应用、激发价值。充分发挥可靠性数据在电力行业的评价导向、服务支撑作用，鼓励电力企业应用可靠性数据加强规划设计、设备选型、建设改造、运维检修、供电服务等工作。鼓励电力设备制造企业加强产品可靠性设计、试验检测及生产质量控制，推动可靠性数据全链条推广应用。

（六）交通运输部等部门的政策性文件

交通运输部 2019 年 12 月 9 日印发的《推进综合交通运输大数据发展行动纲要（2020—2025 年）》提出到 2025 年，综合交通运输大数据标准体系更加完善，基础设施、运载工具等成规模、成体系的大数据集基本建成。政务大数据有效支撑综合交通运输体系建设，交通运输行业数字化水平显著提升。综合交通运输信息资源深入共享开放。大数据在综合交通运输各业务领域应用更加广泛。大数据安全得到有力保障。符合新时代信息化发展规律的大数据体制机制取得突破。综合交通大数据中心体系基本构建，为加快建设交通强国、助力数字经济勃兴提供坚强支撑。其主要任务包括夯实大数据发展基础，深入推进大数据共享开放，全面推动大数据创新应用，加强大数据安全保障，完善大数据管理体系。

交通运输部办公厅 2024 年 7 月 23 日印发的《交通运输部办公厅关于发布〈公路长大桥梁结构监测时空大数据应用指引〉的通知》（交办公路〔2024〕37 号）指出，为加强公路长大桥梁结构监测数据应用，经交通运输部同意，现将《公路长大桥梁结构监测时空大数据应用指引》予以发布。请各省级交通运输主管部门结合实际，认真组织做好桥梁结构监测工作，切实发挥监测数据在桥梁管理养护方面的重要作用，进一步提升公路桥梁结构安全耐久水平。

司法部 2023 年 11 月 16 日发布的《行政执法综合管理监督信息系统数据元和代码集》提出为构建全国司法行政标准化体系，加强对全国司法行政业务工作的指导，司法部制定了《行政执法法律法规规章编码规则和数据元（SF/T 0163-2023）》，修订了《行政执法综合管理监督信息系统数据元和代码集（SF/T 0052-2023）》《全国刑事法律援助服务规范（SF/T 0032-2023）》《全国民事行政法律援助服务规范（SF/T 0058-2023）》和《监狱

信息化 软件开发总体技术规范》（SF/T 0164-2023）行业标准。

教育部2022年11月30日发布的《教育基础数据》（教科信函〔2022〕57号）提出为深入贯彻落实党的二十大精神，扎实推进国家教育数字化战略行动，完善教育信息化标准体系，规范教育基础数据管理，实现数据互通共享，我部研究制定了《教育基础数据》《教育系统人员基础数据》《中小学校基础数据》三项标准，它们现作为教育行业标准予以发布，并自发布之日起施行。

生态环境部2022年1月4日发布的《关于国控站点停运等情形监测数据统计规定的通知》（环办监测函〔2022〕41号）提出为深入贯彻《关于深化环境监测改革提高环境监测数据质量的意见》精神，严格落实《关于进一步加强国控站点运维基础保障严防人为干扰问题的通知》（环办监测〔2022〕1号）的相关要求，进一步规范国家城市环境空气质量监测点位、国家地表水环境质量监测断面、国家地表水自动监测站等（以下统称国控站点）运行管理，从严惩处未批停运、严重人为干扰国控站点等行为，现将国控站点停运、受到严重人为干扰等情形监测数据统计有关规定进一步明确。

（七）国家知识产权局等部门的政策性文件

国家知识产权局2023年12月21日印发的《国家知识产权局办公室关于确定2024年数据知识产权试点地方的通知》（国知办函规字〔2023〕1064号）提出，2024年数据知识产权地方试点工作期限为2023年12月至2024年11月。试点开展过程中要始终坚持“四个充分”的原则，即充分考虑数据安全、公共利益和个人隐私，充分把握数据的特有属性和产权制度的客观规律，充分尊重数据处理者的劳动和相关投入，充分发挥数据对产业数字化转型和经济高质量发展的支撑作用。国家知识产权局将加强对试点地方的统筹指导和督促协调，推动已有试点地方进一步深化各项工作，指导新增试点地方尽快建立省级层面的工作领导小组，强化多部门协同，加强政策和资金等保障措施，在实践中进行检验并不断完善数据知识产权保护规则，更好促进数据要素高效流通使用。各试点地方知识产权局要勇于担当作为，从本地实际出发，以严谨务实的态度，建立健全数据知识产权登记管理体系，提高登记质量，加强数据知识产权保护和运用。

国家中医药管理局、国家数据局2024年7月19日印发的《国家中医药管理局　国家数据局关于印发〈关于促进数字中医药发展的若干意见〉的通知》（国中医药综发〔2024〕6号）提出为贯彻落实中共中央、国务院《关于促进中医药传承创新发展的意见》《数字中国建设整体布局规划》《关于构建数据基础制度更好发挥数据要素作用的意见》等文件精神，推动《“数据要素×”三年行动计划（2024—2026年）》落实落地，充分发挥数据要素乘数效应，释放中医药数据价值，赋能中医药高质量发展，国家中医药管理局会同国家数据局制定了《关于促进数字中医药发展的若干意见》，总体要求是深刻把握数据要素基本特征和战略地位，以提升中医药行业数字化思维为切入点，以提高中医药服务质量和效率为主线，以发挥中医药数据的赋能作用为导向，用3~5年时间推动大数据、人工智能等新兴数字技术逐步融入中医药传承创新发展全链条各环节中，促进中医药数据的共享、流通和复用，初步实现中医药全行业、全产业链、全流程数据有效贯通，全力打造“数智中医药”，为数字中国建设提供中医药实践，为中医药现代化发展提供有力支撑。其要求夯实数字中医药工作基础：一是要建立健全中医药数据标准规范。推进中医药数据分类分级管理，推进中医药多源数据融合标准规范制定和示范应用，形成有利于中医药数据协同优化、复用增效、融合创新的标准规范体系。探索中医药数据确权授权使用、收益分配机制和市场化流通交易等制度体系建设。二是要强化中医药数据治理基础。加强中医药行业数字基础设施建设，提高数据采集、生产和治理能力。鼓励运用大数据、人工智能等新技术在中医药医疗、科研、教育、产业、文化等领域开展适用性研究，打造中医药大模型等行业数字技术底座。鼓励中医药行业加强数据共享开放，推动中医药数据流通交易，打造中医药数据创新利用生态体系。三是要加强中医药数据安全保障。实施数据分类分级保护，建立中医药数据流转、开发利用安全规范和安全风险评估机制，保障数据采集、传输、存储、处理、流通、使用过程中的数据安全，构建风险可控可信的数据流通安全环境，落实数据安全主体责任，明确行业主管部门、数源单位与用数单位的数据安全职责边界，推动数据安全规范化、标准化，保障中医药数据有序流通。四是要加快中医药数字化人才培养。强化中医药行业数字化教育培训，全面提升数字化思维。

鼓励相关高校开设具有中医药特色的数据科学和人工智能类专业，科学设定培养目标，优化教学内容，培养善于“转化数据、研究数据、挖掘数据、运用数据”的复合型人才，为中医药数字化发展打造坚实人才底座。

国家广播电视总局办公厅2024年1月2日印发的《国家广播电视总局办公厅关于印发〈广播电视和网络视听统计数据质量管理办法〉的通知》（广电办发〔2024〕4号）提出要充分认识加强广播电视统计数据质量管理的重要意义，建立健全统计数据质量管理责任制，按照统一领导、分级负责的原则，层层压紧压实统计数据质量管理责任，确保统计数据真实可靠，用真实、准确的统计数据支撑重大工作分析和决策。

国家市场监督管理总局、国家互联网信息办公室2022年6月5日印发的《关于开展数据安全管理认证工作的公告》（国家市场监督管理总局、国家互联网信息办公室公告2022年第18号）提出，国家市场监督管理总局、国家互联网信息办公室决定开展数据安全管理认证工作，鼓励网络运营者通过认证方式规范网络数据处理活动，加强网络数据安全保护。从事数据安全管理认证活动的认证机构应当依法设立。

第二节　中国数据治理政策的基本检视

笔者通过对我国数据治理方面政策的系统梳理，认为我国数据治理政策主要集中在对以下几个主要方面的积极鼓励、努力引导、及时规范、着力保护以及违规方面的必要惩处。

一、数据要素资产化——国家数据基础设施建设方面

其主要包括国家数据空间基础设施、国家数据资源体系、国家融合基础设施、国家算力基础设施、国家信息基础设施、国家数据安全基础设施；数据采集存储平台、数据加工分析平台、数据流通交易平台、数据治理应用平台等方面。

根据《全国一体化政务大数据体系建设指南》，到2023年年底前，全国

一体化政务大数据体系初步形成，基本具备数据目录管理、数据归集、数据治理、大数据分析、安全防护等能力，数据共享和开放能力显著增强，政务数据管理服务水平明显提升。到2025年，全国一体化政务大数据体系更加完备，政务数据管理更加高效，政务数据资源全部纳入目录管理中。《中共中央、国务院关于构建数据基础制度更好发挥数据要素作用的意见》提出，以习近平新时代中国特色社会主义思想为指导，深入贯彻党的二十大精神，完整、准确、全面贯彻新发展理念，加快构建新发展格局，坚持改革创新、系统谋划，以维护国家数据安全、保护个人信息和商业秘密为前提，以促进数据合规高效流通使用、赋能实体经济为主线，以数据产权、流通交易、收益分配、安全治理为重点，深入参与国际高标准数字规则制定，构建适应数据特征、符合数字经济发展规律、保障国家数据安全、彰显创新引领的数据基础制度，充分实现数据要素价值、促进全体人民共享数字经济发展红利，为深化创新驱动、推动高质量发展、推进国家治理体系和治理能力现代化提供有力支撑。

《数字中国建设整体布局规划》指出，要坚持以习近平新时代中国特色社会主义思想特别是习近平总书记关于网络强国的重要思想为指导，深入贯彻党的二十大精神，坚持稳中求进工作总基调，完整、准确、全面贯彻新发展理念，加快构建新发展格局，着力推动高质量发展，统筹发展和安全，强化系统观念和底线思维，加强整体布局，按照夯实基础、赋能全局、增强能力、优化环境的战略路径，全面提升数字中国建设的整体性、系统性、协同性，促进数字经济和实体经济深度融合，以数字化驱动生产生活和治理方式变革，为以中国式现代化全面推进中华民族伟大复兴注入强大动力。

《中共中央关于进一步全面深化改革 推进中国式现代化的决定》指出，建设和运营国家数据基础设施，促进数据共享。《中共中央办公厅 国务院办公厅关于加快公共数据资源开发利用的意见》要求，统筹推进政务数据共享，完善政务数据目录，实行统一管理，推动实现“一数一源”，不断提升政务数据质量和管理水平；推动主动共享与按需共享相结合，完善政务数据共享责任清单，做好资源发布工作；强化已有数据共享平台的支撑作用，围绕“高效办成一件事”，推进跨层级、跨地域、跨系统、跨部门、跨业务政务数据共享和业务协同，不断增强群众和企业的获得感。《国务院办公厅关于运用大数据加强对市场主体服务和监管的若干意见》要求，按照党中央、国务院决策部署，围绕使市场在资源配置中起决定性作用和更好发挥政府作用，推进简政放权和政府职能转变，以社会信用体系建设和政府信息公开、数据开放为抓手，充分运用大数据、云计算等现代信息技术，提高政府服务水平，加强事中事后监管，维护市场正常秩序，促进市场公平竞争，释放市场主体活力，进一步优化发展环境。

《促进大数据发展行动纲要》提出，大力推动政府部门数据共享，加强顶层设计和统筹规划，明确各部门数据共享的范围边界和使用方式，厘清各部门数据管理及共享的义务和权利，依托政府数据统一共享交换平台，大力推进国家人口基础信息库、法人单位信息资源库、自然资源和空间地理基础信息库等国家基础数据资源，以及金税、金关、金财、金审、金盾、金宏、金保、金土、金农、金水、金质等信息系统跨部门、跨区域共享。结合国家政务信息化工程建设规划，统筹政务数据资源和社会数据资源，完善国家大数据平台、数据中心等基础设施。加快建立公民、法人和其他组织统一社会信用代码制度，依托全国统一的信用信息共享交换平台，建设企业信用信息公示系统和“信用中国”网站，共享整合各地区、各领域信用信息，为社会公众提供查询注册登记、行政许可、行政处罚等各类信用信息的一站式服务。

《国务院办公厅关于促进和规范健康医疗大数据应用发展的指导意见》指出，实施全民健康保障信息化工程，按照安全为先、保护隐私的原则，充分依托国家电子政务外网和统一数据共享交换平台，拓展现有设施资源，全面建成互通共享的国家、省、市、县四级人口健康信息平台，强化公共卫生、计划生育、医疗服务、医疗保障、药品供应、综合管理等应用信息系统数据采集、集成共享和业务协同。创新管理模式，推动生育登记网上办理。消除数据壁垒，畅通部门、区域、行业之间的数据共享通道，探索社会化健康医疗数据信息互通机制，推动实现健康医疗数据在平台集聚、业务事项在平台办理、政府决策依托平台支撑。

《国务院关于加强数字政府建设的指导意见》，到2025年，与政府治理能力现代化相适应的数字政府顶层设计更加完善、统筹协调机制更加健全，政府数字化履职能力、安全保障、制度规则、数据资源、平台支撑等数字政府体系框架基本形成，政府履职数字化、智能化水平显著提升，政府决策科学化、社会治理精准化、公共服务高效化取得重要进展，数字政府建设在服务党和国家重大战略、促进经济社会高质量发展、建设人民满意的服务型政府等方面发挥重要作用。到2035年，与国家治理体系和治理能力现代化相适应的数字政府体系框架更加成熟完备，整体协同、敏捷高效、智能精准、开放透明、公平普惠的数字政府基本建成，为基本实现社会主义现代化提供有力支撑。

《工业数据分类分级指南（试行）》提出要贯彻《促进大数据发展行动纲要》《大数据产业发展规划（2016—2020年）》有关要求，更好推动《数据管理能力成熟度评估模型》（GB/T 36073-2018）贯标和《工业控制系统信息安全防护指南》落实，指导企业提升工业数据管理能力，促进工业数据的使用、流动与共享，释放数据潜在价值，赋能制造业高质量发展。

《工业和信息化部关于工业大数据发展的指导意见》要求建设国家工业互联网大数据中心，汇聚工业数据，支撑产业监测分析，赋能企业创新发展，提升行业安全运行水平。建立多级联动的国家工业基础大数据库，研制产业链图谱和供应链地图，服务制造业高质量发展。《关于运用大数据推进防范治理电信网络诈骗长效机制建设工作方案》提出，一是建设完善行业互联网反诈数据统一资源库和互联网反诈平台，扩大数据汇聚范围，具备线索发现、追踪溯源等能力，对涉诈IP、域名、APP进行有效研判和处置。二是开展省级反诈大数据平台建设试点，提升属地反诈大数据运用能力，逐步在全国范围内推进反诈大数据平台建设。

《“十四五”大数据产业发展规划》提出，支持企业通过升级信息系统、部署物联感知设备等方式，推动研发、生产、经营、服务等全环节数据的采集。开展国家数据资源调查，绘制国家数据资源图谱。建立多级联动的国家工业基础大数据库和原材料、装备、消费品、电子信息等行业数据库，推动工业数据全面汇聚。全面部署新一代通信网络基础设施，加大5G网络和千兆光网建设力度。结合行业数字化转型和城市智能化发展，进行工业互联网、车联网、智能管网、智能电网等布局，促进全域数据高效采集和传输。加快构建全国一体化大数据中心体系，推进国家工业互联网大数据中心建设，强化算力统筹智能调度，建设若干国家枢纽节点和大数据中心集群。建设高性能计算集群，合理部署超级计算中心。工业和信息化部根据技术能力、人员配备、信誉资质等情况，择优遴选通过能力认证的第三方评估机构，建立工业和信息化领域数据安全风险评估支撑机构库。地方行业监管部门可以参照建立本地区数据安全风险评估支撑机构库。

《国家发展改革委办公厅关于组织实施促进大数据发展重大工程的通知》要求：一是要整合分散的政务数据中心。加强政务数据中心的统筹布局，利用现有政务和社会数据中心资源，结合区域的能源、气候、地质、网络、交通、政策、市场需求等条件，采用云计算、绿色节能等先进技术对规模小、效率低、能耗高的分散数据中心进行整合，形成布局合理、规模适度、保障有力、绿色集约的大型区域性政务数据中心，避免造成资源、空间的浪费损失。二是要探索构建国家数据中心体系。依托大型区域性数据中心，运用云计算等技术，探索建立“物理分散、逻辑互联、全国一体”的政务公共云，构建形成国家数据中心体系，面向本省市、其他省市和中央部门、行业企业以及中小型企业用户提供应用承载、数据存储、容灾备份等数据中心服务。三是要开展绿色数据中心试点。鼓励采用可再生能源、分布式供能、废弃设备回收处理等绿色节能方式，加强新建工程项目的绿色采购、绿色设计、绿色建设，提高数据中心绿色节能水平，推动节能环保技术产品在已建数据中心的替代应用，引导数据中心走低碳循环绿色发展之路。

《关于加快构建全国一体化大数据中心协同创新体系的指导意见》提出，要统筹围绕国家重大区域发展战略，根据能源结构、产业布局、市场发展、气候环境等，在京津冀、长三角、粤港澳大湾区、成渝等重点区域，以及部分能源丰富、气候适宜的地区构建大数据中心国家枢纽节点。《贯彻落实碳达峰碳中和目标要求推动数据中心和5G等新型基础设施绿色高质量发展实施方案》提出，立足经济社会数字化转型和高质量发展的全局，尊重产业和技术发展规律，在适度超前发展数据中心、5G等新型基础设施的过程中，坚持科学布局，集约发展，建用并重，在发展中实现低碳转型。

《数字经济2024年工作要点》要求适度超前创造数字基础设施，深入推进信息通信网络建设，加快建设全国一体化算力网，全面发展数据基础设施。《数据中心绿色低碳发展专项行动计划》提出到2025年年底，全国数据中心布局更加合理，整体上架率不低于60%，平均电能利用效率降至1.5以下，可再生能源利用率年均增长10%，平均单位算力能效和碳效显著提高。到2030年年底，全国数据中心平均电能利用效率、单位算力能效和碳效达到国际先进水平，可再生能源利用率进一步提升，北方采暖地区新建大型及以上数据中心，余热利用率明显提升。完善数据中心建设布局。加强“东数西算”规划布局刚性约束，新建大型和超大型数据中心应优先布局在全国一体化算力网络国家枢纽节点数据中心集群范围内，梯次有序布局国家枢纽节点、省内数据中心、边缘数据中心。统筹大型风电光伏基地与国家枢纽节点建设，支持非实时算力设施向西部枢纽节点迁移。

《关于加强数据资产管理的指导意见》要求以习近平新时代中国特色社会主义思想为指导，全面深入贯彻落实党的二十大精神，完整、准确、全面贯彻新发展理念，加快构建新发展格局，坚持统筹发展和安全，坚持改革创新、系统谋划，把握全球数字经济发展趋势，建立数据资产管理制度，促进数据资产合规高效流通使用，构建共治共享的数据资产管理格局，为加快经济社会数字化转型、推动高质量发展、推进国家治理体系和治理能力现代化提供有力支撑。《关于金融支持天津高质量发展的意见》要求以习近平新时代中国特色社会主义思想为指导，完整、准确、全面贯彻新发展理念，深刻把握金融工作的政治性、人民性，坚定不移走中国特色金融发展之路，深化金融供给侧结构性改革，做好金融“五篇大文章”，提高金融资源配置效率，为实体经济发展提供更高质量的金融支持，来更好服务京津冀协同发展。

《关于加强自然资源领域基础研究的若干举措》要求基于自然禀赋特征，依托资源、生态、海洋、林草等领域野外科学观测研究站，按统一指标、技术、标准的原则，优化代表性、典型性观测研究站和本底观测场的布局，支持业务观测站网通过升级改造提升服务基础研究的功能，强化山水林田湖草沙等多要素、长时序定点综合观测和站网建设。鼓励建立自然资源观测研究站等重大科技基础设施联盟。推进实施自然资源重大科学工程、基础性工作和科学考察专项。

《公路长大桥梁结构监测时空大数据应用指引》要求，各省级交通运输主管部门结合实际，认真组织做好桥梁结构监测工作，切实发挥监测数据在桥梁管理养护方面的重要作用，进一步提升公路桥梁结构安全耐久水平。

二、国家数字资源体系建设方面

笔者通过系统梳理我国已经出台的各种数据治理方面的政策，发现在国家数字资源体系建设方面，诸多政策主要集中在以下四方面。

（一）强化数据产权登记

《关于构建数据基础制度更好发挥数据要素作用的意见》提出，探索建立数据产权制度，推动数据产权结构性分置和有序流通，结合数据要素特性强化高质量数据要素供给；在国家数据分类分级保护制度下，推进数据分类分级确权授权使用和市场化流通交易，健全数据要素权益保护制度，逐步形成具有中国特色的数据产权制度体系。《数字中国建设整体布局规划》提出要释放商业数据价值潜能，加快建立数据产权制度，开展数据资产计价研究，建立数据要素按价值贡献参与分配机制。

《中共中央关于进一步全面深化改革 推进中国式现代化的决定》提出要加快建立数据产权归属认定、市场交易、权益分配、利益保护制度，提升数据安全治理监管能力，建立高效便利安全的数据跨境流动机制。《中共中央办公厅 国务院办公厅关于加快公共数据资源开发利用的意见》提出要建立公共数据资源登记制度，依托政务数据目录，根据应用需求，编制形成公共数据资源目录，对纳入授权运营范围内的公共数据资源实行登记管理，加快建立数据产权归属认定、市场交易、权益分配、利益保护制度。《关于加强数据资产管理的指导意见》适应数据多种属性和经济社会发展要求，与数据分类分级、确权授权使用要求相衔接，落实数据资源持有权、数据加工使用权和数据产品经营权权利分置要求，加快构建分类科学的数据资产产权体系。明晰公共数据资产权责边界，促进公共数据资产流通应用安全可追溯。探索开展公共数据资产权益在特定领域和经营主体范围内入股、质押等，助力公共数据资产多元化价值流通。

（二）强化各类数据资源汇聚与高质量供给

《全国一体化政务大数据体系建设指南》要求数据资源一体化，推动政务数据“按需归集、应归尽归”，加强政务数据全生命周期质量控制，实现问题数据可反馈、共享过程可追溯、数据质量问题可定责，推动数据源头治理、系统治理，形成统筹管理、有序调度、合理分布的全国一体化政务数据资源体系。《数字中国建设整体布局规划》提出构建国家数据管理体制机制，健全各级数据统筹管理机构，推动公共数据汇聚利用，建设公共卫生、科技、教育等重要领域国家数据资源库。

《中共中央办公厅 国务院办公厅关于加快公共数据资源开发利用的意见》要求落实区域重大战略、区域协调发展战略部署，鼓励京津冀、长三角、粤港澳大湾区以及成渝地区双城经济圈、长江中游城市群等创新推动公共数据资源开发利用，促进全国一体化数据市场发展，培育新兴产业。探索建立公共数据资源开发利用区域合作和利益调节机制，支持东中西部地区发挥比较优势，在数据存储、计算、服务等环节中开展区域协作，共享数据要素红利。《工业和信息化部关于工业大数据发展的指导意见》提出持续推进工业互联网建设，实现工业设备的全连接。加快推动工业通信协议兼容统一，打破技术壁垒，形成完整贯通的数据链。组织开展工业数据资源调查，引导企业加强数据资源管理，实现数据的可视、可管、可用、可信。整合重点领域统计数据和监测数据，在原材料、装备、消费品、电子信息等行业建设国家级数据库。支持企业建设数据汇聚平台，实现多源异构数据的融合和汇聚。《工业和信息化部办公厅关于组织开展 2024 年工业领域数据要素应用场景征集工作的通知》要求发挥数据要素在协同研发、工艺设计等环节中的作用，推动产品形态丰富、功能优化和性能提升，助力企业改造升级工艺，缩短研发周期，提升产品竞争力。

《关于加强行政事业单位数据资产管理的通知》要求积极推动数据资产开放共享，在确保公共安全和保护个人隐私的前提下，加强数据资产汇聚共享和开发开放，促进数据资产使用价值充分利用。《关于促进数字中医药发展的若干意见》提出加强中医药行业数字基础设施建设，提高数据采集、生产和治理能力。鼓励运用大数据、人工智能等新技术在中医药医疗、科研、教育、产业、文化等领域开展适用性研究，打造中医药大模型等行业数字技术底座。鼓励中医药行业加强数据共享开放，推动中医药数据流通交易，打造中医药数据创新利用生态体系。自然资源领域科学数据共享服务平台或样品馆要发布自然资源科学数据分类分级和数据、样品汇交标准指南，动态更新数据及样品目录清单，研制高精度、长时序的系列基础数据集并提升共享服务水平，完善用户评价反馈与数据使用权益保护机制。科技项目承担单位建立汇交监督考评和汇交数据质量把控机制，向自然资源各领域科学数据共享服务平台或样品馆有序汇交科学数据和样品，优先推荐汇交完整、质量高的项目负责人申报科技计划项目。鼓励科研人员依托平台研制发布专题数据集，研编系列基础图件、图集、志书等产品。《国家能源局关于加强电力可靠性数据治理深化可靠性数据应用发展的通知》要求实施基于实时数据的发电可靠性管理。发电企业要通过提取分析发电设备实时运行数据，自动生成设备状态信息，统计并上报发电设备的非计划停运、非计划降低出力等可靠性信息。

《“数据要素×”三年行动计划（2024—2026年）（征求意见稿）》提出提升农业生产数智化水平，支持农业生产经营主体和相关服务企业融合利用遥感、气象、土壤、农事作业、灾害、农作物病虫害、动物疫病、市场等数据，加快打造以数据和模型为支撑的农业生产数智化场景，实现精准种植、精准养殖、精准捕捞等智慧农业作业方式，提高粮食和重要农产品生产效率。提升多式联运效能，推进货运寄递数据、运单数据、结算数据、保险数据、货运跟踪数据等共享互认，实现托运人一次委托、费用一次结算、货物一次保险、多式联运经营人全程负责。提升金融服务水平，支持金融机构融合利用科技、环保、工商、税务、气象、消费、医疗、社保、农业农村、水电气等数据，加强主体识别，依法合规优化信贷业务管理和保险产品设计及承保理赔服务，提升实体经济金融服务水平。推动科学数据有序开放共享，促进重大科技基础设施、科技重大项目等产生的各类科学数据互联互通，支持和培育具有国际影响力的科学数据库建设，依托国家科学数据中心等平台加强高质量科学数据资源建设和场景应用。

（三）培育数据要素流通创新生态

《全国一体化政务大数据体系建设指南》要求依托全国一体化政务服务平

台和国家数据共享交换平台，提升国家政务大数据平台数据共享支撑能力，统一受理共享申请并提供服务，形成覆盖国家、省、市等层级的全国一体化政务数据共享交换体系，高效满足各地区各部门数据共享需求，有序推进国务院部门垂直管理业务系统向地方政务数据平台共享数据。

《中共中央关于进一步全面深化改革 推进中国式现代化的决定》要求加快构建促进数字经济发展体制机制，完善数字产业化和产业数字化政策体系。《中共中央办公厅 国务院办公厅关于加快公共数据资源开发利用的意见》要求将数据作为鼓励发展类产业纳入产业结构调整指导目录中，支持数据采集标注、分析挖掘、流通使用、数据安全等技术创新应用，鼓励开发数据模型、数据核验、评价指数等多形式数据产品。围绕数据采存算管用，培育高水平数据要素型企业。聚焦算力网络和可信流通，支持数据基础设施企业发展。落实研发费用加计扣除、高新技术企业税收优惠等政策。支持数据行业协会、学会等社会团体和产业联盟发展，凝聚行业共识，加强行业自律，推动行业发展。《国务院办公厅关于运用大数据加强对市场主体服务和监管的若干意见》要求推动形成全社会共同参与监管的环境和机制。通过政府信息公开和数据开放、社会信息资源开放共享，提高市场主体生产经营活动的透明度，为新闻媒体、行业组织、利益相关主体和消费者共同参与对市场主体的监督创造条件。引导有关方面对违法失信者进行市场性、行业性、社会性约束和惩戒，形成全社会广泛参与的监管格局。打破信息的地区封锁和部门分割，着力推动信息共享和整合。各地区、各部门已建、在建信息系统要实现互联互通和信息交换共享。

《工业和信息化部关于工业大数据发展的指导意见》要求支持优势产业上下游企业开放数据，加强合作，共建安全可信的工业数据空间，建立互利共赢的共享机制。引导和规范公共数据资源开放流动，鼓励相关单位通过共享、交换、交易等方式，提高数据资源价值创造的水平。《工业领域数据安全能力提升实施方案（2024—2026年）》要求加大多方安全计算、数据防勒索、数据溯源、商用密码等技术产品在工业领域的试点应用力度。组织遴选一批在各行业具有广泛应用价值的通用数据安全技术产品，打造一批面向行业、面向场景、面向中小企业的数据安全解决方案，形成一批工业领域数据安全典型案例，分行业、分地区开展宣传推广。《工业和信息化部办公厅关于组织开展2024年工业领域数据要素应用场景征集工作的通知》要求发挥数据要素在智慧物流、产供销一体化、供应商管理、供应链风险管控、产业链稳定等方面的作用，助力企业打通产业链、供应链上下游各环节，提升产业链、供应链韧性和安全水平。

《关于促进数字中医药发展的若干意见》提出鼓励中医医疗机构推动业务流程数字化转型，打造集预防、治疗、康复、个人健康管理于一体的数字中医药服务模式，推进中医诊疗服务全流程多源数据采集和融合治理，建立统一的数据共享标准规范，推动疾病治疗全过程高质量数据闭环管理，为辅助临床医生诊断和治疗提供中医药数据资源。鼓励研发具有中医药特色的智能电子病历、智能预诊随访等系统，提升中医药数据智能化采集能力，应用数字化手段采集具有临床结局的专科专病全流程高质量数据，通过临床疗效的反馈，不断优化总结诊疗方案，提高临床诊疗水平。《国家能源局关于加强电力可靠性数据治理 深化可靠性数据应用发展的通知》要求以电力企业与电力用户需求为牵引，加快人工智能、数字孪生、物联网等技术在电力可靠性领域的创新应用，推动可靠性信息跨环节、跨专业、全链条的共享，构建多元化应用场景，指导电力企业在规划建设、设备选型、运维检修、供电服务等领域提质增效，精准服务电力用户报修复电、选址接入、业扩增容、自有设备管理等需求，促进新型储能、新能源消纳、电动汽车 V2G、虚拟电厂等新业态发展，支撑我国新型电力系统建设与发展。《推进综合交通运输大数据发展行动纲要（2020—2025年）》要求以试点示范方式推动建立行业大数据平台。促进行业企业应用大数据、云计算等技术提高企业建设能力、运输效率和经营水平，鼓励各行业企业依法积极利用大数据开展融合应用，不断丰富行业大数据内容，推动行业企业数字化转型。

（四）国家数据资源储备体系（数据长城计划）

《国务院办公厅关于运用大数据加强对市场主体服务和监管的若干意见》要求以社会信用信息系统先导工程为基础，充分发挥国家人口基础信息库、法人单位信息资源库的基础作用和企业信用信息公示系统的依托作用，建立国家统一的信用信息共享交换平台，整合金融、工商登记、税收缴纳、社保缴费、交通违法、安全生产、质量监管、统计调查等领域信用信息，实现各地区、各部门信用信息共建共享。具有市场监管职责的部门在履职过程中应准确采集市场主体信用记录，建立部门和行业信用信息系统，按要求纳入国家统一的信用信息共享交换平台中。

《促进大数据发展行动纲要》要求加快丰富国家人口基础信息库、法人单位信息资源库、自然资源和空间地理基础信息库等基础信息资源和健康、就业、社保、能源、信用、统计、质量、国土、农业、城乡建设、企业登记监管等重要领域信息资源，加强与社会大数据的汇聚整合和关联分析。《国务院办公厅关于促进和规范健康医疗大数据应用发展的指导意见》要求推动健康医疗大数据资源共享开放。鼓励各类医疗卫生机构推进健康医疗大数据采集、存储，加强应用支撑和运维技术保障，打通数据资源共享通道。加快建设和完善以居民电子健康档案、电子病历、电子处方等为核心的基础数据库。《关于促进数字中医药发展的若干意见》提出加强中医药科技文献检索、利用，推进中医药科学数据共享，支持和培育具有国际影响力的中医药科学数据库建设，为开展中医药临床试验提供支撑，以数据驱动助力中医药临床研究、数字疗法研究、智能药物筛选和中药新药研发等任务。支持建立中医药古籍数据库、中医药文物数据库、中医药知识库，建设中医药教育文化服务数字化基础设施和服务平台，研究推动中医药图书、期刊、报纸、媒体、网站数字化转型，开展中医药非物质文化遗产数字化保护，推进中医药数字图书馆、中医药数字博物馆等线上线下数字化场馆建设，创新中医药文化传播途径，利用数字化手段为群众提供更丰富的中医药文化服务。《推进综合交通运输大数据发展行动纲要（2020—2025年）》要求完善政务信息资源目录，建立覆盖多种运输方式、多级行业管理的综合交通运输信息资源目录体系，完善信息资源目录采集、更新和发布机制。开展信息资源目录合规性检测，形成完整规范的综合交通运输行业信息资源“总账本”。

三、数据产权方面

（一）数据资源持有权

《企业数据资源相关会计处理暂行规定》要求企业使用的数据资源，符合

《企业会计准则第6号——无形资产》（财会〔2006〕3号，以下简称无形资产准则）规定的定义和确认条件的，应当确认为无形资产。企业应当按照无形资产准则、《〈企业会计准则第6号——无形资产〉应用指南》（财会〔2006〕18号，以下简称无形资产准则应用指南）等规定，对确认为无形资产的数据资源进行初始计量、后续计量、处置和报废等相关会计处理。《数据库政府采购需求标准（2023年版）》要求对既包含数据库、服务器等软硬件产品，也包含集成服务的采购项目，采购人应当合理划分采购包，尽可能将数据库、服务器等软硬件产品与集成服务分包采购。采购的数据库、服务器等软硬件产品总额达到分散采购限额标准的，应当单独分包采购。《关于加强行政事业单位数据资产管理的通知》要求，行政事业单位数据资产是各级行政事业单位在依法履职或提供公共服务过程中持有或控制的，预期能够产生管理服务潜力或带来经济利益流入的数据资源。地方财政部门应当结合本地实际，逐步建立健全数据资产管理制度及机制，并负责组织实施和监督检查。各部门要切实加强本部门数据资产管理工作，指导、监督所属单位数据资产管理工作。各部门所属单位负责本单位数据资产的具体管理。《关于金融支持天津高质量发展的意见》要求大力发展知识产权质押、应用企业创新积分，加大信用贷款投放力度。有效发挥保险公司、担保机构等风险分担和增信作用，提升科技型企业首贷比，扩大科技型企业信贷覆盖面。《关于促进数字中医药发展的若干意见》要求健全国家中医药综合统计体系，建立中药材生产调查、中医药监督执法统计等专项制度，联通和汇聚各地中医药公共数据，推动在全国范围内实现中医医师资格查询、中医医疗机构资质查询等中医药公共服务数据高效调用。加强对重大项目、重大工程、重点任务及重大政策、规划等数据进行采集与管理，开展实施效果评估，为公共管理决策提供技术支持。

（二）数据产品使用权

《企业数据资源相关会计处理暂行规定》要求企业通过外购方式取得确认为无形资产的数据资源，其成本包括购买价款、相关税费，直接属于使该项无形资产达到预定用途所发生的数据脱敏、清洗、标注、整合、分析、可视化等加工过程所发生的有关支出，以及数据权属鉴证、质量评估、登记结算、安全管理等费用。企业通过外购方式取得数据采集、脱敏、清洗、标注、整合、分析、可视化等服务所发生的有关支出，不符合无形资产准则规定的无形资产定义和确认条件的，应当根据用途计入当期损益中。《关于加强行政事业单位数据资产管理的通知》要求行政事业单位主要通过自主采集、生产加工、购置等方式配置数据资产。加强数据资产源头管理，在依法履职或提供公共服务过程中，应当按照规定的范围、方法、技术标准等进行自主采集、生产加工数据。通过购置方式配置数据资产的，应当根据依法履职和事业发展需要，落实过紧日子要求，按照预算管理规定科学配置，涉及政府采购的应当执行政府采购的有关规定。《关于促进数字中医药发展的若干意见》要求推动中医药多维数据融合，构建中医医疗服务和中药质量监测评估体系，推动相关领域数据共享，支撑临床诊疗指南修订、临床医疗质量评估、等级医院评审、人才评定等，提升决策科学化、精准化水平，提高中医药行业治理水平和监管效能。

（三）数据产品经营权

《企业数据资源相关会计处理暂行规定》要求企业在持有确认为无形资产的数据资源期间，利用数据资源对客户提供服务的，应当按照无形资产准则、无形资产准则应用指南等规定，将无形资产的摊销金额计入当期损益或相关资产成本中。同时，企业应当按照《企业会计准则第 14 号——收入》（财会〔2017〕22 号，以下简称收入准则）等规定确认相关收入。企业日常活动中持有、最终目的用于出售的数据资源，符合《企业会计准则第 1 号——存货》（财会〔2006〕3 号，以下简称存货准则）规定的定义和确认条件的，应当确认为存货。《关于加强行政事业单位数据资产管理的通知》要求做好数据资产加工处理工作，提高数据资产质量和管理水平。规范数据资产授权，经安全评估并按资产管理权限审批后，可将数据加工使用权、数据产品经营权授权运营主体进行运营。

《数字中国建设整体布局规划》要求筑牢可信可控的数字安全屏障。切实维护网络安全，完善网络安全法律法规和政策体系。增强数据安全保障能力，建立数据分类分级保护基础制度，健全网络数据监测预警和应急处置工作体系。《中共中央办公厅 国务院办公厅关于加快公共数据资源开发利用的意见》

要求建立健全分类分级、风险评估、监测预警、应急处置等工作体系，开展公共数据利用的安全风险评估和应用业务规范性审查。《国务院办公厅关于运用大数据加强对市场主体服务和监管的若干意见》要求加强政府信息标准化建设和分类管理。建立健全政府信息化建设和政府信息资源管理标准体系。严格区分涉密信息和非涉密信息，依法推进政府信息在采集、共享、使用等环节中的分类管理，合理设定政府信息公开范围。《国务院关于加强数字政府建设的指导意见》要求优化政策信息数字化发布。完善政务公开信息化平台，建设分类分级、集中统一、共享共用、动态更新的政策文件库。加快构建以网上发布为主、其他发布渠道为辅的政策发布新格局。编制公共数据开放目录及相关责任清单，构建统一规范、互联互通、安全可控的国家公共数据开放平台，分类分级开放公共数据，有序推动公共数据资源开发利用，提升各行业各领域运用公共数据推动经济社会发展的能力。推进社会数据“统采共用”，实现数据跨地区、跨部门、跨层级共享共用，提升数据资源使用效益。推进公共数据、社会数据融合应用，促进数据流通利用。

《“数据要素×”三年行动计划（2024—2026年）（征求意见稿）》提出创新研发模式，支持工业制造类企业融合设计、仿真、实验验证数据，培育数据驱动型产品研发新模式，提升企业创新能力。推动协同制造，推进产品主数据标准生态系统建设，支持链主企业打通供应链上下游设计、计划、质量、物流等通道，实现敏捷柔性协同制造。《推进综合交通运输大数据发展行动纲要（2020—2025年）》深入推进国家综合交通运输信息平台建设。升级完善交通运输信息资源共享平台，建立综合交通运输政务信息资源共享交换机制，研究开展政务信息资源质量评估，汇聚形成全覆盖、高质量的综合交通运输政务大数据。建立完善与公安、自然资源、生态环境、水利、文化和旅游、卫生健康、应急、海关、市场监管、气象等部门的政务信息资源共享交换机制，有效支撑综合交通运输政务大数据跨部门应用。

（四）数据分类、分级确权授权机制

《关于加强数据资产管理的指导意见》要求加强数据分类分级管理，建立数据资产分类分级授权使用规范。鼓励按用途增加公共数据资产供给，推动用于公共治理、公益事业的公共数据资产有条件无偿使用，平等保护各类数

据资产权利主体合法权益。《全国一体化政务大数据体系建设指南》明确数据分类分级、安全审查等具体制度和要求。《关于构建数据基础制度更好发挥数据要素作用的意见》要求探索数据产权结构性分置制度。建立公共数据、企业数据、个人数据的分类分级确权授权制度。根据数据来源和数据生成特征，分别界定数据生产、流通、使用过程中各参与方享有的合法权利，建立数据资源持有权、数据加工使用权、数据产品经营权等分置的产权运行机制，推进非公共数据按市场化方式“共同使用、共享收益”的新模式，为激活数据要素价值创造和价值实现提供基础性制度保障。

《工业数据分类分级指南（试行）》提出工业企业结合生产制造模式、平台企业结合服务运营模式，分析梳理业务流程和系统设备，考虑行业要求、业务规模、数据复杂程度等实际情况，对工业数据进行分类梳理和标识，形成企业工业数据分类清单。工业企业工业数据分类维度包括但不限于研发数据域（研发设计数据、开发测试数据等）、生产数据域（控制信息、工况状态、工艺参数、系统日志等）、运维数据域（物流数据、产品售后服务数据等）、管理数据域（系统设备资产信息、客户与产品信息、产品供应链数据、业务统计数据等）、外部数据域（与其他主体共享的数据等）。平台企业工业数据分类维度包括但不限于平台运营数据域（物联采集数据、知识库模型库数据、研发数据等）和企业管理数据域（客户数据、业务合作数据、人事财务数据等）。不同类别工业数据遭篡改、破坏、泄露或非法利用后，可能对工业生产、经济效益等带来潜在影响，工业企业将工业数据分为一级、二级、三级三个级别。

《工业和信息化部关于工业大数据发展的指导意见》提出落实《工业数据分类分级指南（试行）》，实现数据科学管理，推动构建以企业为主体的工业数据分类分级管理体系。《工业领域数据安全标准体系建设指南（2023 版）》要求分类分级规则标准用于指导工业数据处理者开展工业数据分类分级工作。《工业领域数据安全能力提升实施方案（2024—2026 年）》要求加强工业数据智能分类分级、工业数据库审计、低时延加密传输等共性技术优化升级。

四、数据流通交易方面

在流通准入方面，《关于构建数据基础制度更好发挥数据要素作用的意见》要求建立数据流通准入标准规则，强化市场主体数据全流程合规治理，确保流通数据来源合法、隐私保护到位、流通和交易规范。《工业和信息化部关于工业大数据发展的指导意见》要求支持工业企业实施设备数字化改造，升级各类信息系统，推动研发、生产、经营、运维等全流程的数据采集。支持重点企业研制工业数控系统，引导工业设备企业开放数据接口，实现数据全面采集。

在流通方式方面，《“十四五”大数据产业发展规划》建立数据资源目录和数据资源动态更新机制，满足数据动态更新的需要。率先在工业等领域建设安全可信的数据共享空间，形成供需精准对接，及时响应数据共享机制，提升高效共享数据的能力。发展云边端协同的大数据存算模式，支撑大数据高效传输与分发，提升数据流动效率。《国家发展改革委办公厅关于组织实施促进大数据发展重大工程的通知》要求探索建立大数据交易平台和制度。依托已建的大数据交易所，探索建立大数据交易平台，提供丰富的数据产品、解决方案，以及统一的检索服务和开发环境。建立覆盖大数据交易主体、交易平台、交易模式等方面的规则制度，完善大数据交易的法律制度、技术保障、真实性认证等保障措施，规范大数据交易行为，确保交易数据安全，防范交易数据的滥用和不当使用行为，形成大数据交易的流通机制和规范程序。《关于金融支持天津高质量发展的意见》提出推动资本项目数字化服务试点增量扩面。推动数字技术在绿色金融领域的运用，更好满足绿色低碳发展需求。推进数字普惠金融发展，加快建设小微企业金融综合服务平台，推广差异化、场景化、智能化的金融服务。培育金融科技开发、金融风险监测预警等服务机构，来稳妥探索其在金融领域中的合规应用。探索数字人民币在更多场景的试点应用。

在数据全流程合规与监管规则体系方面，《数字中国建设整体布局规划》要求构建数据安全合规有序跨境流通机制。开展数据交互、业务互通、监管互认、服务共享等方面的国际交流合作，推进跨境数字贸易基础设施建设，以《全球数据安全倡议》为基础，积极参与数据流动、数据安全、认证评估、数字货币等国际规则和数字技术标准制定。构建技术标准体系，编制数字化标准工作指南，加快制定修订各行业数字化转型、产业交叉融合发展等应用标准。《推进综合交通运输大数据发展行动纲要（2020—2025年）》完善修订有关交通基础设施工程建设规范，将采集设备、传输网络等信息基础设施纳入铁路、公路、港口、航道、机场、综合交通枢纽等有关交通基础设施工程建设内容中，实现同步规划、同步设计、同步建设、同步运维。完善运载工具实现监测制度规范，实现对车辆、船舶、航空器等运载工具数据自动化采集。

在数据标准化建设方面，《中共中央办公厅 国务院办公厅关于加快公共数据资源开发利用的意见》提出要研究制定数据基础设施标准规范，推动设施互联、能力互通，推动构建协同高效的国家公共数据服务能力体系。统筹数据领域标准体系建设管理，组织开展相关标准研制、宣传、执行和评价。积极参与国际交流合作，推动公共数据国际治理规则、国际标准制定。《国务院办公厅关于运用大数据加强对市场主体服务和监管的若干意见》提出建立大数据标准体系，研究制定有关大数据的基础标准、技术标准、应用标准和管理标准等。加快建立政府信息采集、存储、公开、共享、使用、质量保障和安全管理的技术标准。引导建立企业间信息共享交换的标准规范，促进信息资源开发利用。《促进大数据发展行动纲要》要求推进大数据产业标准体系建设，加快建立政府部门、事业单位等公共机构的数据标准和统计标准体系，推进数据采集、政府数据开放、指标口径、分类目录、交换接口、访问接口、数据质量、数据交易、技术产品、安全保密等关键共性标准的制定和实施。加快建立大数据市场交易标准体系。《国务院办公厅关于促进和规范健康医疗大数据应用发展的指导意见》要求制定完善健康医疗大数据应用发展的法律法规，强化居民健康信息服务规范管理，明确信息使用权限，切实保护相关各方合法权益。完善数据开放共享支撑服务体系，建立“分级授权、分类应用、权责一致”的管理制度。规范健康医疗大数据应用领域的准入标准，建立大数据应用诚信机制和退出机制，严格规范大数据开发、挖掘、应用行为。建立统一的疾病诊断编码、临床医学术语、检查检验规范、药品应用编码、信息数据接口和传输协议等相关标准，促进健康医疗大数据产品、服务流程标准化。《国务院关于加强数字政府建设的指导意见》要求推进数据开发利用、系统整合共享、共性办公应用、关键政务应用等标准制定，持续完善已有关键标准，推动构建多维标准规范体系。加大数字政府标准推广执行力度，建立评估验证机制，提升应用水平，以标准化促进数字政府建设规范化。研究设立全国数字政府标准化技术组织，统筹推进数字政府标准化工作。

《工业和信息化部关于工业大数据发展的指导意见》要求加强工业大数据标准体系建设，加快数据质量、数据治理和数据安全等关键标准研制，选择条件成熟的行业和地区开展试验验证和试点推广。《“十四五”大数据产业发展规划》要求协同推进国家标准、行业标准和团体标准，加快技术研发、产品服务、数据治理、交易流通、行业应用等关键标准的制修订。行业监管部门推进工业和信息化领域数据开发利用和数据安全标准体系建设，组织开展相关标准制修订及推广应用工作。《工业和信息化领域数据安全管理办法（试行）》提出工业和信息化部指导、鼓励具备相应资质的机构，依据相关标准开展行业数据安全检测、认证工作。《工业领域数据安全标准体系建设指南（2023 版）》提出技术和产品标准对数据安全关键技术和产品及其检测要求进行规范，包括数据分类分级、数据安全防护、数据行为防控、数据共享安全技术、产品标准。《新材料大数据中心总体建设方案》提出建立统一的数据标准规范体系、分类分级的数据安全保障体系。建设材料数据采集、加工、存储、融通和应用等全链条技术标准体系。《国家发展改革委办公厅关于组织实施促进大数据发展重大工程的通知》提出建立完善国家大数据标准体系，开展数据采集、指标口径、分类目录、交换接口、访问接口、数据质量、数据开放、数据共享等标准的研究、制定、验证和推广应用，解决政府内部数据共享、政府数据对外开放、政府和企业数据交换等突出问题。《关于加快构建全国一体化大数据中心协同创新体系的指导意见》提出健全数据流通体制机制。加快完善数据资源采集、处理、确权、使用、流通、交易等环节的制度法规和机制化运营流程。建立完善数据资源质量评估与价格形成机制。《国家数据标准体系建设指南》提出以数据“供得出、流得动、用得好、保安全”为指引，构建数据标准体系。数据标准体系结构包括基础通用、数据基础设施、数据资源、数据技术、数据流通、融合应用、安全保障 7 个部分，主要反映标准体系各部分的组成关系。

《关于加强数据资产管理的指导意见》要求推动技术、安全、质量、分类、价值评估、管理运营等数据资产相关标准建设。鼓励行业根据发展需要，自行或联合制定企业数据资产标准。支持企业、研究机构、高等学校、相关行业组织等参与数据资产标准制定。公共管理和服务机构应配套建立公共数据资产卡片，明确公共数据资产基本信息、权利信息、使用信息、管理信息等。在对外授予数据资产加工使用权、数据产品经营权时，在本单位资产卡片中对授权进行登记标识，在不影响本单位继续持有或控制数据资产的前提下，可不减少或不核销本单位数据资产。《关于金融支持天津高质量发展的意见》要求支持银行业金融机构跨区域协作，依法合规开展银团贷款等业务，优先满足科技产业及重大合作项目融资需求。研究编制科技金融专营机构评价规范等科技金融标准。《关于促进数字中医药发展的若干意见》要求推进中医药数据分类分级管理，推进中医药多源数据融合标准规范制定和示范应用，形成有利于中医药数据协同优化、复用增效、融合创新的标准规范体系。探索中医药数据确权授权使用、收益分配机制和市场化流通交易等制度体系建设。《银行业金融机构数据治理指引》要求银行业金融机构应当建立覆盖全部数据的标准化规划，遵循统一的业务规范和技术标准。数据标准应当符合国家标准化政策及监管规定，并确保被有效执行。《推进综合交通运输大数据发展行动纲要（2020—2025 年）》要求重点研究制定综合交通运输信息资源分类分级、脱敏、溯源、标识等标准规范，完善信息资源目录编制、采集、传输、交换共享等标准规范。

五、数据定价方面

《关于构建数据基础制度更好发挥数据要素作用的意见》指出要健全数据要素。结合数据要素特征，优化分配结构，构建公平、高效、激励与规范相结合的数据价值分配机制。《中共中央办公厅　国务院办公厅关于加快公共数据资源开发利用的意见》要求发挥好价格政策的杠杆调节作用，加快建立符合公共数据要素特性的价格形成机制。指导推动用于公共治理、公益事业的公共数据产品和服务有条件无偿使用。用于产业发展、行业发展的公共数据经营性产品和服务，确需收费的，实行政府指导定价管理。《“十四五”大数据产业发展规划》要求按照数据性质完善产权性质，建立数据资源产权、交易流通、跨境传输和安全等基础制度和标准规范，健全数据产权交易和行业自律机制。制定数据要素价值评估框架和评估指南，包括价值核算的基本准则、方法和评估流程等。互联网、金融、通信、能源等数据管理基础好的领域，可以开展数据要素价值评估试点。

六、数据合规体系方面

《关于构建数据基础制度更好发挥数据要素作用的意见》要求把安全贯穿数据治理全过程，构建政府、企业、社会多方协同的治理模式，创新政府治理方式，明确各方主体责任和义务，完善行业自律机制，规范市场发展秩序，形成有效市场和有为政府相结合的数据要素治理格局。《数字中国建设整体布局规划》要求建设公平规范的数字治理生态。完善法律法规体系，加强立法统筹协调，研究制定数字领域立法规划，及时按程序调整不适应数字化发展的法律制度。《"十四五"大数据产业发展规划》要求推动建立市场定价、政府监管的数据要素市场机制，发展数据资产评估、登记结算、交易撮合、争议仲裁等市场运营体系。《工业和信息化领域数据安全管理办法（试行）》要求工业和信息化部建立数据安全风险监测机制，组织制定数据安全监测预警接口和标准，统筹建设数据安全监测预警技术手段，形成监测、预警、处置、溯源等能力，并与相关部门加强信息共享。地方行业监管部门分别建设本地区数据安全风险监测预警机制，组织开展数据安全风险监测，按照有关规定及时发布预警信息，通知本地区工业和信息化领域数据处理者及时采取应对措施。工业和信息化领域数据处理者应当开展数据安全风险监测，及时排查安全隐患，采取必要的措施防范数据安全风险。建立覆盖本单位相关部门的数据安全工作体系，明确数据安全负责人和管理机构，建立常态化沟通与协作机制。本单位法定代表人或者主要负责人是数据安全第一责任人，领导团队中分管数据安全的成员是直接责任人。明确数据处理关键岗位和岗位职责，并要求关键岗位人员签署数据安全责任书，责任书内容包括但不限于数据安全岗位职责、义务、处罚措施、注意事项等内容。企业要建立内部登记、审批等工作机制，对重要数据和核心数据的处理活动进行严格管理并留存记录。

《工业领域数据安全标准体系建设指南（2023版）》提出数据处理安全标准满足规范工业数据使用、共享、出境处理活动安全要求，其中数据使用包括数据收集、传输、存储、使用加工方面的安全要求，数据共享包括提供、公开、转移、委托处理方面的安全要求。《工业领域数据安全能力提升实施方案（2024—2026年）》提出建立健全工业领域数据安全管理制度，推动出台风险评估实施细则、应急预案、行政处罚裁量指引等政策文件。持续完善重要数据识别、备案、分级防护、风险评估等全流程监管机制，加强监督检查。《工业领域数据安全能力提升实施方案（2024—2026年）》提出重要数据和核心数据处理者按照及时、客观、有效的原则开展数据安全风险评估，形成真实、完整、准确的评估报告，并对评估结果负责。重要数据和核心数据处理者按照国家法律法规、行业监管部门有关规定以及评估标准，对数据处理活动的目的和方式、业务场景、安全保障措施、风险影响等要素，开展数据安全风险评估。《关于加强数据资产管理的指导意见》提出鼓励数据资产各相关主体按有关要求及时披露、公开数据资产信息，增加数据资产供给。数据资产交易平台应对交易流通情况进行实时更新并定期进行信息披露，促进交易市场公开透明。稳步推进国有企业和行政事业单位所持有或控制的数据资产纳入本级政府国有资产中的报告工作，接受同级人大常委会监督。《关于加强行政事业单位数据资产管理的通知》要求，各部门应当根据工作需要和实际情况，建立健全行政事业单位数据资产管理办法，针对数据资产确权、配置、使用、处置、收益、安全、保密等重点管理环节，细化管理要求，明确操作规程，确保管理规范、流程清晰、责任可查。涉及处理个人信息的，应当依照相关法律法规规定的权限和程序进行。

七、数据要素流通和交易服务生态方面

《数字中国建设整体布局规划》提出要构筑自立自强的数字技术创新体系。健全社会主义市场经济条件下关键核心技术攻关新型举国体制，加强企业主导的产学研深度融合。加强企业科技创新主体地位，发挥科技型骨干企业引领支撑作用。加强知识产权保护，健全知识产权转化收益分配机制。《中共中央关于进一步全面深化改革 推进中国式现代化的决定》要求加强企业科

技创新主体地位，建立培育壮大科技领军企业机制，加强企业主导的产学研深度融合，建立企业研发准备金制度，支持企业主动牵头或参与国家科技攻关任务。构建促进专精特新中小企业发展壮大机制。鼓励科技型中小企业加大研发投入力度，提高研发费用加计扣除比例。鼓励和引导高校、科研院所按照先使用后付费方式把科技成果许可给中小微企业使用。《促进大数据发展行动纲要》提出要适应国家创新驱动发展战略，实施大数据创新行动计划，鼓励企业和公众发掘利用开放数据资源，激发创新创业活力，促进创新链和产业链深度融合，推动大数据发展与科研创新有机结合，形成大数据驱动型的科研创新模式，打通科技创新和经济社会发展之间的通道，推动万众创新、开放创新和联动创新。《新材料大数据中心总体建设方案》提出可按照市场化原则有偿使用，吸引产业链上下游共享数据，丰富数据资源；构建产权保护、共享激励、流通管理和服务保障等管理机制；建立市场化数据融通机制，打通科技、产业等数据汇聚共享通道。

《关于加快构建全国一体化大数据中心协同创新体系的指导意见》要求充分依托全国一体化政务服务平台，发挥国家数据共享交换平台数据交换通道的支撑作用，建立健全政务数据共享责任清单机制，拓展政务数据共享范围。加快完善数据共享标准体系，解决跨部门、跨地区、跨层级数据标准不一、数据理解难、机器可读性差、语义分歧等问题，进一步打破部门数据壁垒。《数据中心绿色低碳发展专项行动计划》要求加快技术创新引领。以重大科技专项实施为载体，优化科创资源统筹布局，集中攻克一批面向数据中心行业绿色低碳转型需求的关键共性技术。强化企业创新主体作用，支持高等院校、科研机构与企业联合共建绿色数据中心实验室、实训基地，一体推进技术研究和人才培养。扎实推动先进适用技术工程示范，打通技术定性、成果转化及产业化应用路径。《关于加强自然资源领域基础研究的若干举措》要求以基础研究重大任务为牵引，实施首席科学家负责制，发挥自然资源各创新平台和人才协同优势，统筹科研院所、高校、应用单位和高科技企业，组建开放、流动、包容、灵活、有弹性的任务协同攻关研究团队，开展有组织体系化的基础研究。围绕重点领域方向和重大科学问题，支持建立课题组群、实验室群，提升体系化研究能力。

八、数据收益分配方面

数据收益分配包括初次分配、二次分配、三次分配三方面。《全国一体化政务大数据体系建设指南》要求明确数据安全主体责任，按照“谁管理、谁负责”和“谁使用、谁负责”的原则，厘清数据流转全流程中各方权利义务和法律责任。《关于构建数据基础制度更好发挥数据要素作用的意见》提出：一是要推进实施公共数据确权授权机制。对各级党政机关、企事业单位依法履职或提供公共服务过程中产生的公共数据，加强汇聚共享和开放开发，强化统筹授权使用和管理，推进互联互通，打破“数据孤岛”。二是要推动建立企业数据确权授权机制。对各类市场主体在生产经营活动中采集加工的不涉及个人信息和公共利益的数据，市场主体享有依法依规持有、使用、获取收益的权益，保障其投入的劳动和其他要素贡献获得合理回报，加强数据要素供给激励。三是要建立健全个人信息数据确权授权机制。对承载个人信息的数据，推动数据处理者按照个人授权范围依法依规采集、持有、托管和使用数据，规范对个人信息的处理活动，不得采取“一揽子授权”、强制同意等方式过度收集个人信息，促进个人信息合理利用。《国务院办公厅关于运用大数据加强对市场主体服务和监管的若干意见》要求建立健全政府大数据采集制度，明确信息采集责任。各部门在履职过程中，要依法及时、准确、规范、完整地记录和采集相关信息，妥善保存并及时更新。《国务院关于加强数字政府建设的指导意见》要求以数字政府建设为牵引，拓展经济发展新空间，培育经济发展新动能，提高数字经济治理体系和治理能力现代化水平。准确把握行业和企业发展需求，打造主动式、多层次创新服务场景，精准匹配公共服务资源，提升社会服务数字化普惠水平，更好满足数字经济发展需要。完善数字经济治理体系，探索建立与数字经济持续健康发展相适应的治理方式，创新基于新技术手段的监管模式，把监管和治理贯穿创新、生产、经营、投资全过程。壮大数据服务产业，推动数字技术在数据汇聚、流通、交易中的应用，进一步释放数据红利。

《“十四五”大数据产业发展规划》要求推动要素数据化，引导各类主体提升数据驱动的生产要素配置能力，促进劳动力、资金、技术等要素在行业间、产业间、区域间的合理配置，提升全要素生产率。《新材料大数据中心总体建设方案》提出新材料大数据资源节点以商业化运营为主，重点发挥数据产品开发应用和推广功能，鼓励无偿提供具有公共属性的数据产品和服务。在建设和运营初期，聚焦重点领域开展材料数据汇聚和数据产品开发应用，优先向优势企业、科研院校、新材料大数据创新联盟成员单位提供数字化定制化服务。《贯彻落实碳达峰碳中和目标要求推动数据中心和5G等新型基础设施绿色高质量发展实施方案》要求加强宏观指导，正确处理政府和市场关系，坚持改造存量与优化增量协同推进。发挥市场主体作用，强化标准引领，引入竞争机制、激励机制和成本倒逼机制，促进全产业链绿色低碳发展。《数字经济2024年工作要点》要求加快构建数据基础制度，推动落实“数据二十条”，加大公共数据开发开放力度，释放数据要素价值。《关于加强数据资产管理的指导意见》要求适应数据资产多用途属性，按照“权责匹配、保护严格、流转顺畅、利用充分”的原则，明确数据资产管理各方权利和义务，推动数据资产权利分置，完善数据资产权利体系，丰富权利类型，有效赋能增值，夯实开发利用基础。完善数据资产收益分配与再分配机制。按照“谁投入、谁贡献，谁受益”原则，依法依规维护各相关主体数据资产权益。支持合法合规对数据资产价值进行再次开发挖掘，尊重数据资产价值再创造、再分配，支持数据资产使用权利各个环节的投入有相应回报。探索建立公共数据资产治理投入和收益分配机制，通过公共数据资产运营公司对公共数据资产进行专业化运营，推动公共数据资产开发利用和价值实现。

在数据收益二次、三次分配方面，《促进大数据发展行动纲要》要求结合新型城镇化发展、信息惠民工程实施和智慧城市建设，以优化提升民生服务、激发社会活力、促进大数据应用市场化服务为重点，引导鼓励企业和社会机构开展创新应用研究，深入发掘公共服务数据，在城乡建设、人居环境、健康医疗、社会救助、养老服务、劳动就业、社会保障、质量安全、文化教育、交通旅游、消费维权、城乡服务等领域开展大数据应用示范，推动传统公共服务数据与互联网、移动互联网、可穿戴设备等数据的汇聚整合，开发各类便民应用，优化公共资源配置，提升公共服务水平。构建面向农业农村的综合信息服务体系，为农民生产生活提供综合、高效、便捷的信息服务，缩小城乡数字鸿沟，促进城乡发展一体化。《国务院办公厅关于促进和规范健康医疗大数据应用发展的指导意见》要求发挥优质医疗资源的引领作用，鼓励社会力量参与，整合线上线下资源，规范医疗物联网和健康医疗应用程序（App）管理，大力推进互联网健康咨询、网上预约分诊、移动支付和检查检验结果查询、随访跟踪等应用，形成规范、共享、互信的诊疗流程。探索互联网健康医疗服务模式。以家庭医生签约服务为基础，推进居民健康卡、社会保障卡等应用集成，激活居民电子健康档案应用，推动覆盖全生命周期的预防、治疗、康复和健康管理的一体化电子健康服务。实施健康中国云服务计划，建设健康医疗服务集成平台，提供远程会诊、远程影像、远程病理、远程心电诊断服务，健全检查检验结果互认共享机制。推进大医院与基层医疗卫生机构、全科医生与专科医生的数据资源共享和业务协同，健全基于互联网、大数据技术的分级诊疗信息系统，提高医疗卫生机构的服务能力，有针对性地促进“重心下移、资源下沉”。

《国务院关于加强数字政府建设的指导意见》着眼推动建设学习型政党、学习大国，搭建数字化终身学习教育平台，构建全民数字素养和技能培育体系。《新材料大数据中心总体建设方案》要求提供材料数据公益服务。在符合安全规范条件下，加强公益服务供给，面向社会免费提供知识共享、数据查询、供需对接、软件开源等数据产品和服务，助力大中小企业融通发展。《国家发展改革委办公厅关于组织实施促进大数据发展重大工程的通知》在健康医疗、社保就业、教育文化、交通旅游等领域，推动传统公共服务数据与互联网、移动互联网、移动穿戴设备数据的汇聚整合，鼓励社会机构开展应用研究，开发便民服务应用，优化公共资源配置，提升公共服务水平。《贯彻落实碳达峰碳中和目标要求推动数据中心和 5G 等新型基础设施绿色高质量发展实施方案》要求坚持集约化、绿色化、智能化建设，加快节能低碳技术的研发推广，支持技术创新和模式创新。加强对基础设施资源的整合与共享，提升资源利用效率。推动老旧基础设施转型升级。《“数据要素×”三年行动计划（2024—2026 年）（征求意见稿）》要求提升群众就医便捷度，探索推进电子病历数据共享，在医疗机构间推广检查检验结果数据标准统一和共享互认。便捷医疗理赔结算，支持医疗机构基于信用数据开展先诊疗后付费就医。

推动医保便民服务。依法依规探索推进医保与商业健康保险数据融合应用，提升保险服务水平，促进基本医保与商业健康保险协同发展。《数字经济2024年工作要点》要求不断提升公共服务水平，提高“互联网+政务服务”效能，提升养老、教育、医疗、社保等社会服务数字化智能化水平，推动城乡数字化融合，打造智慧数字生活。推动完善数字经济治理体系，加强数字化治理能力，加强新就业形态劳动者权益保障，推进构建多元共治新格局。《关于促进数字中医药发展的若干意见》要求推进中医医疗机构电子病历数据互联互通，实现患者院前、院中、院后诊疗数据贯通以及院内外合规高效调用，促进检查检验结果互认共享，提高医疗资源利用效率。优先围绕中医优势专科和优势病种开展诊疗全流程数据采集、使用和治理，形成应用示范。鼓励建设具有示范性的智能化中药房、区域智慧共享中药房，提供云煎药服务，为群众提供方便快捷精准的中医药服务。《推进综合交通运输大数据发展行动纲要（2020—2025年）》要求完善交通运输相关领域公共信息资源开放机制，建立公共信息资源开放清单及更新制度，建立统一的综合交通运输公共信息资源开放平台，优先开放与民生紧密相关、社会需求迫切、有利于激活市场活力的公共信息资源，推动公共信息资源有序开放。

九、数据安全治理方面

我国在数据安全治理方面，积极促进合理利用流通、科学化采集存储计算和广泛化数据应用。《关于构建数据基础制度更好发挥数据要素作用的意见》要求加强党对构建数据基础制度工作的全面领导，在党中央集中统一领导下，充分发挥数字经济发展部际联席会议作用，加强整体工作统筹，促进跨地区、跨部门、跨层级协同联动，强化督促指导。加大政策支持力度。加快发展数据要素市场，做大做强数据要素型企业。提升金融服务水平，引导创业投资企业加大对数据要素型企业的投入力度，鼓励征信机构提供基于企业运营数据等多种数据要素的多样化征信服务，支持实体经济企业特别是中小微企业数字化转型赋能开展信用融资。探索数据资产入表新模式。《数字中国建设整体布局规划》提出数字中国建设按照“2522”的整体框架进行布局，即夯实数字基础设施和数据资源体系“两大基础”，推进数字技术与经济、政治、文化、社会、生态文明建设“五位一体”深度融合，加强数字技术创新体系和数字安全屏障“两大能力”，优化数字化，发展国内国际“两个环境”。

《中共中央关于进一步全面深化改革 推进中国式现代化的决定》要求健全促进实体经济和数字经济深度融合制度。加快推进新型工业化，培育壮大先进制造业集群，推动制造业高端化、智能化、绿色化发展。建设一批行业共性技术平台，加快产业模式和企业组织形态变革，健全优势产业领先地位体制机制。优化重大产业基金运作和监管机制，确保资金投向符合国家战略要求。建立制造业合理比重投入机制，合理降低制造业综合成本和税费负担。《国务院办公厅关于运用大数据加强对市场主体服务和监管的若干意见》要求推动政府向社会力量购买大数据资源和技术服务。各地区、各部门要按照有利于转变政府职能、有利于降低行政成本、有利于提升服务质量水平和财政资金效益的原则，充分发挥市场机构在信息基础设施建设、信息技术、信息资源整合开发和服务等方面的优势，通过政府购买服务、协议约定、依法提供等方式，加强政府与企业合作，为政府科学决策、依法监管和高效服务提供支撑保障。按照规范、安全、经济的要求，建立健全政府向社会力量购买信息产品和信息技术服务的机制，加强采购需求管理和绩效评价。加强对所购买信息资源准确性、可靠性的评估。《促进大数据发展行动纲要》要求围绕数据采集、整理、分析、发掘、展现、应用等环节，支持大型通用海量数据存储与管理软件、大数据分析发掘软件、数据可视化软件等软件产品和海量数据存储设备、大数据一体机等硬件产品发展，带动芯片、操作系统等信息技术核心基础产品发展，打造较为健全的大数据产品体系。制订与重点行业领域业务流程及数据应用需求深度融合的大数据解决方案。加强中央财政资金引导，集中力量支持大数据核心关键技术攻关、产业链构建、重大应用示范和公共服务平台建设等。利用现有资金渠道，推动建设一批国际领先的重大示范工程。《关于促进和规范健康医疗大数据应用发展的指导意见》要求从财税、投资、创新等方面对健康医疗大数据应用发展给予必要的支持。推广运用政府和社会资本合作（PPP）模式，鼓励和引导社会资本参与健康医疗大数据的基础工程、应用开发和运营服务。鼓励政府与企事业单位、社会机构开展合作，探索通过政府采购、社会众包等方式，实现在健康医疗大数据领域中政府应用与社会应用相融合。充分发挥已设立的有关投资基金作用，充分激发社会资本和民间资本参与热情，鼓励创新多元投资机制，健全风险防范和监管制度，支持健康医疗大数据应用发展。

《国务院关于加强数字政府建设的指导意见》提出要持续优化全国一体化政务服务平台功能，全面提升公共服务数字化、智能化水平，不断满足企业和群众多层次多样化服务需求。打造泛在可及的服务体系，提升辅助决策能力。建立健全大数据辅助科学决策机制，统筹推进决策信息资源系统建设，充分汇聚整合多源数据资源，拓展动态监测、统计分析、趋势研判、效果评估、风险防控等应用场景，全面提升政府决策科学化水平。《工业数据分类分级指南（试行）》提出鼓励企业在做好数据管理的前提下适当共享一、二级数据，充分释放工业数据的潜在价值。二级数据只对确需获取该级数据的授权机构及相关人员开放。三级数据原则上不共享，确需共享的应严格控制知悉范围。《工业和信息化部关于工业大数据发展的指导意见》要求支持开展数据流动关键技术攻关，建设可信的工业数据流通环境。构建工业大数据资产价值评估体系，研究制定公平、开放、透明的数据交易规则，加强市场监管和行业自律，开展数据资产交易试点，培育工业数据市场。《“十四五”大数据产业发展规划》要求加强对大数据基础软硬件、关键核心技术的研发投入，补齐产业短板，提升基础能力。鼓励政府产业基金、创业投资及社会资本，按照市场化原则加大对大数据企业的投资力度。鼓励地方加强对大数据产业发展的支持，针对大数据产业发展试点示范项目、DCMM 贯标等进行资金奖补。鼓励银行开展知识产权质押融资等业务，支持符合条件的大数据企业上市融资。充分发挥多双边国际合作机制的作用，支持国内外大数据企业在技术研发、标准制定、产品服务、知识产权等方面开展深入合作。推动大数据企业“走出去”，在“一带一路”沿线国家和地区积极开拓国际市场。《工业领域数据安全标准体系建设指南（2023 版）》要求汇聚工业领域产学研用各方力量，大力推进重点急需标准研制。注重工业领域数据安全标准化工作与新技术新应用及行业优秀实践的有机融合，建立标准试验验证平台，提升标准的实用性。鼓励各地主管部门、有关行业协会、联盟、标准化技术组织、专业机构通过多种渠道宣传工业领域数据安全标准化成果，有针对性地开展专题培训，引导企业开展贯标达标工作，推动标准落地实施和应用推广。加强国际合作，积极与国外数据安全、工业互联网、智能制造相关组织开展标准化交流与合作，支持企事业单位参与国际电信联盟（ITU）、国际标准化组织（ISO）、国际电工委员会（IEC）国际标准化活动，推动相关国际标准制定。

《工业领域数据安全能力提升实施方案（2024—2026 年）》要求统筹利用现有资金渠道，加大工业领域数据安全工作投入力度，支持关键核心技术攻关和公共服务平台建设。深化产融合作，支持数据安全企业参与“科技产业金融一体化”专项工作，通过国家产融合作平台获得便捷高效的金融服务。鼓励各地将数据安全纳入地方工业领域数字化转型发展相关规划中，在支持数字化、网络化、智能化等项目时，同步明确数据安全要求。引导企业在信息化建设中为数据安全防护安排一定比例资金。《新材料大数据中心总体建设方案》要求构建以企业投入为主体、以金融机构为支撑、以社会资本为补充的资金投入模式。鼓励金融机构按照市场化、法治化原则加大金融支持力度。《国家发展改革委办公厅关于组织实施促进大数据发展重大工程的通知》要求鼓励多个单位联合提出项目建议，优先支持跨部门、跨区域、跨行业的具有全国性示范效应的大数据应用。相关部门引导和带动更多社会资本特别是民间资本参与工程建设。相关部门鼓励探索由企业牵头开展项目建设和运营服务。相关部门鼓励探索政府资金与股权、信贷、债券、众筹、风投、创投、基金、保险等相结合的多种融资组合，有效扩大大数据发展的社会投资规模，推动大数据量级增长和应用。基础设施和公共服务平台项目要重点解决行业或领域共性问题，注重资源整合与信息共享。《贯彻落实碳达峰碳中和目标要求 推动数据中心和 5G 等新型基础设施绿色高质量发展实施方案》要求支持基础电信运营企业开展 5G 网络共建共享和异网漫游，强化资源复用。加快推动老旧高能耗设备退网和升级改造，推动智慧多功能灯杆建设。加快建设绿色数据中心，发布国家绿色数据中心名单。鼓励数据中心骨干企业率先完成布局落地。原则上，对在国家枢纽节点之外新建的数据中心，地方政府不得给予土地、财税等方面的优惠政策。鼓励使用高效环保制冷技术降低能耗。

支持数据中心采用新型机房精密空调、液冷、机柜式模块化、余热综合利用等方式建设数据中心。鼓励在数据中心和5G网络管理中应用人工智能技术，加强自动化、智能化能耗管理，提升整体节能水平。《“数据要素×”三年行动计划（2024—2026年）（征求意见稿）》要求拓展新消费，鼓励电商平台与各类商贸经营主体、相关服务企业深度融合，依托客流、消费行为、交通状况、人文特征等市场环境数据，打造集数据收集、分析、决策、精准推送和动态反馈的闭环消费生态，推进直播电商、即时电商等业态创新发展，支持各类商圈创新应用场景，创新数字生活消费方式。实施“数据要素×”试点工程，统筹利用中央预算内投资和其他各类资金加大支持力度。鼓励金融机构按照市场化原则加大信贷支持力度，优化金融服务。依法合规探索多元化投融资模式，发挥相关引导基金、产业基金作用，引导和鼓励各类社会资本投向数据产业。支持数据商上市融资。开展数据要素，应用典型案例评选，遴选一批典型应用。依托数字中国建设峰会及各类数据要素相关会议、论坛和活动等，积极发布典型案例，促进经验分享和交流合作。各地方数据管理部门要深入挖掘数据要素，应用好经验、好做法，充分利用各类新闻媒体，加大宣传力度，提升影响力。《数字经济2024年工作要点》要求深入推进产业数字化转型，深化制造业智改数转网联，大力推进重点领域数字化转型，营造数字化转型生态。加快推动数字技术创新突破，深化关键核心技术自主创新，提升核心产业竞争力，大力培育新业态新模式，打造数字产业集群，主动加强数字经济国际合作，加快贸易数字化发展，推动“数字丝绸之路”深入发展，积极构建良好国际合作环境。加强跨部门协同联动，强化统筹协调机制，加大政策支持力度，强化数字经济统计监测。《数据中心绿色低碳发展专项行动计划》要求发挥好政府投资的带动放大效应，积极支持数据中心节能降碳改造和用能设备更新。各地区要统筹用好现有资金渠道，对符合条件的项目给予支持，并落实好节能节水、资源综合利用等税收优惠政策。我国要积极发展绿色金融和转型金融产品服务，鼓励金融机构按照市场化法治化原则为数据中心节能降碳改造和用能设备更新项目提供资金支持。我国要完善“东数西算”利益分配机制，鼓励东部与西部地区“结对子”，开展“算力飞地”“以数换地”等形式的合作。

《关于加强数据资产管理的指导意见》要求按照财政事权和支出责任相适应原则，统筹利用现有资金渠道，支持统一的数据资产标准和制度建设、数据资产相关服务、数据资产管理和运营平台等项目实施。统筹运用财政、金融、土地、科技、人才等多方面政策工具，加大对数据资产开发利用、数据资产管理运营的基础设施、试点试验区等扶持力度，鼓励产学研协作，引导金融机构和社会资本投向数据资产领域。《关于金融支持天津高质量发展的意见》要求支持金融机构完善科技型企业信贷服务机制。开展知识产权保险试点，提升保险中介在科技保险领域的服务能力。培育天使投资人，鼓励社会资本按市场化方式设立创投基金、并购投资基金等，建立全周期科技创新投资体系。推进金融科技赋能发展，加强金融信息技术开发和产业应用对接，探索技术共研、场景共建、成果共用的合作模式。支持金融机构在依法合规、风险可控的前提下，开展智能信贷、智能投资顾问、智能投资研发等智能化金融服务。《关于促进数字中医药发展的若干意见》要求强化中医药行业数字化教育培训，全面提升数字化思维。鼓励相关高校开设具有中医药特色的数据科学和人工智能类专业，科学设定培养目标，优化教学内容，培养善于“转化数据、研究数据、挖掘数据、运用数据”的复合型人才，为中医药数字化发展打造坚实的人才底座。《关于加强自然资源领域基础研究的若干举措》要求支持一批自然资源部高层次科技创新领军人才在自然资源重大基础研究与业务实践的融合中，担当领衔重点攻关任务，培养造就一批基础研究战略科学家。在自然资源领域基础研究重大战略、重大规划咨询和重大任务实施中，加大对青年科技人才的使用力度，培养领军人才。鼓励充分利用“科教融合”平台和政策，给予承担国家重点研发计划等专项任务的优秀青年科学家单列招生指标，建设后备人才队伍。在国家科技计划项目中，加强自然资源领域基础研究任务的布局，设立长周期项目，提升国家重点研发计划青年科学家项目占比。积极推动与国家自然科学基金委设立自然资源联合基金项目。推动解决自然资源部年度重点基础问题和加强科技项目清单制管理。鼓励科研院所利用基本科研业务费、按规定可使用的结余经费和自有资金，引导地方、企业和社会资金等，以多元化方式支持基础研究工作。依托单位建立国家级、部级基础研究科技创新平台。《银行业金融机构数据治理指引》要求银行业金融机构应当建立良好的数据文化，树立数据是重要资产和数据应真实客观的理念与准则，加强用数意识，遵循依规用数、科学用数的职业操守。银行业金融机构应当建立一支满足数据治理工作需要的专业队伍，至少按年度对人员进行系统培训，科学规划职业成长路径，确定合理薪酬水平。《国家能源局关于加强电力可靠性数据治理 深化可靠性数据应用发展的通知》要求加强全行业的可靠性管理经验交流和帮扶指导，推进政府监管部门、电力企业、电力设备制造企业、行业协会、科研单位及技术咨询机构等协同互动，构建多层级、跨领域可靠性信息共享平台，促进可靠性信息应用推广落地，倡导行业自律和信用建设，营造合作共赢的友好发展环境。《推进综合交通运输大数据发展行动纲要（2020—2025 年）》要求组织开展综合交通运输公共信息资源开放创新活动，支持各类主体开展大数据创新创业。推动政企数据融合创新，引导行业公共企事业单位依法开放自有公共信息资源，形成良好数据开放生态。

十、数据保护方面

围绕数据安全法规、数据分级分类保护、协同治理、个人信息保护、技术防护、管理措施、应急响应等，我国各种数据政策提出了数据保护方面的基本要求。《全国一体化政务大数据体系建设指南》要求加强数据安全常态化检测和技术防护，建立健全面向数据的信息安全技术保障体系。充分利用电子认证，数据加密存储、传输和应用手段，防止数据篡改，推进数据脱敏使用，加强重要数据保护，加强个人隐私、商业秘密信息保护，严格管控数据访问行为，实现过程全记录和精细化权限管理。《关于构建数据基础制度更好发挥数据要素作用的意见》要求压实企业的数据治理责任。坚持“宽进严管”原则，牢固树立企业的责任意识和自律意识。鼓励企业积极参与数据要素市场建设，围绕数据来源、数据产权、数据质量、数据使用等，推行面向数据商及第三方专业服务机构的数据流通交易声明和承诺制。严格落实相关法律规定，在数据采集汇聚、加工处理、流通交易、共享利用等各环节中，推动企业依法依规承担相应责任。《数字中国建设整体布局规划》要求健全网络综合治理体系，深化网络管理体制改革，整合网络内容建设和管理职能，推进新闻宣传和网络舆论一体化管理，完善生成式人工智能发展和管理机制。《中共中央办公厅 国务院办公厅关于加快公共数据资源开发利用的意见》要求加强数据安全和个人信息保护，加强对数据资源生产、加工使用、产品经营等开发利用全过程的监督和管理。建立健全分类分级、风险评估、监测预警、应急处置等工作体系，开展公共数据利用的安全风险评估和应用业务规范性审查。运营机构应依据有关法律法规和政策要求，履行数据安全主体责任，采取必要安全措施，保护公共数据安全。加强技术能力建设，提升数据汇聚关联风险识别和管控水平。《国务院办公厅关于运用大数据加强对市场主体服务和监管的若干意见》要求各级人民政府应将使用信用信息和信用报告嵌入行政管理和公共服务的各领域、各环节中，并作为必要条件或重要参考依据。相关单位充分发挥行政、司法、金融、社会等领域的综合监管效能，在市场准入、行政审批、资质认定、享受财政补贴和税收优惠政策、企业法定代表人和负责人任职资格审查、政府采购、政府购买服务、银行信贷、招标投标、国有土地出让、企业上市、货物通关、税收征缴、社保缴费、外汇管理、劳动用工、价格制定、电子商务、产品质量、食品药品安全、消费品安全、知识产权、环境保护、治安管理、人口管理、出入境管理、授予荣誉称号等方面，建立跨部门联动响应和失信约束机制，对违法失信主体依法予以限制或禁入。相关单位建立各行业"黑名单"制度和市场退出机制，推动将申请人良好的信用状况作为各类行政许可的必备条件。

《促进大数据发展行动纲要》要求加强网络和信息安全保护，落实国家信息安全等级保护制度要求，加强对涉及国家安全重要数据的管理，加强对大数据相关技术、设备和服务提供商的风险评估和安全管理。加大网络和信息安全技术研发和资金投入力度，建立健全信息安全保障体系。采取必要的管理和技术手段，切实保护国家信息安全以及公民、法人和其他组织信息安全。加强有关执法部门间的数据流通，在法律许可和确保安全的前提下，加强对社会治理相关领域数据的归集、发掘及关联分析，加强应对和处理重大突发公共事件的数据支持，提高公共安全保障能力，推动构建智能防控、综合治理的公共安全体系，维护国家安全和社会安定。《国务院办公厅关于促进和规范健康医疗大数据应用发展的指导意见》要求整合社会网络公共信息资源，完善疾病敏感信息预警机制，及时掌握和动态分析全人群疾病发生趋势及全球传染病疫情信息等国际公共卫生风险，提高突发公共卫生事件预警与应急响应能力。整合环境卫生、饮用水、健康危害因素、口岸医学媒介生物和核生化等多方监测数据，有效评价影响健康的社会因素。开展重点传染病、职业病、口岸输入性传染病和医学媒介的生物监测，整合传染病、职业病多源监测数据，建立实验室病原检测结果快速识别网络体系，有效预防控制重大疾病。推动疾病危险因素监测评估和妇幼保健、老年保健、国际旅行卫生健康保健等智能应用，普及健康生活方式。开展大数据平台及服务商的可靠性、可控性和安全性评测以及应用的安全性评测和风险评估，建立安全防护、系统互联共享、公民隐私保护等软件评价和安全审查制度。加强大数据安全监测和预警，建立安全信息通报和应急处置联动机制，建立健全“互联网+健康医疗”服务安全工作机制，完善风险隐患化解和应对工作措施，加强对涉及国家利益、公共安全、患者隐私、商业秘密等重要信息的保护，加强医学院、科研机构等的安全防范。

《国务院关于加强数字政府建设的指导意见》要求推动社会治理模式从单向管理转向双向互动、从线下转向线上线下融合，着力提升矛盾纠纷化解、社会治安防控、公共安全保障、基层社会治理等领域数字化治理能力，提升社会矛盾化解能力。坚持和发展新时代“枫桥经验”，提升网上行政复议、网上信访、网上调解、智慧法律援助等水平，促进矛盾纠纷源头预防和排查化解。各地区各部门按照职责分工，统筹做好数字政府建设安全和保密工作，落实主体责任和监督责任，构建全方位、多层级、一体化安全防护体系，形成跨地区、跨部门、跨层级的协同联动机制。建立数字政府安全评估、责任落实和重大事件处置机制，加强对参与政府信息化建设、运营的企业进行规范管理，确保政务系统和数据安全管理边界清晰、职责明确、责任落实。《工业数据分类分级指南（试行）》要求企业针对三级数据采取的防护措施，应能抵御来自国家级敌对组织的大规模恶意攻击；针对二级数据采取的防护措施，应能抵御大规模、较强恶意攻击；针对一级数据采取的防护措施，应能抵御一般恶意攻击。《工业和信息化部关于工业大数据发展的指导意见》要求明确企业安全主体责任和各级政府监督管理责任，构建工业数据安全责任体系。加强态势感知、测试评估、预警处置等工业大数据安全能力建设，实现闭环管理，全面保障数据安全。《关于运用大数据推进防范治理电信网络诈骗长效机制建设工作方案》要求在技术平台方面，打造信息通信行业反诈大数据技术手段，持续提升大数据技术管控水平。在提升监管能力方面，进一步强化行业源头治理，健全创新事前防范、责任落实、成效评价、信用管理等制度。在完善工作机制方面，持续优化跨政企、跨行业、跨部门的联防联控工作机制，充分释放大数据在防范治理电信网络诈骗方面的强大效能。

《工业和信息化领域数据安全管理办法（试行）》要求工业和信息化领域数据处理者应当对数据处理活动负安全主体责任，对各类数据实行分级防护，不同级别数据同时被处理且难以分别采取保护措施的，应当按照其中级别最高的要求实施保护，确保数据持续处于有效保护和合法利用的状态中。工业和信息化部组织制定工业和信息化领域数据分类分级、重要数据和核心数据识别认定、数据分级防护等标准规范，指导相关部门开展数据分类分级管理工作，制定行业重要数据和核心数据具体目录并实施动态管理。根据数据遭到篡改、破坏、泄露或者非法获取、非法利用，对国家安全、公共利益或者个人、组织合法权益等造成的危害程度，工业和信息化领域数据分为一般数据、重要数据和核心数据三级。《工业领域数据安全标准体系建设指南（2023版）》要求安全运营标准用于规范工业领域安全运营方面，主要包括工业领域数据安全风险监测预警、监测接口、事件管理、事件分类分级、应急演练、应急预案与处置、信息上报与共享、数据容灾备份管理等标准。安全评估标准用于指导评估机构开展数据安全风险评估、能力评估、出境安全评估工作等方面，主要包括工业领域数据安全风险评估、数据安全能力评估、数据出境安全评估标准。《工业领域数据安全能力提升实施方案（2024—2026年）》提出要加大数据安全法律法规和政策标准宣传培训力度，提高各行业企业数据安全意识。督促企业依法依规落实数据安全主体责任，压实各单位法定代表人或主要负责人数据安全第一责任，建立健全数据安全管理体系和工作机制，配足数据安全岗位和人员队伍，定期开展数据安全教育培训。引导企业贯彻发展与安全并重的原则，将数据安全管理要求融入本单位发展战略和考核机制中，加强数据安全工作与业务发展同谋划、同部署、同落实、同考核。指导企业建立健全数据分类分级保护等安全管理制度，定期梳理识别重要数据和核心数据，形成目录并及时报备。遴选掌握关键核心技术、代表行业发展水平、关系产业链安全稳定或关乎国家安全的企业，滚动编制工业领域数据安全风险防控重点企业名录。指导企业围绕数据汇聚、共享、出境、委托加工等重点数据处理场景，排查数据安全保护薄弱点，实施贴合行业特点的数据保护措施。《工业领域数据安全能力提升实施方案（2024—2026年）》要求地方行业监管部门发现不符合法律法规和有关规定的，应当及时通知重要数据和核心数据处理者依法予以改正。地方行业监管部门在每年12月25日前，将本地区本年度评估报告接收和审核情况报送工业和信息化部。工业和信息化部视情对评估报告组织抽查审核。《工业和信息化部办公厅关于组织开展2024年工业领域数据要素应用场景征集工作的通知》要求发挥数据要素在设备管理、安全管控、资源配置、决策分析等运营管理方面的作用，提高设备综合效率，降低安全事故率，促进资源优化配置，实现决策高效智能。《新材料大数据中心总体建设方案》提出要推进材料数据和技术国际合作。广泛开展国际交流，积极跟踪国际发展前沿。应国际形势发展，通过联合研发等多种形式，加强国际合作，促进材料大数据和技术水平提升。积极参与相关国际规则、标准制定，推进材料数据标准规范建设。《关于加快构建全国一体化大数据中心协同创新体系的指导意见》要求加强材料基因领域创新人才队伍建设，注重产学研协同人才培养模式，强化材料科学与工程、数据科学与大数据技术、人工智能等多学科融合，开展人才培养和引进活动，集聚培养一批高水平领军人才和青年骨干人才，为材料大数据应用提供多层次创新人才。

落实网络安全法、数据安全法及商用密码管理条例等相关规定，建立数据安全分类分级保护制度，加强重要数据和核心数据识别与目录备案管理，构建监测预警、风险报送、应急处置、风险评估等机制。加快构建贯穿基础网络、数据中心、云平台、数据、应用等一体协同安全保障体系，提高大数据安全可靠水平。基础网络、数据中心、云服务平台等严格落实网络安全法律法规和政策标准要求，开展通信网络安全防护工作，同步规划、同步建设和同步运行网络安全设施，提升应对高级威胁攻击的能力。《数字经济2024

年工作要点》要求全面筑牢数字安全屏障，增强网络安全防护能力，健全数据安全治理体系，切实有效防范各类风险。《数据中心绿色低碳发展专项行动计划》要求各级节能主管部门、工业和信息化主管部门加大数据中心节能监察力度，将节能审查制度执行情况和节能审查意见落实情况纳入节能监察范围内，依法依规严肃处理违规新建项目、节能降碳量造假等行为，持续打击数据中心开展虚拟货币“挖矿”活动。省级市场监管部门对纳入重点用能单位管理的数据中心项目开展能源计量审查。《关于加强数据资产管理的指导意见》要求保护各类主体在依法收集、生成、存储、管理数据资产过程中的相关权益。鼓励各级党政机关、企事业单位等经依法授权具有公共事务管理和公共服务职能的组织（以下统称公共管理和服务机构）将在依法履职或提供公共服务过程中持有或控制的，预期能够产生管理服务潜力或带来经济利益流入的公共数据资源，作为公共数据资产纳入资产管理范畴中。涉及处理国家安全、商业秘密和个人隐私的，应当依照法律、行政法规规定的权限、程序进行，不得超出履行法定职责所必需的范围和限度。相关部门结合国家有关数据目录工作要求，按照资产管理相关要求，组织梳理统计本系统、本行业符合数据资产范围和确认要求的公共数据资产目录清单，登记数据资产卡片，暂不具备确认登记条件的可先纳入资产备查簿中。

《企业数据资源相关会计处理暂行规定》要求企业在编制资产负债表时，应当根据重要性原则并结合本企业的实际情况，在“存货”项目下增设“其中：数据资源”项目，反映资产负债表日确认为存货的数据资源的期末账面价值，在“无形资产”项目下增设“其中：数据资源”项目，反映资产负债表日确认为无形资产的数据资源的期末账面价值，在“开发支出”项目下增设“其中：数据资源”项目，反映资产负债表日正在进行数据资源研究开发项目满足资本化条件的支出金额。《数据库政府采购需求标准（2023 年版）》要求供应商在投标、响应环节出具关于提供数据库满足采购文件要求承诺函的，即视为相关产品符合要求。采购人在供应商投标、响应环节不得对数据库进行检测、认证，也不得要求供应商提供检测报告、认证报告。采购人应加强履约验收管理，按照采购合同约定对供应商提供的数据库进行验收，必要时委托依法取得检测、认证资质的机构进行检测、认证。对供应商未按合同约定提供数据库的，采购人应当依法追究其违约责任。《关于加强行政事业单位数据资产管理的通知》要求建立合理的数据资产收益分配机制，依法依规维护数据资产权益。行政单位数据资产使用形成的收入，按照政府非税收入和国库集中收缴制度的有关规定管理。各部门及其所属单位要认真贯彻总体国家安全观，严格遵守《中华人民共和国网络安全法》《中华人民共和国数据安全法》《中华人民共和国个人信息保护法》等法律制度规定，落实网络安全等级保护制度，建立数据资产安全管理制度和监测预警、应急处置机制，推进数据资产分类分级管理，把安全贯穿数据资产全生命周期管理，有效防范和化解各类数据资产安全风险，切实筑牢数据资产安全保障防线。各部门及其所属单位应当按规定做好国家数据安全风险评估。《关于金融支持天津高质量发展的意见》要求完善科技金融统计监测指标和监测评估机制，形成支持科技金融发展良好氛围。建立科技金融风险防控体系，强化对金融机构负债结构风险和资金错配风险的管理。建立健全与数字金融发展相适应的监管规则，防范潜在金融风险。提升金融机构社会风险管理能力，防范“洗绿”“漂绿”风险。加强中央与地方监管协同，严格执行中央统一的金融管理规则，接受中央金融管理部门的指导和监督。加强对地方金融组织的机构监管、行为监管、功能监管、穿透式监管、持续监管，坚持既管合法又管非法，确保金融监管无死角、无盲区、无例外。坚持管行业就必须管风险。加强监管队伍建设，严格执法，充分运用科技监管手段，提升监管能力和水平。完善数字化金融监管。强化监管科技运用和数字金融风险评估，提升金融监管数字化水平，加强数字化转型相关风险管理。加强金融数据安全保护，引导金融机构建立数字信息披露工作机制，完善数字金融安全治理体系。《银行业金融机构数据治理指引》要求银行业金融机构应当确立数据质量管理目标，建立控制机制，确保数据的真实性、准确性、连续性、完整性和及时性。银行业金融机构应当建立数据质量监控体系，覆盖数据全生命周期，对数据质量持续监测、分析、反馈和纠正。银行业金融机构应当建立数据质量现场检查制度，定期组织实施，原则上不低于每年一次，对重大问题要按照既定的报告路径提交，并按流程实施整改。《关于促进数字中医药发展的若干意见》实施数据分类分级保护，建立中医药数据流转、开发利用安全规范和安全风险评估机制，保障数据采集、传输、存储、处理、流通、使用过程中的数据安全，构建风险可控可信的数据流通安全环境，落实数据安全主体责任，明确行业主管部门、数源单位与用数单位的数据安全职责边界，推动数据安全规范化、标准化，保障中医药数据有序流通。《推进综合交通运输大数据发展行动纲要（2020—2025年）》提出要推动基于大数据的综合交通运输安全生产全流程监管，实现重点运营车辆、超限车辆、重点船舶及水域、重点建设工程、客运码头、危险货物港口装卸存储设施以及铁路运输、民航运行等安全生产风险的监测预警和重大风险的防范化解，利用大数据深化“平安交通”建设。整合跨部门、跨运输方式应急管理大数据，有效掌握重点领域和区域综合交通运输运行动态，及时获取突发事件信息、应急资源和力量分布，有力支撑综合交通运输应急处置和调度指挥。推动跨部门、跨行业、跨层级信用信息的归集和共享，利用大数据研究推进综合交通运输信用舆情监测、信用风险预警、信用指数分析等工作，推动信用信息在行政审批、行政检查、招投标等业务中深度应用，加快构建以信用为基础的综合交通运输新型监管机制。《广播电视和网络视听统计数据质量管理办法》提出广播电视和网络视听行业各单位应建立健全统计数据质量管理责任制。各单位的主要负责人对统计数据质量管理承担第一责任，分管负责人承担主要责任，统计人员承担直接责任。广播电视和网络视听行业各单位在数据整理、汇总过程中，应对基层数据进行复核。各省、自治区、直辖市人民政府广播电视主管部门及相关汇总单位在确保数据真实、准确的基础上，经单位主要负责人签字后，按时上报纸质统计报表。

十一、数据规范方面

围绕数据全生命周期管理，我国各种数据政策提出了数据规范方面的基本要求。《全国一体化政务大数据体系建设指南》要求以“人、数据、场景”关联管理为核心，建立健全工作责任机制，制定政务数据访问权限控制、异常风险识别、安全风险处置、行为审计、数据安全销毁、指标评估等数据安全管理规范，开展内部数据安全检测与外部评估认证，促进数据安全管理规范有效实施。《数字中国建设整体布局规划》要求加强网络空间法治建设，健全网络生态治理长效机制，健全未成年人网络保护工作体系。《中共中央办公厅 国务院办公厅关于加快公共数据资源开发利用的意见》要求运营机构应依据有关法律法规和政策要求，履行数据安全主体责任，采取必要安全措施，保护公共数据安全。加强技术能力建设，提升数据汇聚关联风险识别和管控水平。依法依规予以保密的公共数据不予开放，严格管控未依法依规公开的原始公共数据直接进入市场。《国务院办公厅关于运用大数据加强对市场主体服务和监管的若干意见》要求相关部门在研究制定市场监管制度和政策过程中，应充分运用大数据，建立科学合理的仿真模型，对监管对象、市场和社会反应进行预测，并就可能出现的风险提出处置预案，跟踪监测有关制度和政策的实施效果，定期评估并根据需要及时调整。《促进大数据发展行动纲要》要求在修订政府信息公开条例基础上，积极研究数据开放、保护等方面制度，实现对数据资源采集、传输、存储、利用、开放的规范管理，促进政府数据在风险可控原则下最大限度开放，明确政府统筹利用市场主体大数据的权限及范围。《国务院关于加强数字政府建设的指导意见》提出要推动形成国家法律和党内法规相辅相成的格局，全面建设数字法治政府，依法依规推进技术应用、流程优化和制度创新，消除技术歧视，保障个人隐私，维护市场主体和人民群众利益。持续抓好现行法律法规贯彻落实，细化完善配套措施，确保相关规定落到实处、取得实效。推动及时修订和清理现行法律法规中与数字政府建设不相适应的条款，将经过实践检验行之有效的做法及时上升为制度规范，加快完善与数字政府建设相适应的法律法规框架体系。《银行业金融机构数据治理指引》要求对数据治理不满足《中华人民共和国银行业监督管理法》等法律法规及国务院银行业监督管理机构审慎经营规则要求的银行业金融机构，银行业监督管理机构可采取相应措施：（一）要求其制订整改方案，责令限期改正；（二）与公司治理评价结果或监管评级挂钩；（三）依法采取监管措施及实施行政处罚。《广播电视和网络视听统计数据质量管理办法》要求凡未按照本办法建立健全广播电视和网络视听统计数据质量管理责任制，致使统计数据出现重大差错的单位和个人，依照《中华人民共和国统计法》《中华人民共和国统计法实施条例》等相关法律法规追究责任。

十二、数据违规防范方面

《中共中央关于进一步全面深化改革 推进中国式现代化的决定》要求运营机构应依法依规在授权范围内开展业务，不得实施与其他经营主体达成垄断协议或滥用市场支配地位等垄断行为，不得实施不正当竞争行为。《国务院办公厅关于运用大数据加强对市场主体服务和监管的若干意见》要求除法律法规明确规定外，对申请立项新建的部门信息系统，凡未明确部门间信息共享需求的，一概不予审批；对在建的部门信息系统，凡不能与其他部门互联共享信息的，一概不得通过验收；凡不支持地方信息共享平台建设、不向地方信息共享平台提供信息的部门信息系统，一概不予审批或验收。《促进大数据发展行动纲要》要求开展安全监测和预警通报工作，加强大数据环境下防攻击、防泄露、防窃取的监测、预警、控制和应急处置能力。《工业数据分类分级指南（试行）》要求工业数据遭篡改、破坏、泄露或非法利用时，企业应根据事先制订的应急预案立即进行应急处置。涉及三级数据时，企业还应将事件及时上报数据所在地的省级工业和信息化主管部门，并在应急工作结束后 30 日内补充上报事件处置情况。《关于运用大数据推进防范治理电信网络诈骗长效机制建设工作方案》指出，当前，电信网络诈骗方式和手法不断翻新，诈骗活动呈现从电话诈骗向互联网诈骗、从全国分布向重点边境地区集聚、从“短平快”诈骗向长线套路诈骗转变等趋势特点，技术对抗性日益加强。《工业和信息化领域数据安全管理办法（试行）》要求亟须运用大数据推进构建长效机制，为行业防范治理工作提供更加有力的数据支撑和能力支撑。《工业领域数据安全能力提升实施方案（2024—2026 年）》要求工业和信息化领域数据处理者收集数据应当遵循合法、正当的原则，不得窃取或者以其他非法方式收集数据。《工业和信息化部办公厅关于组织开展 2024 年工业领域数据要素应用场景征集工作的通知》要求针对勒索病毒攻击、漏洞后门、人员违规操作、非受控远程运维等易发频发风险场景，加强风险自查自纠，采取精准的管理和防护措施。面向数据要素大规模流通交易典型场景，打造一批安全解决方案。《新材料大数据中心总体建设方案》要求根据有关规定实施优先审查，促进专利价值实现。加大专利侵权行政裁决力度，严厉打击针对材料大数据产品的知识产权违法行为。《贯彻落实碳达峰碳中和目标要求 推动数据中心和5G等新型基础设施绿色高质量发展实施方案》要求各地加强对数据中心建设的统筹指导力度，坚决避免数据中心盲目无序发展。不支持规划新的数据中心集群，不支持新建大型和超大型数据中心项目。《关于加强数据资产管理的指导意见》要求数据资产权利主体应建立数据资产协同管理的应用价值风险防控机制，多方联动细化操作流程及关键管控点。鼓励借助中介机构力量和专业优势，有效识别和管控数据资产化、数据资产资本化以及证券化的潜在风险。公共数据资产权利主体在相关资产交易或并购等活动中，应秉持谨慎性原则扎实开展可研论证和尽职调查，规范实施资产评估，严防虚增公共数据资产价值。加强监督检查，对涉及公共数据资产运营的重大事项开展审计，将国有企业所属数据资产纳入内部监督重点检查范围内，聚焦高溢价和高减值项目，准确发现管理漏洞，动态跟踪价值变动，审慎开展价值调整，及时采取防控措施降低或消除价值应用风险。《关于加强行政事业单位数据资产管理的通知》要求任何行政事业单位及个人不得违反国家规定，多收、少收、不收、少缴、不缴、侵占、私分、截留、占用、挪用、隐匿、坐支数据资产相关收入。《关于金融支持天津高质量发展的意见》要求防控中小金融机构、私募基金风险。坚持市场化、法治化原则，采取加大不良资产清收处置力度、强化流动性风险管理、稳妥有序推动兼并重组、多措并举提升资产质量、加快战略投资者引进、持续深化改革等措施，稳妥化解天津中小金融机构、私募基金风险。加大风险处置力度，对高风险金融机构、私募基金分类施策处置风险，持续减少天津高风险金融机构数量，如期完成风险处置目标任务，有效阻断风险扩散和传染。

第五章

中国数据治理制度检视

第一节　中国数据治理的制度建设过程

一、我国数据治理的制度建设思路

（一）需求调研与问题梳理

随着信息技术的快速发展，数据的重要性日益凸显，数据泄露、滥用等问题不断出现，这对个人隐私、企业利益和国家安全构成威胁。相关部门会对这些现实问题进行调研，收集各方面的数据安全事件案例，分析数据治理面临的挑战和需求。例如，在个人信息保护方面，“徐玉玉案”等电信诈骗案件引发了社会对个人信息保护的广泛关注。数字经济的发展也需要规范的数据治理环境，来保障数据的合法、安全、有序流动，促进数字经济的健康发展。相关部门会研究数字经济发展过程中对数据治理的需求，包括数据的产权界定、交易规则、跨境流动等方面。

（二）立法规划与草案制定

在明确需求后，国家会进行立法规划，确定需要制定或完善的数据治理相关法律法规。例如，国家将数据安全法、个人信息保护法等纳入立法计划中，由相关部门组织法律专家、学者、行业代表等参与草案的制订工作。草案会根据数据治理的目标和原则，对数据的收集、存储、使用、加工、传输、提供、公开等各个环节的行为进行规范，明确数据处理者的义务和责任，以及相应的监管机制和法律责任。

（三）征求意见与审议修改

草案制订完成后，会向社会公开征求意见，包括通过官方网站、新闻媒体等渠道发布草案文本，邀请社会各界人士提出意见和建议。相关部门会认真研究这些意见和建议，对草案进行修改和完善。草案经过修改后，会提交立法机关进行审议。立法机关会对草案的合法性、合理性、可行性等进行深入审议，提出修改意见和建议。草案经过多次审议和修改后，才能通过。

（四）发布实施与宣传解读

经过立法机关审议通过后，法律法规会正式发布实施。发布后，相关部门会通过举办培训、研讨会、发布解读文章等方式，对法律法规进行宣传解读，帮助社会各界理解和遵守法律。

二、中国数据治理的制度建设阶段

（一）早期探索阶段（2000 年以前）

这一时期，我国数据治理相关的法律建设处于起步阶段。1994 年的《中华人民共和国计算机信息系统安全保护条例》、2000 年 9 月公布实施的国务院《中华人民共和国电信条例》是较早涉及数据相关领域的法规，但这些法规主要侧重计算机信息系统和电信领域的管理，对数据的专门治理规定较少。

（二）初步发展阶段（2000—2016）

随着互联网的普及和应用，数据不断产生，数据的使用量不断增加，数据安全问题逐渐受到关注。这一时期出台了一些与数据安全相关的法规和政策，如部分行业的信息安全管理规定等，但尚未形成系统的数据治理法律体系。这个阶段也是我国立法启动阶段，这是中国在数据治理领域的一个重要里程碑，我国对数据安全进行了原则性的规范，为后续的数据治理制度建设奠定了基础。

（三）快速发展阶段（2016 年至今）

2016 年，《中华人民共和国网络安全法》正式通过，这是我国第一部全面规范网络空间安全管理方面的基础性法律，为数据治理提供了重要的法律基础，这标志着我国数据治理法律体系建设进入了快速发展阶段。2021 年，

《中华人民共和国数据安全法》和《中华人民共和国个人信息保护法》相继通过并施行。《中华人民共和国数据安全法》是我国数据治理的基本遵循，确立了数据分类分级、跨境数据流动、数据交易管理等多项制度；《中华人民共和国个人信息保护法》是我国第一部专门针对个人信息保护的法律，对个人信息权益保障、处理规则等方面进行了详细的规定。我国对个人信息的收集、使用等方面进行了规范，体现了大数据快速发展背景下信息安全保护的急迫性。我国加快培育数据要素市场，培育发展新型要素形态，将数据提升到了要素的高度，推动了数据治理制度的快速发展。我国初步建立了数据基础制度体系，涵盖数据产权、流通交易、收益分配和安全治理四方面，提出了 20 项具体政策措施，为数据要素的市场化配置提供了制度保障。此外，我国还出台了《关键信息基础设施安全保护条例》《网络数据安全管理条例》等法规，以及一系列部门规章和政策文件，不断完善数据治理法律体系。

三、中国数据治理的制度建设现状

（一）法律体系不断完善

目前，我国已经形成了以《中华人民共和国网络安全法》《中华人民共和国数据安全法》《中华人民共和国个人信息保护法》为核心，以相关法规、部门规章和政策文件为配套的较为完善的数据治理法律体系。这些法律法规涵盖了数据的安全保护、个人信息保护、跨境数据流动、数据交易等多方面，为数据治理提供了全面的法律依据。

（二）执法力度不断加大

网信、工信、公安等部门积极落实数据安全监管执法活动，加大了对数据安全违法违规行为的处罚力度。例如，2023 年 2 月，工业和信息化部发布的《工业和信息化部行政执法事项清单（2022 年版）》中，涉及网络安全、数据安全和个人信息保护领域的行政执法项目达 57 项，执法对象已经覆盖线上线下各行业领域、不同规模的企业。

（三）标准化工作取得进展

国家标准在数据治理中发挥着重要作用。我国制定了一系列与数据安全和个人信息保护相关的国家标准，如《重要数据识别指南》《重要数据处理安全要求》等，这为数据治理活动提供了具体的技术方法和管理措施标准，有利于提高数据的互操作性、准确性和规范性。

（四）行业自律逐渐加强

各行业协会和企业也越来越重视数据治理，积极开展行业自律。一些行业协会制定了行业数据治理规范和标准，引导企业加强数据治理；企业也纷纷建立内部数据治理制度，加强对数据的管理和保护。

第二节 中国数据治理的制度梳理

一、法律制度方面

全国人大常委会 2017 年 6 月 1 日生效的《中华人民共和国网络安全法》，将个人信息保护视为网络运营者职责的一部分，要求网络运营者遵守相关规定，保障网络数据的安全。该法是我国网络安全领域的基础性法律，为网络数据的治理提供了重要的法律依据。比如，网络运营者在收集、存储用户个人信息时，应当遵循合法、正当、必要的原则。

2021 年 9 月 1 日生效的《中华人民共和国数据安全法》旨在规范数据处理活动，保障数据安全，促进数据开发利用，保护个人、组织的合法权益，维护国家主权、安全和发展利益。其确立了数据分类分级保护、数据安全风险评估、监测预警、应急处置、数据安全审查等基本制度，并明确了相关主体的数据安全保护义务。例如，我国对关系国家安全、国民经济命脉、重要民生、重人公共利益等数据，实行更加严格的管理制度

2021 年 11 月 1 日生效的《中华人民共和国个人信息保护法》聚焦个人信息保护，对个人信息的收集、存储、使用、加工、传输、提供、公开等处理活动进行了规范，明确了个人信息处理者的义务和责任，保障了个人的信息权益。例如，相关部门处理个人信息应当具有明确、合理的目的，并应当与处理目的直接相关，采取对个人权益影响最小的方式等。

2022 年 12 月 1 日生效的《中华人民共和国反电信网络诈骗法》规定：

(1) 用户信息登记与核验方面，全面落实电话用户实名登记，建立开卡数量核验与风险信息共享机制，涉诈异常电话卡用户重新核验，物联网卡用户管理。(2) 互联网服务提供者的责任方面，用户身份信息要求，涉诈异常账号处置，信息监测与移送。(3) 数据相关设备和软件的管理方面，禁止非法设备和软件的使用，识别与阻断接入。

二、行政法规方面

国务院 2011 年 1 月 8 日出台了《互联网信息服务管理办法》(2011 修订版)。此办法对互联网信息服务的规范管理进行了规定，包括对互联网信息服务提供者在数据收集、存储、处理、传输等环节的要求。互联网信息服务涉及大量用户数据和各类业务数据，该办法对保障这些数据在互联网环境下的合理使用和安全管理具有重要意义。

2018 年 3 月 17 日实施的《科学数据管理办法》，明确了我国科学数据管理的总体原则、主要职责、数据采集汇交与保存、共享利用、保密与安全等方面的内容，着重从五方面提出了具体管理措施。其中包括要求科技计划项目产生的科学数据进行强制性汇交，并通过科学数据中心进行规范管理和长期保存。

2021 年 9 月 1 日生效的《关键信息基础设施安全保护条例》，旨在保障关键信息基础设施的安全，维护网络安全。关键信息基础设施中涉及大量重要数据，对这些数据的保护和管理是数据治理的重要内容。其明确了关键信息基础设施的范围、保护责任主体、安全保护措施等方面的要求，为关键数据的安全治理提供了法律依据。

2025 年 1 月 1 日生效的《网络数据安全管理条例》坚持以习近平新时代中国特色社会主义思想为指导，深入贯彻习近平法治思想和习近平总书记关于网络强国的重要思想，在总体思路上主要把握了以下四点：一是坚持党的领导，全面贯彻党的二十大和二十届二中、三中全会精神，将习近平总书记关于网络数据安全管理的重要指示批示精神以及党中央、国务院决策部署落实到具体条文中。二是坚持总体国家安全观，统筹发展和安全，既加强网络数据安全保护，又鼓励和促进网络数据依法合理有效利用。三是坚持问题导向，聚焦个人信息、重要数据、网络数据跨境流动等方面突出问题，有针对性地健全制度措施。四是坚持统筹协调，妥善处理与《中华人民共和国网络安全法》《中华人民共和国数据安全法》《中华人民共和国个人信息保护法》等上位法的关系，对相关制度规定予以细化、补充、完善。

三、部门规章方面

国家互联网信息办公室 2022 年 9 月 1 日生效的《数据出境安全评估办法》规定数据出境安全评估坚持事前评估与持续监督相结合、风险自评估与安全评估相结合，防范数据出境安全风险，保障数据依法有序自由流动。

工业和信息化部 2013 年 9 月 1 日生效的《电信和互联网用户个人信息保护规定》，其主要内容包括保护电信和互联网用户的合法权益，维护网络信息安全。该规定旨在通过制定法规来保护电信和互联网用户的个人信息，确保服务提供者在提供电信服务和互联网信息服务过程中，能够合法、正当、必要地收集和使用用户个人信息。

2024 年 3 月 22 日生效的《促进和规范数据跨境流动规定》，为了保障数据安全，保护个人信息权益，促进数据依法有序自由流动，根据《中华人民共和国网络安全法》《中华人民共和国数据安全法》《中华人民共和国个人信息保护法》等法律法规，对数据出境安全评估、个人信息出境标准合同、个人信息保护认证等数据出境制度的施行，制定本规定。

自然资源部 2024 年 3 月 22 日生效的《自然资源领域数据安全管理办法》，鼓励自然资源领域数据依法共享开放和开发利用，支持数据创新应用。其积极构建数据开发利用和安全产业协调共进的发展模式，不断提升数据安全保障能力，维护国家安全、社会稳定、组织和个人权益。

市场监管总局 2024 年 4 月 7 日生效的《市场监督管理行政执法电子数据取证暂行规定》，规定市场监督管理部门可以利用互联网信息系统或者设备收集、固定电子数据。用来收集、固定电子数据的互联网信息系统或者设备应当符合相关规定，并记录使用的系统、设备、软件的名称和版本号。

财政部 2024 年 10 月 1 日生效的《会计师事务所数据安全管理暂行办法》，规定会计师事务所对核心数据、重要数据的存储处理，应当符合国家相关规定。存储核心数据的信息系统要落实四级网络安全等级保护要求。存储重要数据的信息系统要落实三级及以上网络安全等级保护要求。数据汇聚、关联后属于国家秘密事项的，应当依照有关保守国家秘密的法律、行政法规规定处理。

中国民用航空局 2024 年 6 月 4 日生效的《民航数据管理办法》《民航数据共享管理办法》，为落实数字中国建设整体部署，进一步加强和规范民航数据管理，保障数据安全，促进数据共享，激发数据价值，提升行业治理能力和服务水平，更好支撑民航高质量发展，智慧民航建设领导小组办公室组织编制了《民航数据管理办法》《民航数据共享管理办法》两部办法。两部办法充分参考国家数据管理有关规定，并结合民航实际，对民航行业数据管理等进行了详细规定。

四、司法解释方面

最高人民法院 2013 年 1 月 1 日施行的《最高人民法院关于审理侵害信息网络传播权民事纠纷案件适用法律若干问题的规定》是为了正确审理侵害信息网络传播权民事纠纷案件，依法保护信息网络传播权，促进信息网络产业健康发展，维护公共利益，根据《中华人民共和国民法典》《中华人民共和国著作权法》《中华人民共和国民事诉讼法》等有关法律规定，结合审判实际制定的。

2021 年 8 月 1 日生效的《最高人民法院关于审理使用人脸识别技术处理个人信息相关民事案件适用法律若干问题的规定》，适用于因信息处理者违反法律、行政法规的规定使用人脸识别技术处理人脸信息、处理基于人脸识别技术生成的人脸信息所引起的民事案件。其包括侵害自然人人格权益的行为认定、民事责任认定及考量因素、对信息处理者抗辩的限制、信息处理者不承担民事责任的情形、举证责任、多个信息处理者的责任承担、损害赔偿、人格权侵害禁令、物业服务企业的相关规定、格式条款效力、违约责任及信息删除、合并审理与公益诉讼等多方面。

最高人民检察院 2021 年 8 月 21 日发布的《关于贯彻执行个人信息保护法推进个人信息保护公益诉讼检察工作的通知》，旨在明确个人信息保护公益诉讼的办案重点，规范相关公益诉讼案件办理，切实履行好公益诉讼检察的法定职责。该通知是《中华人民共和国个人信息保护法》的实施细则之一，特别强调了个人信息保护的必要性，以及检察机关在个人信息保护公益诉讼中的角色和责任。

最高人民检察院 2023 年 4 月 18 日印发的《关于加强新时代检察机关网络法治工作的意见》，提出加强新时代网络法治工作是全面依法治国的必然要求，是网络强国建设的重要任务。其为人们认真学习贯彻党的二十大精神，依法能动履行法律监督职责，以检察工作现代化融入和助力网络法治工作现代化，更好维护政治安全、社会安定、人民安宁，更好保障网络强国、数字中国建设提供法律依据。

最高法、最高检 2019 年 11 月 1 日联合施行的《最高人民法院、最高人民检察院关于办理非法利用信息网络、帮助信息网络犯罪活动等刑事案件适用法律若干问题的解释》，规定了“网络服务提供者”的范围，包括网络接入、域名注册解析等信息网络接入、计算、存储、传输服务，信息发布、搜索引擎等信息网络应用服务，以及利用信息网络提供的电子政务、通信等公共服务的单位和个人。其涵盖了对“拒不履行信息网络安全管理义务”的认定、非法利用信息网络罪的“情节严重”认定、帮助信息网络犯罪活动罪中“明知”的认定等多方面。

第三节　中国数据治理制度的基本检视

我国数据治理的制度主要包括数据要素资产化、国家数据基础设施建设、国家数据资源体系建设、国家数据产权登记和国家数据流通交易、数据全流程合规与监管规则体系和国家数据安全治理等方面基本制度。笔者围绕国家数据要素资产化、国家数据基础设施建设、国家数据资源体系、数据产权登记、国家数据流通交易、数据全流程合规与监管规则体系以及国家数据安全治理等方面对我国数据治理制度进行基本检视。

一、数据要素资产化、国家数据基础设施建设等方面

我国数据要素资产化和国家数据基础设施建设方面，主要包括数据空间基础设施、国家融合基础设施、国家算力基础设施、国家信息基础设施、国家数据安全基础设施，数据采集存储平台、数据加工分析平台、数据流通交易平台、数据治理应用平台等内容。

《中华人民共和国网络安全法》规定，国家坚持网络安全与信息化发展并重，遵循积极利用、科学发展、依法管理、确保安全的方针，推进网络基础设施建设和互联互通，鼓励网络技术创新和应用，支持培养网络安全人才，建立健全网络安全保障体系，提高网络安全保护能力。国家制定并不断完善网络安全战略，明确保障网络安全的基本要求和主要目标，提出重点领域的网络安全政策、工作任务和措施。国家对公共通信和信息服务、能源、交通、水利、金融、公共服务、电子政务等重要行业和领域，以及其他一旦遭到破坏、丧失功能或者数据泄露，可能严重危害国家安全、国计民生、公共利益的关键信息基础设施，在网络安全等级保护制度的基础上，实行重点保护。关键信息基础设施的具体范围和安全保护办法由国务院制定。

《中华人民共和国数据安全法》规定，维护数据安全，应当坚持总体国家安全观，建立健全数据安全治理体系，提高数据安全保障能力。中央国家安全领导机构负责国家数据安全工作的决策和议事协调，研究制定、指导实施国家数据安全战略和有关重大方针政策，统筹协调国家数据安全的重大事项和重要工作，建立国家数据安全工作协调机制。

《中华人民共和国个人信息保护法》规定，国家建立健全个人信息保护制度，预防和惩治侵害个人信息权益的行为，加强个人信息保护宣传教育，推动形成政府、企业、相关社会组织、公众共同参与个人信息保护的良好环境。国家积极参与个人信息保护国际规则的制定，促进个人信息保护方面的国际交流与合作，推动与其他国家、地区、国际组织之间的个人信息保护规则、标准等互认。

《中华人民共和国反电信网络诈骗法》规定，反电信网络诈骗工作坚持以人民为中心，统筹发展和安全；坚持系统观念、法治思维，注重源头治理、

综合治理；坚持齐抓共管、群防群治，全面落实打防管控各项措施，加强社会宣传教育防范；坚持精准防治，保障正常生产经营活动和群众生活便利。《科学数据管理办法》规定，国务院科学技术行政部门牵头负责全国科学数据的宏观管理与综合协调，主要职责：（一）组织研究制定国家科学数据管理政策和标准规范；（二）协调推动科学数据规范管理、开放共享及评价考核工作；（三）统筹推进国家科学数据中心建设和发展；（四）负责国家科学数据网络管理平台建设和数据维护。《网络数据安全管理条例》规定，网络数据安全管理工作坚持中国共产党的领导，贯彻总体国家安全观，统筹促进网络数据开发利用与保障网络数据安全。《关键信息基础设施安全保护条例》规定，关键信息基础设施安全保护坚持综合协调、分工负责、依法保护，强化和落实关键信息基础设施运营者（以下简称运营者）主体责任，充分发挥政府及社会各方面的作用，共同保护关键信息基础设施安全。《自然资源领域数据安全管理办法》规定，在国家数据安全工作协调机制统筹协调下，自然资源部承担自然资源行业、领域数据安全监管职责，负责督促指导各省、自治区、直辖市自然资源主管部门、海洋主管部门（以下统称地方行业监管部门）开展数据安全监管。国家林业和草原局具体承担森林草原、湿地荒漠等数据安全监管职责，参照本办法制定具体制度。

二、国家数据资源体系、数据产权登记等方面

在国家数据资源体系、数据产权登记等方面，我国重点是强化各类数据资源汇聚与高质量供给，建立数据要素流通创新生态和国家数据资源储备体系（数据长城计划）。

（一）关于数据产权登记

《科学数据管理办法》规定，法人单位及科学数据生产者要按照相关标准规范组织开展科学数据采集生产和加工整理，形成便于使用的数据库或数据集。《民航数据管理办法》（征求意见稿）规定，民航数据实行统一目录管理，民航局数据统筹管理部门负责制定民航数据资源目录管理制度，明确数据资源登记与披露机制，统筹编制并发布《民航数据资源目录》，建立目录更新机制。民航局各业务主管部门和地区管理局负责开展本业务领域、本辖区

各民航单位数据资源调查工作，完成本业务领域、本辖区数据资源目录的审核、管理和更新维护工作。《民航数据共享管理办法（征求意见稿）》规定，民航共享数据实行统一目录管理和数据共享采集任务清单管理。共享数据资源目录应当明确数据名称、数据内容、数据格式、数据提供方、共享类型、安全等级、使用要求、使用条件、使用范围、更新频率、共享方式等基本信息。数据共享采集任务清单按照共享数据资源目录编制，明确责任分工。

（二）关于数据产权、数据资源持有权

《中华人民共和国个人信息保护法》规定，基于个人同意处理个人信息的，该同意应当由个人在充分知情的前提下自愿、明确作出。法律、行政法规规定处理个人信息应当取得个人单独同意或者书面同意的，从其规定。个人信息的处理目的、处理方式和处理的个人信息种类发生变更的，应当重新取得个人同意。处理敏感个人信息应当取得个人的单独同意；法律、行政法规规定处理敏感个人信息应当取得书面同意的，从其规定。个人信息处理者处理敏感个人信息的，除本法第十七条第一款规定的事项外，还应当向个人告知处理敏感个人信息的必要性以及对个人权益的影响；依照本法规定可以不向个人告知的除外。个人信息处理者处理不满十四周岁未成年人个人信息的，应当取得未成年人的父母或者其他监护人的同意。个人发现其个人信息不准确或者不完整的，有权请求个人信息处理者更正、补充。个人请求更正、补充其个人信息的，个人信息处理者应当对其个人信息予以核实，并及时更正、补充。

（三）关于数据加工使用权、数据产品经营权

《中华人民共和国个人信息保护法》规定，个人信息处理者不得以个人不同意处理其个人信息或者撤回同意为由，拒绝提供产品或者服务；处理个人信息属于提供产品或者服务所必需的除外。

（四）关于数据分类、分级确权授权机制

《科学数据管理办法》规定，法人单位及科学数据生产者要按照相关标准规范组织开展科学数据采集生产和加工整理，形成便于使用的数据库或数据集。法人单位要对科学数据进行分级分类，明确科学数据的密级和保密期限、开放条件、开放对象和审核程序等，按要求公布科学数据开放目录，通过在

线下载、离线共享或定制服务等方式向社会开放共享。《网络数据安全管理条例》规定，国家数据安全工作协调机制统筹协调有关部门制定重要数据目录，加强对重要数据的保护。各地区、各部门应当按照数据分类分级保护制度，确定本地区、本部门以及相关行业、领域的重要数据具体目录，对列入目录的网络数据进行重点保护。

《民航数据管理办法（征求意见稿）》规定，民航数据包括公共数据、企业数据、个人信息数据三类。“（一）公共数据是指民航各级行政机关、法律法规规章授权的具有管理行业公共事务职能的单位，以及航空运输企业、机场、空中交通管理机构、运输保障企业等民航公共服务运营单位，在依法履行职责或者提供公共服务过程中收集、产生的用于行业监管、安全保障、宏观调控、市场管理、运行监测等的数据。（二）企业数据是指从事民用航空活动的各运行主体、教育和科研机构、社会团体、企业等法人单位（以下统称“民航企事业单位”）在生产经营活动中采集加工的不涉及个人信息和公共利益的数据。政府履职或提供公共服务过程中所需的企业数据，在政府履职用途下同时属于公共数据，但须按本办法第六条第一款限定使用用途。（三）个人信息数据是指承载个人信息的数据。个人信息是以电子或者其他方式记录的与已识别或者可识别的自然人有关的各种信息，不包括匿名化处理后的信息。”

《自然资源领域数据安全管理办法》规定，自然资源部组织制定自然资源领域数据分类分级、重要数据和核心数据识别认定、数据安全保护等标准规范，指导开展数据分类分级管理工作，编制行业重要数据和核心数据目录并实施动态管理。国家林业和草原局按照自然资源领域数据分类分级标准规范，结合工作需要编制林草领域数据安全标准规范，指导开展林草数据分类分级工作，编制林草重要数据和核心数据目录并实施动态管理。

三、国家数据流通交易、数据全流程合规与监管规则体系方面

（一）关于数据流通准入

《民航数据管理办法（征求意见稿）》规定按目录要求采集，即按《民航数据资源目录》中各项数据的提供方应按照目录中的更新频率要求、格式

要求以及该数据相关标准规范组织开展数据采集工作。对列入《民航数据资源目录》的数据，数据提供方应当按照民航各级行政机关及行业公共事务职能单位的要求，无条件提供数据并向行业数据共享与服务平台归集，确保所提供数据与所掌握数据的一致性。关于数据采集一般要求是，数据提供方进行数据采集时应当遵循一数一源、一源多用的原则，规范本部门和本单位数据采集和维护流程，实现单位内数据的一次采集。关于数据质量与数据治理要求是，数据提供方作为数据的产生源头，应承担数据质量管理责任，建立健全数据全流程质量管控体系，加强数据质量事前、事中和事后的监督检查，开展数据比对、核查、纠错等工作，保障数据的准确性、完整性、时效性和一致性。

《电信和互联网用户个人信息保护规定》提出，电信业务经营者、互联网信息服务提供者应当制定用户个人信息收集、使用规则，并在其经营或者服务场所、网站等予以公布。未经用户同意，电信业务经营者、互联网信息服务提供者不得收集、使用用户个人信息。

（二）关于数据标准化建设

《中华人民共和国网络安全法》规定，国家建立和完善网络安全标准体系。国务院标准化行政主管部门和国务院其他有关部门根据各自的职责，组织制定并适时修订有关网络安全管理以及网络产品、服务和运行安全的国家标准、行业标准。《中华人民共和国数据安全法》规定，国家推进数据开发利用技术和数据安全标准体系建设。国务院标准化行政主管部门和国务院有关部门根据各自的职责，组织制定并适时修订有关数据开发利用技术、产品和数据安全相关标准。国家支持企业、社会团体和教育、科研机构等参与标准制定。《科学数据管理办法》规定，法人单位应建立科学数据质量控制体系，保证数据的准确性和可用性。《网络数据安全管理条例》规定，国家积极参与网络数据安全相关国际规则和标准的制定，促进国际交流与合作。

（三）关于数据定价

《自然资源领域数据安全管理办法》规定，自然资源部、国家林业和草原局推进自然资源领域数据开发利用和数据安全标准体系建设，组织开展相关标准制修订及推广应用。

（四）关于数据合规体系

《中华人民共和国网络安全法》规定，建设、运营网络者或者通过网络提供服务者，应当依照法律、行政法规的规定和国家标准的强制性要求，采取技术措施和其他必要措施，保障网络安全、稳定运行，有效应对网络安全事件，防范网络违法犯罪活动，维护网络数据的完整性、保密性和可用性。网络相关行业组织按照章程，加强行业自律，制定网络安全行为规范，指导会员加强网络安全保护，提高网络安全保护水平，促进行业健康发展。其同时规定，开展数据处理活动应当依照法律、法规的规定，建立健全全流程数据安全管理制度，组织开展数据安全教育培训，采取相应的技术措施和其他必要措施，保障数据安全。利用互联网等信息网络开展数据处理活动，应当在网络安全等级保护制度的基础上，履行上述数据安全保护义务。

《关键信息基础设施安全保护条例》规定，保护工作部门应当制定本行业、本领域关键信息基础设施安全规划，明确保护目标、基本要求、工作任务、具体措施。

《互联网信息服务管理办法》规定，作为管理方开展评估督查，民航局数据统筹管理部门应建立健全民航数据管理工作评价机制，会同民航局相关业务主管部门及地区管理局组织开展对各单位数据目录编制、数据质量、数据共享、数据应用、数据安全保障、数据平台建设、数据标准实施等情况的监督检查与工作评估，并将评估结果作为对领导干部考核评价的参考。（各单位配合督查并上报自评）民航企事业单位应当对监督检查工作予以配合，每年针对本单位数据管理情况开展自查，并将情况于次年 2 月底前报民航局数据统筹管理部门。民航企事业单位应完善本单位数据管理工作政策措施，保障所需资金、人员、设施等。民航局将公共数据管理、行业数据共享与服务平台等工作所需经费纳入政府资金预算中，并优先安排。（各单位信息化项目纳入数据要求）民航各企事业单位信息化项目立项申请前应充分考量数据管理工作，明确项目涉及数据权属（数据持有权、数据加工使用权、数据产品经营权等），将项目数据资源目录作为项目审批要素，并在与项目建设单位签署的合同或服务协议中设立数据管理相应专篇。项目验收前应将所涉及的数据纳入本单位数据资源目录中，并按程序上报辖区民航地区管理局。

《会计师事务所数据安全管理暂行办法》规定，会计师事务所对核心数据、重要数据的存储处理，应当符合国家相关规定。存储核心数据的信息系统要落实四级网络安全等级保护要求。存储重要数据的信息系统要落实三级及以上网络安全等级保护要求。数据汇聚、关联后属于国家秘密事项的，应当依照有关保守国家秘密的法律、行政法规规定处理。会计师事务所应当对审计业务相关的信息系统、数据库、网络设备、网络安全设备等设置并启用访问日志记录功能。涉及核心数据的，相关日志留存时间不少于三年；涉及重要数据的，相关日志留存时间不少于一年；涉及向他人提供委托处理、共同处理重要数据的相关日志留存时间不少于三年。

《市场监督管理行政执法电子数据取证暂行规定》规定，现场收集、提取电子数据，应当由两名以上具备行政执法资格的人员进行，必要时可以指派或者聘请有专门知识的人员辅助执法人员收集、提取电子数据。市场监督管理部门可以利用互联网信息系统或者设备收集、固定电子数据。用来收集、固定电子数据的互联网信息系统或者设备应当符合相关规定，并记录使用的系统、设备、软件的名称和版本号。执法人员提取电子数据时，应当制作笔录，由执法人员、电子数据持有人（提供人）签名或者盖章。电子数据持有人（提供人）无法签名、盖章或者拒绝签名、盖章的，执法人员应当在笔录中注明情况并采取录音、录像等方式记录，必要时可以邀请见证人现场见证。

（五）关于数据初次分配

在数据初次分配过程中，相关部门应关注市场决定价值，明确数据要素各参与方的权利和义务，保护其数据投入者的合法权益，向数据价值和使用价值的创造者合理倾斜。

《中华人民共和国个人信息保护法》规定，个人信息处理者应当根据个人信息的处理目的、处理方式、个人信息的种类以及对个人权益的影响、可能存在的安全风险等，采取下列措施确保个人信息处理活动符合法律、行政法规的规定，并防止未经授权的访问以及个人信息泄露、篡改、丢失。《网络数据安全管理条例》规定，网络数据处理者向其他网络数据处理者提供、委托处理个人信息和重要数据的，应当通过合同等与网络数据接收方约定处理目的、方式、范围以及安全保护义务等，并对网络数据接收方履行义务的情况进行监督。向其他网络数据处理者提供、委托处理个人信息和重要数据的处理情况记录，应当至少保存三年。网络平台服务提供者应当通过平台规则或者合同等明确接入其平台的第三方产品和服务提供者的网络数据安全保护义务，督促第三方产品和服务提供者加强网络数据安全管理。《关键信息基础设施安全保护条例》规定，运营者依照本条例和有关法律、行政法规的规定以及国家标准的强制性要求，在网络安全等级保护的基础上，采取技术保护措施和其他必要措施，应对网络安全事件，防范网络攻击和违法犯罪活动，保障关键信息基础设施安全稳定运行，维护数据的完整性、保密性和可用性。运营者应当建立健全网络安全保护制度和责任制，保障人力、财力、物力投入。运营者的主要负责人对关键信息基础设施安全保护负总责，领导关键信息基础设施安全保护和重大网络安全事件处置工作，组织研究解决重大网络安全问题。运营者应当设置专门安全管理机构，并对专门安全管理机构负责人和关键岗位人员进行安全背景审查。审查时，公安机关、国家安全机关应当予以协助。

《民航数据管理办法（征求意见稿）》规定，根据数据全生命周期处理活动场景，民航数据处理主体主要分为四类。一是数据提供方：进行数据的收集、存储、加工并提供数据的部门或单位。二是数据使用方：获取、应用数据的个人、部门或单位。三是数据管理方：依照国家法律法规和政策文件的授权，对本行业、本领域、本单位民航数据进行指导、监督管理的部门。四是数据平台方：负责建设、管理和运营各级数据共享与服务平台的部门、组织或单位。作为管理方的民航局数据统筹管理部门应统筹推进行业级数据共享工作，会同民航局各业务主管部门和地区管理局，建立统一的数据归集机制、共享申请机制和反馈机制，组织制定《民航共享数据资源目录》和数据共享采集任务清单，按职责分区域、分专业开展数据共享管理工作。作为平台方，即民航行业数据共享与服务平台作为行业数据共享总体服务门户和枢纽，应提供民航行业跨单位、跨领域、跨区域数据共享交换服务，统一对接民航与国务院各部门、各地方政府等跨行业数据共享交换业务。各分领域数据共享与服务平台负责提供民航各领域数据汇集、按需分发服务，并通过与民航行业数据共享与服务平台的对接，共同形成上下联动、条块结合的数据共享与服务能力。作为数据提供方的行业数据共享采集任务清单中的数据提供方，应根据《民航共享数据资源目录》的具体要求及平台的技术规范，将其需共享（包括无条件共享类和有条件共享类）的数据通过物理汇集或API接口方式汇集至民航行业或分领域数据共享与服务平台中，并保证汇集数据的合法性、完整性、准确性、时效性、可用性。各分领域数据共享与服务平台可通过API接口方式将数据接入民航行业数据共享与服务平台中。数据使用方可根据需要通过各级数据共享与服务平台提出数据共享申请，并明确数据使用范围与用途。属于无条件共享类的，可直接从平台获取数据或数据服务；属于有条件共享类的，由平台方及数据提供方审定许可后，获取数据及数据服务。

《电信和互联网用户个人信息保护规定》规定，电信业务经营者、互联网信息服务提供者在提供服务的过程中收集、使用用户个人信息，应当遵循合法、正当、必要的原则。电信业务经营者、互联网信息服务提供者对其在提供服务过程中收集、使用的用户个人信息的安全负责。

《自然资源领域数据安全管理办法》规定，数据处理者收集数据应当遵循合法、正当的原则，不得窃取或者以其他非法方式收集数据。法律法规对收集数据的目的、范围有规定的，应当在法律法规规定的目的和范围内收集。数据处理者开展数据加工使用处理活动，应当采取访问控制、数据防泄露、操作审计等管控措施，确保过程安全、合规、可控、可溯源，防范数据关联挖掘、分析过程中有价值信息和个人隐私泄露的安全风险，明确数据使用加工过程中的相关责任，保证数据的正当加工使用。加工使用过程中，数据处理者应当按照数据级别采取相应的措施保护数据的安全性，所使用的数据必须是真实可靠的，数据来源、收集过程须经过审查和核实。涉及利用数据进行自动化决策的，数据处理者应当保证决策的透明度和结果公平合理。加工使用重要数据和核心数据，数据处理者还应当实施严格的访问控制，建立数据可信可控、日志留存审计、风险监测评估、实时监控、应急处置、数据溯源等相关技术和管理机制。

《会计师事务所数据安全管理暂行办法》规定，会计师事务所应当在下列方面履行本所数据安全管理责任：“（一）建立健全数据全生命周期安全管理制度，完善数据运营和管控机制；（二）健全数据安全管理组织架构，明确数据安全管理权责机制；（三）实施与业务特点相适应的数据分类分级管理；（四）建立数据权限管理策略，按照最小授权原则设置数据访问和处理权限，定期复核并按有关规定保留数据访问记录；（五）组织开展数据安全教育培训；（六）法律法规规定的其他事项。”

《数据出境安全评估办法》规定，数据处理者应当在与境外接收方订立的法律文件中明确约定数据安全保护责任义务，至少包括以下内容：“（一）数据出境的目的、方式和数据范围，境外接收方处理数据的用途、方式等；（二）数据在境外保存地点、期限，以及达到保存期限、完成约定目的或者法律文件终止后出境数据的处理措施；（三）对境外接收方将出境数据再转移给其他组织、个人的约束性要求；（四）境外接收方在实际控制权或者经营范围发生实质性变化，或者所在国家、地区数据安全保护政策法规和网络安全环境发生变化以及发生其他不可抗力情形导致难以保障数据安全时，应当采取的安全措施；（五）违反法律文件约定的数据安全保护义务的补救措施、违约责任和争议解决方式；（六）出境数据遭到篡改、破坏、泄露、丢失、转移或者被非法获取、非法利用等风险时，妥善开展应急处置的要求和保障个人维护其个人信息权益的途径和方式。”

《最高人民法院关于审理使用人脸识别技术处理个人信息相关民事案件适用法律若干问题的规定》规定，当事人请求信息处理者承担民事责任的，人民法院应当依据《民事诉讼法》第六十四条及《最高人民法院关于适用〈中华人民共和国民事诉讼法〉的解释》第九十条、第九十一条，《最高人民法院关于民事诉讼证据的若干规定》的相关规定确定双方当事人的举证责任。信息处理者主张其行为符合《民法典》第一千零三十五条第一款规定情形的，应当就此所依据的事实承担举证责任。信息处理者主张其不承担民事责任的，应当就其行为符合本规定第五条规定的情形承担举证责任。多个信息处理者处理人脸信息侵害自然人人格权益，该自然人主张多个信息处理者按照过错程度和造成损害结果的大小承担侵权责任的，人民法院依法予以支持；符合《民法典》第一千一百六十八条、第一千一百六十九条第一款、第一千一百七十条、第一千一百七十一条等规定的相应情形，该自然人主张多个信息处理者承担连带责任的，人民法院依法予以支持。信息处理者利用网络服务处理人脸信息侵害自然人人格权益的，适用《民法典》第一千一百九十五条、第一千一百九十六条、第一千一百九十七条等规定。信息处理者处理人脸信息侵害自然人人格权益造成财产损失，该自然人依据《民法典》第一千一百八十二条主张财产损害赔偿的，人民法院依法予以支持。

《最高人民法院关于审理侵害信息网络传播权民事纠纷案件适用法律若干问题的规定》规定，网络服务提供者从网络用户提供的作品、表演、录音录像制品中直接获得经济利益的，人民法院应当认定其对该网络用户侵害信息网络传播权的行为负有较高的注意义务。网络服务提供者针对特定作品、表演、录音录像制品投放广告获取收益，或者获取与其传播的作品、表演、录音录像制品存在其他特定联系的经济利益，应当认定为前款规定的直接获得经济利益。网络服务提供者因提供网络服务而收取一般性广告费、服务费等，不属于本款规定的情形。

（六）关于数据二次、三次分配

《中华人民共和国网络安全法》规定，国家倡导诚实守信、健康文明的网络行为，推动传播社会主义核心价值观，采取措施提高全社会的网络安全意识和水平，形成全社会共同参与促进网络安全的良好环境。

《中华人民共和国数据安全法》规定，国家支持开展数据安全知识宣传普及工作，提高全社会的数据安全保护意识和水平，推动有关部门、行业组织、科研机构、企业、个人等共同参与数据安全保护工作，形成全社会共同维护数据安全和促进发展的良好环境。

国家支持开发利用数据提升公共服务的智能化水平。提供智能化公共服务，国家应当充分考虑老年人、残疾人的需求，避免对老年人、残疾人的日常生活造成障碍。

《关于加强新时代检察机关网络法治工作的意见》规定，聚焦网络空间未成年人权益，大力加强未成年人综合司法保护。国家应以“零容忍”的态度，依法严厉惩治侵害未成年人权益的网络犯罪。国家要持续深入开展党的二十大精神和习近平法治思想的网络宣传，把深入宣传贯彻党的二十大精神、习近平法治思想作为网络法治宣传的首要任务，把检察网络平台作为党的二十大精神宣传的重要阵地。我们要深入解读党的二十大精神、习近平法治思想、习近平总书记关于网络强国的重要思想的精髓要义，展示新时代网络法治工作的突出成就，讲好能动履职推动诉源治理的网络检察好故事，引领网络舆论，形成良好氛围，在网络宣传上展现法治新面貌、检察新作为，推动形成网上正面舆论形势。

《关于贯彻执行个人信息保护法推进个人信息保护公益诉讼检察工作的通知》要求，根据个人信息保护法有关规定，各级检察机关在履行公益诉讼检察职责时应当突出重点、从严把握以下方面：生物识别、宗教信仰、特殊身份、医疗健康、金融账号、行踪轨迹等敏感个人信息应当严格保护；儿童、妇女、残疾人、老年人、军人等特殊群体的个人信息需要特别保护；教育、医疗、就业、养老、消费等重点领域处理的个人信息，以及处理 100 万人以上的大规模个人信息应当重点保护；对因时间、空间等联结形成的特定对象的个人信息加强精准保护。

四、国家数据安全治理方面

（一）关于数据安全方面

《中华人民共和国网络安全法》规定，国家积极开展网络空间治理、网络技术研发和标准制定、打击网络违法犯罪等方面的国际交流与合作，推动构建和平、安全、开放、合作的网络空间，建立多边、民主、透明的网络治理体系。国家网信部门负责统筹协调网络安全工作和相关监督管理工作。国务院电信主管部门、公安部门和其他有关机关依照本法和有关法律、行政法规的规定，在各自职责范围内负责网络安全保护和监督管理工作。国家鼓励开发网络数据安全保护和利用技术，促进公共数据资源开放，推动技术创新和经济社会发展。国家支持创新网络安全管理方式，运用网络新技术，提升网络安全保护水平。各级人民政府及其有关部门应当组织开展经常性的网络安全宣传教育，并指导、督促有关单位做好网络安全宣传教育工作。大众传播媒介应当有针对性地面向社会进行网络安全宣传教育。国家支持企业和高等学校、职业学校等教育培训机构开展网络安全相关教育与培训，并采取多种方式培养网络安全人才，促进网络安全人才交流。

《中华人民共和国反电信网络诈骗法》规定，国家支持电信业务经营者、银行业金融机构、非银行支付机构、互联网服务提供者研究开发有关电信网络诈骗反制技术，用于监测识别、动态封堵和处置涉诈异常信息、活动。国家推进网络身份认证公共服务建设，支持个人、企业自愿使用，电信业务经营者、银行业金融机构、非银行支付机构、互联网服务提供者对存在涉诈异常的电话卡、银行账户、支付账户、互联网账号，可以通过国家网络身份认证公共服务对用户身份重新进行核验。

《科学数据管理办法》规定，法人单位应建立科学数据保存制度，配备数据存储、管理、服务和安全等必要设施，保障科学数据完整性和安全性。法人单位应加强科学数据人才队伍建设，在岗位设置、绩效收入、职称评定等方面建立激励机制。国务院科学技术行政部门应加强统筹布局，在条件好、资源优势明显的科学数据中心基础上，优化整合形成国家科学数据中心。

《关于加强新时代检察机关网络法治工作的意见》规定，聚焦数字经济健康发展，依法保护和规范数字技术、数字产业和数字市场，发挥知识产权检察办公室综合履职的优势，突出加大对集成电路、人工智能、大数据、云计算等重点领域核心技术的司法保护力度，依法加强对计算机软件、数据库、网络域名、数字版权、数字内容作品等网络知识产权的司法保护，依法惩治滥用知识产权排除市场竞争、阻碍创新的行为，推动数字技术成果的创新发展和转化。加强对“元宇宙”、人工智能、区块链、云计算等新技术新业态相关法律问题的前瞻研究，强化安全风险综合研判，准确把握创新发展与违法犯罪的界限，及时发现、精准惩治以新技术新业态为幌子实施的各类犯罪活动，既保护创新发展，又有效防范各类风险叠加演变。加强对企业数据产权的司法保护，依法惩治非法获取企业数据、侵犯企业商业秘密等的犯罪活动，保障数字产业创新发展。

《自然资源领域数据安全管理办法》规定，鼓励自然资源领域数据依法共享开放和开发利用，支持数据创新应用。积极构建数据开发利用和安全产业协调共进的发展模式，不断提升数据安全保障能力，维护国家安全、社会稳定、组织和个人权益。支持开展经常性的自然资源领域数据安全宣传教育。采取多种方式培养数据开发利用技术和数据安全专业人才，促进人才交流。

（二）关于数据保护方面

在数据保护方面，应注重数据安全法规、数据分级分类保护、协同治理、个人信息保护、技术防护、管理措施、应急响应等方面。《中华人民共和国网络安全法》规定，国家采取措施，监测、防御、处置源于中华人民共和国境内外的网络安全风险和威胁，保护关键信息基础设施免受攻击、侵入、干扰和破坏，依法惩治网络违法犯罪活动，维护网络空间安全。国家建立网络安全监测预警和信息通报制度。国家网信部门应当统筹协调有关部门加强网络安全信息收集、分析和通报工作，按照规定统一发布网络安全监测预警信息。

《中华人民共和国数据安全法》规定，国家建立数据分类分级保护制度，根据数据在经济社会发展中的重要程度，以及一旦遭到篡改、破坏、泄露或者非法获取、非法利用，对国家安全、公共利益或者个人、组织合法权益造成的危害程度，对数据实行分类分级保护。国家数据安全工作协调机制统筹协调有关部门制定重要数据目录，加强对重要数据的保护。国家建立数据安全应急处置机制。发生数据安全事件，有关主管部门应当依法启动应急预案，采取相应的应急处置措施，防止危害扩大，消除安全隐患，并及时向社会发布与公众有关的警示信息。国家建立数据安全审查制度，对影响或者可能影响国家安全的数据处理活动进行国家安全审查。《中华人民共和国个人信息保护法》规定，国家网信部门负责统筹协调个人信息保护工作和相关监督管理工作。国务院有关部门依照本法和有关法律、行政法规的规定，在各自职责范围内负责个人信息保护和监督管理工作。履行个人信息保护职责的部门在履行职责中，发现个人信息处理的活动存在较大风险或者发生个人信息安全事件的，可以按照规定的权限和程序对该个人信息处理者的法定代表人或者主要负责人进行约谈，或者要求个人信息处理者委托专业机构对其个人信息处理活动进行合规审计。个人信息处理者应当按照要求采取措施，进行整改，消除隐患。履行个人信息保护职责的部门在履行职责中，发现违法处理个人信息涉嫌犯罪的，应当及时移送公安机关依法处理。任何组织、个人有权对违法个人信息处理的活动向履行个人信息保护职责的部门进行投诉、举报。收到投诉、举报的部门应当依法及时处理，并将处理结果告知投诉、举报人。

《中华人民共和国反电信网络诈骗法》规定，国务院建立反电信网络诈骗工作机制，统筹协调打击治理工作。地方各级人民政府组织领导本行政区域内反电信网络诈骗工作，确定反电信网络诈骗目标任务和工作机制，开展综合治理。公安机关牵头负责反电信网络诈骗工作，金融、电信、网信、市场监管等有关部门依照职责履行监管主体责任，负责本行业领域反电信网络诈骗工作。人民法院、人民检察院发挥审判、检察职能作用，依法防范、惩治电信网络诈骗活动。电信业务经营者、银行业金融机构、非银行支付机构、互联网服务提供者承担风险防控责任，建立反电信网络诈骗内部控制机制和安全责任制度，加强新业务涉诈风险安全评估工作。银行业金融机构、非银行支付机构应当建立开立企业账户异常情形的风险防控机制。金融、电信、市场监管、税务等有关部门建立开立企业账户相关信息共享查询系统，提供联网核查服务。市场主体登记机关应当依法对企业实名登记履行身份信息核验职责，依照规定对登记事项进行监督检查，对可能存在虚假登记、涉诈异常的企业重点监督检查，依法撤销登记的，依照前款的规定及时共享信息，为银行业金融机构、非银行支付机构进行客户尽职调查和为依法识别受益所有人提供便利。

《科学数据管理办法》规定，法人单位和科学数据中心应按照国家网络安全管理规定，建立网络安全保障体系，采用安全可靠的产品和服务，完善数据管控、属性管理、身份识别、行为追溯、黑名单等管理措施，健全防篡改、防泄露、防攻击、防病毒等安全防护体系。科学数据中心应建立应急管理和容灾备份机制，按照要求建立应急管理系统，对重要的科学数据进行异地备份。《网络数据安全管理条例》规定，国家根据网络数据在经济社会发展中的重要程度，以及一旦遭到篡改、破坏、泄露或者非法获取、非法利用，对国家安全、公共利益或者个人、组织合法权益造成的危害程度，对网络数据实行分类分级保护。网络数据处理者应当建立健全网络数据安全事件应急预案，发生网络数据安全事件时，应当立即启动预案，采取措施防止危害扩大，消除安全隐患，并按照规定向有关主管部门报告。使用自动化采集技术等无法避免采集到非必要个人信息或者未依法取得个人同意的个人信息，以及个人注销账号的，网络数据处理者应当删除个人信息或者进行匿名化处理。法律、行政法规规定的保存期限未届满，或者删除、匿名化处理个人信息从技术上难以实现的，网络数据处理者应当停止除存储和采取必要的安全保护措施之外的处理。网络数据处理者在中华人民共和国境内运营中收集和产生的重要数据确需向境外提供的，应当通过国家网信部门组织的数据出境安全评估。网络数据处理者按照国家有关规定识别、申报重要数据，但未被相关地区、部门告知或者公开发布为重要数据的，不需要将其作为重要数据申报数据出境安全评估。

《关于加强新时代检察机关网络法治工作的意见》规定，聚焦维护网络系统安全、数据安全，依法加大对危害计算机信息系统安全犯罪的惩治力度。我国要深入贯彻落实《中华人民共和国网络安全法》《中华人民共和国数据安全法》等法律，加大对关键信息基础设施的司法保护力度，依法严惩网络黑客非法侵入、非法控制、破坏计算机信息系统特别是涉及国家安全、民生重要领域计算机信息系统等犯罪行为。我国要依法严惩针对我国重要信息系统、窃取关键数据，以及其他泄露、非法获取、非法利用数据的相关犯罪。我国推动压实网络运营者、数据处理者、关键信息基础设施运营者的信息网络安全管理、数据安全保护义务，依法惩治拒不履行网络安全管理义务的犯罪行为，筑牢网络数据安全屏障。

《电信和互联网用户个人信息保护规定》规定，电信业务经营者、互联网信息服务提供者应当采取以下措施防止用户个人信息泄露、毁损、篡改或者丢失：“（一）确定各部门、岗位和分支机构的用户个人信息安全管理责任；（二）建立用户个人信息收集、使用及其相关活动的工作流程和安全管理制度；（三）对工作人员及代理人实行权限管理，对批量导出、复制、销毁信息实行审查，并采取防泄密措施；（四）妥善保管记录用户个人信息的纸介质、光介质、电磁介质等载体，并采取相应的安全储存措施；（五）对储存用户个人信息的信息系统实行接入审查，并采取防入侵、防病毒等措施；（六）记录对用户个人信息进行操作的人员、时间、地点、事项等信息；（七）按照电信管理机构的规定开展通信网络安全防护工作；（八）电信管理机构规定的其他必要措施。”

《促进和规范数据跨境流动规定》规定，数据处理者向境外提供个人信息，符合下列条件之一的，免予申报数据出境安全评估、订立个人信息出境标准合同、通过个人信息保护认证：“（一）为订立、履行个人作为一方当事人的合同，如跨境购物、跨境寄递、跨境汇款、跨境支付、跨境开户、机票酒店预订、签证办理、考试服务等，确需向境外提供个人信息的；（二）按照依法制定的劳动规章制度和依法签订的集体合同实施跨境人力资源管理，确需向境外提供员工个人信息的；（三）紧急情况下为保护自然人的生命健康和财产安全，确需向境外提供个人信息的；（四）关键信息基础设施运营者以外的数据处理者自当年 1 月 1 日起累计向境外提供不满 10 万人个人信息（不含敏感个人信息）的。”前款所称向境外提供的个人信息，不包括重要数据。

《自然资源领域数据安全管理办法》规定，数据处理者应当对数据处理活动安全负主体责任，对各类数据实行分级防护，不同级别数据同时被处理且难以分别采取保护措施的，应当按照其中级别最高的要求实施保护，确保数据持续处于有效保护和合法利用的状态中。自然资源部按照国家相关标准和流程，组织建立自然资源领域数据安全风险监测机制，建立自然资源领域数据安全风险监测预警体系，划分数据安全风险和事件等级，组织建设数据安全监测预警技术手段，形成监测、溯源、预警、处置等能力，与相关部门加强信息共享。国家林业和草原局组织建立林草数据安全风险监测预警机制，划分林草数据安全风险和事件等级，组织建设林草数据监测预警技术手段。

《会计师事务所数据安全管理暂行办法》规定，会计师事务所应当按照法律、行政法规的规定和被审计单位所处行业数据分类分级标准确定核心数据、重要数据和一般数据。会计师事务所和被审计单位应当通过业务约定书、确认函等方式明确审计资料中核心数据和重要数据的性质、内容和范围等。会计师事务所应当采用网络隔离、用户认证、访问控制、数据加密、病毒防范、非法入侵检测等技术手段，及时识别、阻断和溯源相关网络攻击和非法访问，保障数据安全。会计师事务所应当建立数据安全应急处置机制，加强数据安全风险监测。发现数据外泄、安全漏洞等风险的，应当立即采取补救、处置措施。发生重大数据安全事件，导致核心数据或者重要数据泄露、丢失或者被窃取、篡改的，应当及时向有关主管部门报告。

《数据出境安全评估办法》规定，数据处理者向境外提供数据，有下列情形之一的，应当通过所在地省级网信部门向国家网信部门申报数据出境安全评估："（一）数据处理者向境外提供重要数据；（二）关键信息基础设施运营者和处理100万人以上个人信息的数据处理者向境外提供个人信息；（三）自上年1月1日起累计向境外提供10万人个人信息或者1万人敏感个人信息的数据处理者向境外提供个人信息；（四）国家网信部门规定的其他需要申报数据出境安全评估的情形。"《市场监督管理行政执法电子数据取证暂行规定》规定，对查封、扣押的原始存储介质，应当符合以下要求："（一）保证在不解除查封、扣押状态的情况下，无法使用或者启动原始存储介质。必要时，具备数据信息存储功能的电子设备和硬盘、存储卡等内部存储介质可以分别查封、扣押。（二）查封、扣押前后应当拍摄被查封、扣押原始存储介质的照片。照片应当反映原始存储介质查封、扣押前后的状况，清晰反映封口或者张贴封条处的状况。（三）查封、扣押具有无线通信功能的原始存储介质，应当采取信号屏蔽、信号阻断或者切断电源等措施。（四）对原始存储介质的充电线、数据线或其他必要的连接附属品一起查封、扣押。"其同时规定现场提取电子数据，应当遵守以下规定："（一）不得将提取的数据存储在原始存储介质中。（二）不得在目标系统中安装新的应用程序。如果因为特殊原因，需要在目标系统中安装新的应用程序的，应当在笔录中记录所安装的程序及目的。（三）应当在笔录中详细、准确记录实施的操作。"

《关于贯彻执行个人信息保护法推进个人信息保护公益诉讼检察工作的通知》规定，要延伸拓展公益诉讼检察职能，推动形成个人信息保护多元共治新格局。积极稳妥办理涉及互联网平台企业的相关案件，加强与行政机关协作配合，健全行政执法与公益诉讼检察衔接机制，加强与法院的沟通协调，深化个人信息保护公益诉讼的制度探索，加强学习宣传，积极营造推进个人信息公益保护的法治环境。

（三）关于数据规范方面

《中华人民共和国网络安全法》规定，网络产品、服务应当符合国家标准的强制性要求。网络产品、服务的提供者不得设置恶意程序。发现其网络产品、服务存在安全缺陷、漏洞等风险时，他们应当立即采取补救措施，按照规定及时告知用户并向有关主管部门报告。网络产品、服务的提供者应当为其产品、服务持续提供安全维护，在规定或者当事人约定的期限内，不得终止提供安全维护。网络产品、服务具有收集用户信息功能的，其提供者应当向用户明示并取得同意；涉及用户个人信息的，还应当遵守本法和有关法律、行政法规关于个人信息保护的规定。《互联网信息服务管理办法》规定，从事新闻、出版、教育、医疗保健、药品和医疗器械等互联网信息服务，依照法律、行政法规以及国家有关规定须经有关主管部门审核同意的，在申请经营许可或者履行备案手续前，应当依法经有关主管部门审核同意。从事经营性互联网信息服务的，除应当符合《中华人民共和国电信条例》规定的要求外，还应当具备下列条件："（一）有业务发展计划及相关技术方案；（二）有健全的网络与信息安全保障措施，包括网站安全保障措施、信息安全保密管理制度、用户信息安全管理制度；（三）服务项目属于本办法第五条规定范围的，已取得有关主管部门同意的文件。"从事经营性互联网信息服务的，应当向省、自治区、直辖市电信管理机构或者国务院信息产业主管部门申请办理互联网信息服务增值电信业务经营许可证（简称经营许可证）。

《关于加强新时代检察机关网络法治工作的意见》规定，积极参与网络立法制定修订工作。配合立法机关和行业主管部门，推动制定修订网络安全法、网络犯罪防治法、反不正当竞争法、未成年人网络保护条例等法律法规，提供司法实践样本，提出立法意见建议。积极适应网络违法犯罪迭代升级、网络行为多元发展的形势，围绕网络立法重点领域，注重通过类案监督提出相关立法建议，推动网络法律制度和司法规则的创新和生成。加快制定修订司法解释及规范性文件。会同有关部门加强网络犯罪法律适用问题研究，及时制定完善符合打击治理网络犯罪规律特点的追诉标准、证据调取规范、证据审查要求和证明规则、涉案资产处置办法等。研究制定网络治理领域办理检察公益诉讼案件的工作意见，完善相关案件管辖、起诉标准、举证责任、诉讼请求、诉讼监督等程序规定。加强对公民个人信息类型和刑事处罚标准的研究，推进完善对公民个人信息的法律保护体系。积极推动制定完善涉互联网民商事案件司法规则，依法规范网络民事主体和网络民事行为。细化完善网络侵权责任的具体规定，更好地平衡网络用户和网络服务提供者之间的利益关系。推进完善网络仲裁、网络公证活动的制度办法，探索规范检察监督的路径和方法。

《电信和互联网用户个人信息保护规定》规定，电信业务经营者、互联网信息服务提供者保管的用户个人信息发生或者可能发生泄露、毁损、丢失的，应当立即采取补救措施；造成或者可能造成严重后果的，应当立即向准予其许可或者备案的电信管理机构报告，配合相关部门进行调查处理。电信管理机构应当对报告或者发现的可能违反本规定的行为的影响进行评估。影响特别重大的，相关省、自治区、直辖市通信管理局应当向工业和信息化部报告。电信管理机构在依据本规定做出处理决定前，可以要求电信业务经营者和互联网信息服务提供者暂停有关行为，电信业务经营者和互联网信息服务提供者应当执行。《促进和规范数据跨境流动规定》规定，关键信息基础设施运营者以外的数据处理者自当年 1 月 1 日起累计向境外提供 10 万人以上、不满 100 万人个人信息（不含敏感个人信息）或者不满 1 万人敏感个人信息的，应当依法与境外接收方订立个人信息出境标准合同或者通过个人信息保护认证。属于本规定第三条、第四条、第五条、第六条规定情形①的，从其规定。通过数据出境安全评估的结果有效期为 3 年，自评估结果出具之日起计算。有效期届满，需要继续开展数据出境活动且未发生需要重新申报数据出境安

① 参见《促进和规范数据跨境流动规定》：国际贸易、跨境运输、学术合作、跨国生产制造和市场营销等活动中收集和产生的数据向境外提供，不包含个人信息或者重要数据的，免予申报数据出境安全评估、订立个人信息出境标准合同、通过个人信息保护认证。数据处理者在境外收集和产生的个人信息传输至境内处理后向境外提供，处理过程中没有引入境内个人信息或者重要数据的，免予申报数据出境安全评估、订立个人信息出境标准合同、通过个人信息保护认证。数据处理者向境外提供个人信息，符合下列条件之一的，免予申报数据出境安全评估、订立个人信息出境标准合同、通过个人信息保护认证：（一）为订立、履行个人作为一方当事人的合同，如跨境购物、跨境寄递、跨境汇款、跨境支付、跨境开户、机票酒店预订、签证办理、考试服务等，确需向境外提供个人信息的；（二）按照依法制定的劳动规章制度和依法签订的集体合同实施跨境人力资源管理，确需向境外提供员工个人信息的；（三）紧急情况下为保护自然人的生命健康和财产安全，确需向境外提供个人信息的；（四）关键信息基础设施运营者以外的数据处理者自当年 1 月 1 日起累计向境外提供不满 10 万人个人信息（不含敏感个人信息）的。前款所称向境外提供的个人信息，不包括重要数据。自由贸易试验区在国家数据分类分级保护制度框架下，可以自行制定区内需要纳入数据出境安全评估、个人信息出境标准合同、个人信息保护认证管理范围的数据清单（以下简称负面清单），经省级网络安全和信息化委员会批准后，报国家网信部门、国家数据管理部门备案。自由贸易试验区内数据处理者向境外提供负面清单外的数据，可以免予申报数据出境安全评估、订立个人信息出境标准合同、通过个人信息保护认证。

全评估情形的，数据处理者可以在有效期届满前 60 个工作日内通过所在地省级网信部门向国家网信部门提出延长评估结果有效期申请，经国家网信部门批准，可以延长评估结果有效期 3 年。《数据出境安全评估办法》规定，省级网信部门应当自收到申报材料之日起 5 个工作日内完成完备性查验。申报材料齐全的，将申报材料报送国家网信部门；申报材料不齐全的，应当退回数据处理者并一次性告知需要补充的材料。国家网信部门应当自收到申报材料之日起 7 个工作日内，确定是否受理，并书面通知数据处理者。

《市场监督管理行政执法电子数据取证暂行规定》规定，市场监督管理部门及其执法人员应当遵守法定程序，遵循有关技术标准，全面、客观、及时收集、提取涉案电子数据，确保电子数据的真实、合法。电子数据作为证据使用时，应当符合证据的合法性、真实性、关联性要求。市场监督管理部门依法向有关单位或个人收集提取电子数据，有关单位或个人应当如实提供。执法人员对履行职责过程中知悉的国家秘密、商业秘密、个人隐私应当依法保密。对查封、扣押、先行登记保存的原始存储介质或者提取的电子数据，需要进一步发现和提取与案件相关的线索和证据的，可以进行电子数据检查分析并制作笔录，记录检查分析基本情况、检查过程和检查结果等内容。市场监督管理部门接收或依法调取的其他国家机关收集、提取的与案件相关的电子数据，经查证属实可以作为行政执法案件的证据使用。

（四）关于数据违规违法惩戒方面

《中华人民共和国网络安全法》规定，任何个人和组织不得从事非法侵入他人网络、干扰他人网络正常功能、窃取网络数据等危害网络安全的活动；不得提供专门用于从事侵入网络、干扰网络正常功能及防护措施、窃取网络数据等危害网络安全活动的程序、工具；明知他人从事危害网络安全的活动的，不得为其提供技术支持、广告推广、支付结算等帮助。其同时规定，网络运营者不得泄露、篡改、毁损其收集的个人信息，未经被收集者同意，不得向他人提供个人信息，但是经过处理无法识别特定个人且不能复原的除外。任何个人和组织不得窃取或者以其他非法方式获取个人信息，不得非法出售或者非法向他人提供个人信息。依法负有网络安全监督管理职责的部门及其工作人员，必须对在履行职责中知悉的个人信息、隐私和商业秘密严格保密，不得泄露、出售或者非法向他人提供。任何个人和组织应当对其使用网络的行为负责，不得设立用于实施诈骗，传授犯罪方法，制作或者销售违禁物品、管制物品等违法犯罪活动的网站、通信群组，不得利用网络发布涉及实施诈骗，制作或者销售违禁物品、管制物品以及其他违法犯罪活动的信息。

《中华人民共和国数据安全法》规定，国家机关为履行法定职责的需要收集、使用数据，应当在其履行法定职责的范围内依照法律、行政法规规定的条件和程序进行；对在履行职责中知悉的个人隐私、个人信息、商业秘密、保密商务信息等数据应当依法予以保密，不得泄露或者非法向他人提供。《中华人民共和国反电信网络诈骗法》规定，对前往电信网络诈骗活动严重地区的人员，出境活动存在重大涉电信网络诈骗活动嫌疑的，移民管理机构可以决定不准其出境。从事电信网络诈骗活动受过刑事处罚的人员，设区的市级以上公安机关可以根据犯罪情况和预防再犯罪的需要，决定自处罚完毕之日起6个月至3年以内不准其出境，并通知移民管理机构执行。

《科学数据管理办法》规定，涉及国家秘密、国家安全、社会公共利益、商业秘密和个人隐私的科学数据，不得对外开放共享；确需对外开放的，要对利用目的、用户资质、保密条件等进行审查，并严格控制知悉范围。《网络数据安全管理条例》规定，任何个人、组织不得利用网络数据从事非法活动，不得从事窃取或者以其他非法方式获取网络数据、非法出售或者非法向他人提供网络数据等非法网络数据处理活动。大型网络平台服务提供者不得利用网络数据、算法以及平台规则等从事下列活动：“（一）通过误导、欺诈、胁迫等方式处理用户在平台上产生的网络数据；（二）无正当理由限制用户访问、使用其在平台上产生的网络数据；（三）对用户实施不合理的差别待遇，损害用户合法权益；（四）法律、行政法规禁止的其他活动。”

《关键信息基础设施安全保护条例》规定，国家对关键信息基础设施实行重点保护，采取措施，监测、防御、处置源于中华人民共和国境内外的网络安全风险和威胁，保护关键信息基础设施免受攻击、侵入、干扰和破坏，依法惩治危害关键信息基础设施安全的违法犯罪活动。任何个人和组织不得实施非法侵入、干扰、破坏关键信息基础设施的活动，不得危害关键信息基础设施安全。其同时规定，网信部门、公安机关、保护工作部门等有关部门，网络安全服务机构及其工作人员对在关键信息基础设施安全保护工作中获取的信息，只能用于维护网络安全，并严格按照有关法律、行政法规的要求确保信息安全，不得泄露、出售或者非法向他人提供。未经国家网信部门、国务院公安部门批准或者保护工作部门、运营者授权，任何个人和组织不得对关键信息基础设施实施漏洞探测、渗透性测试等可能影响或者危害关键信息基础设施安全的活动，对基础电信网络实施漏洞探测、渗透性测试等活动，应当事先向国务院电信主管部门报告。

《互联网信息服务管理办法》规定，互联网信息服务提供者不得制作、复制、发布、传播含有下列内容的信息："（一）反对宪法所确定的基本原则的；（二）危害国家安全，泄露国家秘密，颠覆国家政权，破坏国家统一的；（三）损害国家荣誉和利益的；（四）煽动民族仇恨、民族歧视，破坏民族团结的；（五）破坏国家宗教政策，宣扬邪教和封建迷信的；（六）散布谣言，扰乱社会秩序，破坏社会稳定的；（七）散布淫秽、色情、赌博、暴力、凶杀、恐怖或者教唆犯罪的；（八）侮辱或者诽谤他人，侵害他人合法权益的；（九）含有法律、行政法规禁止的其他内容的。"其同时规定违反本办法的规定，未取得经营许可证，擅自从事经营性互联网信息服务，或者超出许可的项目提供服务的，由省、自治区、直辖市电信管理机构责令限期改正，有违法所得的，没收违法所得，处违法所得 3 倍以上 5 倍以下的罚款；没有违法所得或者违法所得不足 5 万元的，处 10 万元以上 100 万元以下的罚款；情节严重的，责令关闭网站。违反本办法的规定，未履行备案手续，擅自从事非经营性互联网信息服务，或者超出备案的项目提供服务的，由省、自治区、直辖市电信管理机构责令限期改正；拒不改正的，责令关闭网站。制作、复制、发布、传播本办法第十五条所列内容之一的信息，构成犯罪的，依法追究刑事责任；尚不构成犯罪的，由公安机关、国家安全机关依照《中华人民共和国治安管理处罚法》《计算机信息网络国际联网安全保护管理办法》等有关法律、行政法规的规定予以处罚；对经营性互联网信息服务提供者，并由发证机关责令停业整顿直至吊销经营许可证，通知企业登记机关；对非经营性互联网信息服务提供者，并由备案机关责令暂时关闭网站直至关闭网站。

《民航数据管理办法（征求意见稿）》规定，按《民航数据资源目录》

中各项数据的提供方应按照目录中的更新频率要求、格式要求以及该数据相关标准规范组织开展数据采集工作。对列入《民航公共数据资源目录》的数据，数据提供方应当按照民航各级行政机关及行业公共事务职能单位的要求，无条件提供数据并向行业数据共享与服务平台归集，确保所提供数据与所掌握数据的一致性。数据提供方进行数据采集时应当遵循一数一源、一源多用的原则，规范本部门和本单位数据采集和维护流程，实现单位内数据的一次采集。在数据质量与数据治理方面，数据提供方作为数据产生源头，应承担数据质量管理责任，建立健全数据全流程质量管控体系，加强数据质量事前、事中和事后的监督检查，开展数据比对、核查、纠错等工作，保障数据的准确性、完整性、时效性和一致性。

《关于加强新时代检察机关网络法治工作的意见》要求，应聚焦人民群众获得感、幸福感、安全感，全链条惩治人民群众反映强烈的网络犯罪，始终保持对网络贩卖枪爆、网络贩毒、网络淫秽色情、网络赌博等犯罪活动的严打态势。按照打击惩治涉网黑恶犯罪专项行动工作方案，会同有关部门严厉打击利用信息网络实施“裸聊”敲诈、“套路贷”、软暴力催收、恶意索赔等犯罪活动的黑恶势力组织。依法全链条打击电信网络诈骗及关联犯罪，积极参与“断卡”“断流”“拔钉”等专项行动；依法追诉前端非法收集、提供、买卖公民个人信息，后端利用“跑分平台”、虚拟货币、直播打赏进行“洗钱”等犯罪。

《电信和互联网用户个人信息保护规定》规定，电信业务经营者、互联网信息服务提供者及其工作人员对在提供服务过程中收集、使用的用户个人信息应当严格保密，不得泄露、篡改或者毁损，不得出售或者非法向他人提供。电信业务经营者、互联网信息服务提供者委托他人代理市场销售和技术服务等直接面向用户的服务性工作，涉及收集、使用用户个人信息的，应当对代理人的用户个人信息保护工作进行监督和管理，不得委托不符合本规定有关用户个人信息保护要求的代理人代办相关服务。

《会计师事务所数据安全管理暂行办法》规定，会计师事务所及相关人员违反本办法规定的，应当按照《中华人民共和国注册会计师法》《中华人民共和国网络安全法》《中华人民共和国数据安全法》《中华人民共和国个人信息保护法》等法律、行政法规的规定予以处理处罚；涉及其他部门职责权限的，依法移送有关主管部门处理；构成犯罪的，移送司法机关依法追究刑事责任。相关部门工作人员在履行会计师事务所数据安全监管职责过程中，玩忽职守、滥用职权、徇私舞弊的，依法追究法律责任。

《数据出境安全评估办法》规定，任何组织和个人发现数据处理者违反本办法向境外提供数据的，可以向省级以上网信部门举报。国家网信部门发现已经通过评估的数据出境活动在实际处理过程中不再符合数据出境安全管理要求的，应当书面通知数据处理者终止数据出境活动。数据处理者需要继续开展数据出境活动的，应当按照要求整改，整改完成后重新申报评估。违反本办法规定的，依据《中华人民共和国网络安全法》《中华人民共和国数据安全法》《中华人民共和国个人信息保护法》等法律法规处理；构成犯罪的，依法追究刑事责任。

《最高人民法院关于审理使用人脸识别技术处理个人信息相关民事案件适用法律若干问题的规定》规定，信息处理者处理人脸信息有下列情形之一的，人民法院应当认定属于侵害自然人人格权益的行为："（一）在宾馆、商场、银行、车站、机场、体育场馆、娱乐场所等经营场所、公共场所违反法律、行政法规的规定使用人脸识别技术进行人脸验证、辨识或者分析；（二）未公开处理人脸信息的规则或者未明示处理的目的、方式、范围；（三）基于个人同意处理人脸信息的，未征得自然人或者其监护人的单独同意，或者未按照法律、行政法规的规定征得自然人或者其监护人的书面同意；（四）违反信息处理者明示或者双方约定的处理人脸信息的目的、方式、范围等；（五）未采取应有的技术措施或者其他必要措施确保其收集、存储的人脸信息安全，致使人脸信息泄露、篡改、丢失；（六）违反法律、行政法规的规定或者双方的约定，向他人提供人脸信息；（七）违背公序良俗处理人脸信息；（八）违反合法、正当、必要原则处理人脸信息的其他情形。"

《最高人民法院关于审理侵害信息网络传播权民事纠纷案件适用法律若干问题的规定》规定，网络用户、网络服务提供者未经许可，通过信息网络提供权利人享有信息网络传播权的作品、表演、录音录像制品，除法律、行政法规另有规定外，人民法院应当认定其构成侵害信息网络传播权行为。通过上传到网络服务器、设置共享文件或者利用文件分享软件等方式，将作品、表演、录音录像制品置于信息网络中，使公众能够在个人选定的时间和地点以下载、浏览或者其他方式获得的，人民法院应当认定其实施了前款规定的提供行为。有证据证明网络服务提供者与他人以分工合作等方式共同提供作品、表演、录音录像制品，构成共同侵权行为的，人民法院应当判令其承担连带责任。网络服务提供者能够证明其仅提供自动接入、自动传输、信息存储空间、搜索、链接、文件分享技术等网络服务，主张其不构成共同侵权行为的，人民法院应予支持。网络服务提供者以提供网页快照、缩略图等方式实质替代其他网络服务提供者向公众提供相关作品的，人民法院应当认定其构成提供行为。网络服务提供者在提供网络服务时教唆或者帮助网络用户实施侵害信息网络传播权行为的，人民法院应当判令其承担侵权责任。有下列情形之一的，人民法院可以根据案件具体情况，认定提供信息存储空间服务的网络服务提供者应知网络用户侵害信息网络传播权："（一）将热播影视作品等置于首页或者其他主要页面等能够为网络服务提供者明显感知的位置的；（二）对热播影视作品等的主题、内容主动进行选择、编辑、整理、推荐，或者为其设立专门的排行榜的；（三）其他可以明显感知相关作品、表演、录音录像制品为未经许可提供，仍未采取合理措施的情形。"网络服务提供者接到权利人以书信、传真、电子邮件等方式提交的通知，未及时采取删除、屏蔽、断开链接等必要措施的，人民法院应当认定其明知相关侵害信息网络传播权行为。

《最高人民法院、最高人民检察院关于办理非法利用信息网络、帮助信息网络犯罪活动等刑事案件适用法律若干问题的解释》规定，拒不履行信息网络安全管理义务，具有下列情形之一的，应当认定为刑法第二百八十六条之一第一款第一项规定的"致使违法信息大量传播"："（一）致使传播违法视频文件200个以上的；（二）致使传播违法视频文件以外的其他违法信息2000个以上的；（三）致使传播违法信息，数量虽未达到第一项、第二项规定标准，但是按相应比例折算合计达到有关数量标准的；（四）致使向2000个以上用户账号传播违法信息的；（五）致使利用群组成员账号数累计3000以上的通讯群组或者关注人员账号数累计3万以上的社交网络传播违法信息的；

（六）致使违法信息实际被点击数达到5万以上的；（七）其他致使违法信息大量传播的情形。”拒不履行信息网络安全管理义务，致使影响定罪量刑的刑事案件证据灭失，具有下列情形之一的，应当认定为刑法第二百八十六条之一第一款第三项规定的“情节严重”：“（一）造成危害国家安全犯罪、恐怖活动犯罪、黑社会性质组织犯罪、贪污贿赂犯罪案件的证据灭失的；（二）造成可能判处5年有期徒刑以上刑罚犯罪案件的证据灭失的；（三）多次造成刑事案件证据灭失的；（四）致使刑事诉讼程序受到严重影响的；（五）其他情节严重的情形。”拒不履行信息网络安全管理义务，具有下列情形之一的，应当认定为刑法第二百八十六条之一第一款第四项规定的“有其他严重情节”：“（一）对绝大多数用户日志未留存或者未落实真实身份信息认证义务的；（二）两年内经多次责令改正拒不改正的；（三）致使信息网络服务被主要用于违法犯罪的；（四）致使信息网络服务、网络设施被用于实施网络攻击，严重影响生产、生活的；（五）致使信息网络服务被用于实施危害国家安全犯罪、恐怖活动犯罪、黑社会性质组织犯罪、贪污贿赂犯罪或者其他重大犯罪的；（六）致使国家机关或者通信、能源、交通、水利、金融、教育、医疗等领域提供公共服务的信息网络受到破坏，严重影响生产、生活的；（七）其他严重违反信息网络安全管理义务的情形。”利用信息网络提供信息的链接、截屏、二维码、访问账号密码及其他指引访问服务的，应当认定为刑法第二百八十七条之一第一款第二项、第三项规定的“发布信息”。非法利用信息网络，具有下列情形之一的，应当认定为刑法第二百八十七条之一第一款规定的“情节严重”：“（一）假冒国家机关、金融机构名义，设立用于实施违法犯罪活动的网站的。（二）设立用于实施违法犯罪活动的网站，数量达到3个以上或者注册账号数累计达到2000以上的。（三）设立用于实施违法犯罪活动的通讯群组，数量达到5个以上或者群组成员账号数累计达到1000以上的。（四）发布有关违法犯罪的信息或者为实施违法犯罪活动发布信息，具有下列情形之一的：1. 在网站上发布有关信息100条以上的；2. 向2000个以上用户账号发送有关信息的；3. 向群组成员数累计达到3000以上的通讯群组发送有关信息的；4. 利用关注人员账号数累计达到3万以上的社交网络传播有关信息的。（五）违法所得1万元以上的。（六）两年内曾因非法利用信息网络、帮助信息网络犯罪活动、危害计算机信息系统安全受过行政处罚，又非法利用信息网络的。（七）其他情节严重的情形。"

第四节　中国数据治理的制度建设方向

中国数据治理的制度建设方向，也是中国数据治理的体制机制建设需要进一步改进的地方。总体来说，我国应集中在以下几方面。

一是提高法律法规的可操作性。进一步细化法律法规的条款，制定具体的操作指南和实施细则，明确各项规定的具体适用范围、执行标准和程序，减弱法律适用的模糊性和不确定性，降低执法和守法的成本。针对新兴的数据处理技术和应用场景，如人工智能、大数据分析、区块链等，及时制定相关的法律解释和规范，确保法律法规能够适应技术的发展。

二是加强国际合作与协调。积极参与国际数据治理规则的制定，加强与其他国家和地区在数据跨境流动、数据安全保护等方面的合作与交流，建立互信、互利的数据治理国际合作机制。借鉴国际上先进的数据治理经验和做法，结合我国实际情况，不断完善我国的数据治理法律体系，提高我国在国际数据治理领域的话语权和影响力。

三是强化监管协同机制。建立健全跨部门、跨地区的监管协同机制，加强网信、工信、公安、市场监管等部门之间的沟通与协作，形成监管合力，提高监管效率。加强对数据治理监管的技术支撑，利用大数据、人工智能等技术手段，提高监管的精准性和有效性，及时发现和处理数据安全问题。

四是提升公众意识和参与度。加强对公众的数据安全和隐私保护教育，提高公众的数据安全意识和自我保护能力，引导公众正确使用数据，维护自己的合法权益。建立公众参与的数据治理机制，鼓励公众参与数据治理的监督和决策，充分发挥公众的监督作用，促进数据治理的公开、透明和民主。

五是推动数据产权制度的完善。进一步明确数据的产权归属，建立健全数据产权的登记、交易、保护等制度，促进数据的合法流通和交易，激发数据要素的市场活力。探索数据产权的多元化分配机制，平衡数据所有者、处理者、使用者等各方的利益，推动数据产业健康发展。

总的来说，随着全球科技革命和产业变革的深入推进，数字经济蓬勃发展，数据治理法律体制建设越发重要。我国在这一进程中面临诸多挑战，如数字弱势群体平等权保护困境，包括权利和义务不对等、法律保护模式滞后等；个人信息保护在数字治理领域存在不足，需推进立法精细化、建立强力监管机构和完善公民参与机制；政府数据治理体系建设尚处探索阶段，存在数据权属不清、安全保障不到位等问题。同时，跨境数据流动治理面临国际规则碎片化、国内立法争议以及监管实践困境。为应对这些问题，学者们提出了相应对策，如借鉴美国立法模式构建数字弱势群体法律保护体系、以健全制度保护公民个人信息、加强政府数据治理的法治建设、完善跨境数据流动治理等。此外，我国还积极开展各类研讨会、培训活动和专项执法检查活动，提升各行业对数据安全的重视程度，严格监督法律执行情况，推动形成良好的数据治理生态。总之，我国需不断完善数据治理法律体制，以适应数字经济发展的需求。

第六章

中国数据治理的体制机制建设

第一节　中国数据治理的体制机制现状

一、中国数据治理的管理机构设置方面

国家数据局负责协调推进数据基础制度建设，统筹数据资源整合共享和开发利用，统筹推进数字中国、数字经济、数字社会规划和建设等。这一机构的成立体现了国家对数据治理的高度重视，也为数据治理工作提供了有力的组织保障。

截至 2024 年 2 月，我国共有 21 个地方省级数据局集中正式挂牌，地方数据局多在省政府原有已设立的大数据中心或者政务服务局等职能机构基础上增加或者修改名称，其大数据管理职能的整合仍在不断完善。

目前，我国应建立健全国家数据行政管理体制。一是明确管理者及其职责权限。强化和规范管理者管理数据的权力，限制管理者违规乃至违法行使管理数据的权力。二是明确被管理者权利和义务，被管理者的权利行使和义务履行要依法依规进行。三是明确被管理者救济方式及途径，保障被管理者的合法权益不受侵犯。

各级数据统筹管理机构应进一步加强数据治理的组织保障，建立各级数据统筹管理机构，负责协调和推进数据要素治理工作。这些机构可以制定数据治理政策和规划，统筹数据资源管理，加强数据安全监管，促进数据流通

交易，推动数据产业发展。

各级数据统筹管理机构，应高度重视重要领域国家数据资源库建设，进一步加强资源整合能力。我国要建设重要领域国家数据资源库，整合和管理重要领域的数据资源，为国家决策、经济发展和社会治理提供数据支持。例如，建设国家金融数据资源库、国家工业数据资源库等。①

各级数据统筹管理机构，应充分发挥数字经济发展部际联席会议功能和作用，协调各部门推进数据治理工作，营造良好的数据要素市场环境，包括加强政策协同、完善市场规则、促进公平竞争、保护消费者权益等方面。

国家数据管理机构除了履行数据管理的基本职能外，还推动数据治理政策和法规完善，主要集中在以下三个领域。

一是安全领域。进一步明确窃取、刺探、收买、非法提供国家秘密、情报以及其他关系国家安全和利益的文件、数据、资料、物品均违法。此外，《中华人民共和国保守国家秘密法》等相关法律也在不断修订和完善，加强了对数据安全的保护。

二是发展领域。进一步明确未来中国数据和行业融合发展的目标和重点行动，推动数据与各行业深度融合。

三是企业管理。进一步明确构建“市场主导、政府引导、多方共建”的数据资产治理模式。

二、中国数据治理的社会组织设置方面

中国数据治理的管理机构，应高度重视数据治理方面的各种协会、学会、研究会、联合会的组建、发展、壮大，还应高度重视数据治理方面的学校及科研院所数据治理方面的专业设立、学科设置等。

数字中国建设，首先要完善数字基础设施和数据资源体系两个底座。

只有政府、企业、社会协同治理，创新政府治理机制，压实企业责任意识和自律意识，发挥行业协会等社会力量，我国才能共同构建行之有效的数据安全保障体系。在数据治理方面，我国要注重两种机制建设。

① 中共中央 国务院印发《数字中国建设整体布局规划》［EB/OL］. 中国政府网，2023-02-27.

一是数据要素治理机制。建立健全发改委“数据沙箱”机制。防范化解重大风险，创新政府数据治理机制。压实企业的数据治理责任，使其承担的社会责任与拥有的权益相匹配。鼓励发挥数据要素领域行业协会作用，形成社会力量多方参与的协同治理体系，实现对数据要素的共同治理。①

二是数据安全治理机制。注重构建数据安全合规有序跨境流通机制。首先要开放合作：开展国际交流合作、参与国际标准规则制定、支持外资进入开放领域。其次要跨境监督：探索数据跨境流动方式、依法依规开展国家安全审查、构建数据跨境流动监管机制。

第二节　中国数据治理的基础制度方面

2020 年 11 月 2 日，中央全面深化改革委员会第十六次会议审议通过，2021 年 1 月，中共中央办公厅、国务院办公厅印发的《建设高标准市场体系行动方案》在提出“夯实市场体系基础制度”时指出，要全面完善产权保护制度。

一、完善平等保护产权的法律法规体系

我国推进实施刑法修正案（十一），落实打击非公有制企业工作人员侵害企业财产权益等相关犯罪的规定，加强对非公有制经济财产权的刑法保护。出台实施关于审理专利授权确权行政案件若干问题的规定。完善专利法、著作权法相关配套法规。进一步细化完善国有产权交易各项制度。全面清理对不同所有制经济产权区别对待的法规。

二、健全产权执法司法保护制度

启动第二批涉产权纠纷案件再审工作。完善涉企产权保护案件的申诉、

---

① 国家发展和改革委员会．加快构建中国特色数据基础制度体系 促进全体人民共享数字经济发展红利［EB/OL］．求是网，2023-01-01.

复查、再审等机制。推动涉产权冤错案件依法甄别纠正常态化机制化。总结涉政府产权纠纷问题专项治理行动成功经验，研究建立常态化工作机制。严格规范公检法机关涉案财物处置程序，建立健全有效衔接的涉案财物处置制度体系。

三、强化知识产权保护

推进实施审理侵犯商业秘密民事案件适用法律若干问题的规定，出台审理涉药品上市审评审批专利民事案件适用法律若干问题的规定。制定出台知识产权侵权惩罚性赔偿适用法律若干问题的解释，对恶意侵权、长时间持续侵权、商标侵权等行为，严格执行侵权惩罚性赔偿制度。探索建立知识产权侵权快速反应机制。做好商标代理管理办法、地理标志产品保护规定、官方标志保护办法等部门规章的制定修订工作。研究制定药品专利保护、跨境电商领域知识产权保护规则，编制发布企业知识产权保护指南和知识产权保护国别指南。优化专利、商标等申请和审查程序，提高审查效率，压缩审查时间。建立健全专利、商标等无形资产评估管理体系。

四、健全农村集体产权制度

全面推开农村集体产权制度改革试点，完善农村集体产权确权和保护制度，分类建立健全集体资产清产核资、登记、保管、使用、处置制度和财务管理监督制度。规范农村产权流转交易，切实防止集体经济组织内部少数人侵占、非法处置集体资产，防止外部资本侵吞、非法控制集体资产。完善集体产权资产评估、流转交易、担保等综合服务体系，加强农村土地经营权流转规范管理和服务。

第三节 中国数据治理的主要领域方面

我国数据治理涵盖数据产权、流通交易、收益分配和安全治理等关键领域，这些领域构成了我国数据治理的制度框架，即我们通常说的“四项制度”。该制度是我国数据治理的顶层设计，与国家治理体系和治理能力现代化紧密相关，为数据治理提供宏观指导和政策依据。

一、数据产权领域

（一）根据数据产权结构性分置制度，应明确数据资源持有权、数据加工使用权、数据产品经营权的“三权”分置结构

具体而言，一是数据资源持有权，即明确数据的归属主体对数据资源拥有的基本权利。这有助于确定数据的初始所有者，为后续的数据加工和使用提供合法性基础。例如，企业在收集用户数据时，需要明确其对这些数据资源的持有权范围，不能随意滥用或转让。二是数据加工使用权，是赋予数据加工者在合法合规的前提下，对数据进行处理、分析和挖掘的权利。这对推动数据的价值创造至关重要。比如，数据分析公司可以依据此权利对收集到的数据进行深度分析，为企业提供决策支持。三是数据产品经营权，是允许数据产品的开发者和所有者对其数据产品进行经营和销售的权利。这能够激励数据创新，促进数据产业的发展。例如，数据服务提供商可以将其开发的数据产品推向市场，获取经济收益。

（二）通过数据分类分级确权授权机制，加大数据高质量供给力度

一是在目的上，加大数据高质量供给力度。二是在分类上，做好公共数据、企业数据、个人数据的授权使用、权益激励、受托机制。三是在分级上，按照数据安全风险确立分级准则，将工业数据分为一般数据、重要数据和核心数据三级。不同级别的数据，在安全管理和访问控制上有不同的要求。[①] 关于一般数据，其安全风险较低，可以在相对宽松的条件下进行流通和使用。关于重要数据，其具有一定的安全风险，需要采取较为严格的安全措施进行保护，在授权使用时需要进行严格的审查。关于核心数据，其安全风险高，对国家经济、社会和安全具有重大影响，必须实行最严格的安全管理和访问控制。

---

① 工业和信息化部办公厅．工业和信息化部办公厅关于印发《工业数据分类分级指南（试行）》的通知［EB/OL］．中国政府网，2020-02-27.

二、流通交易领域

在数据流通交易领域，我们应关注数据全流程合规与监管规则体系建设、数据交易场所和数据要素流通与交易服务生态。具体而言，第一，要完善数据全流程合规与监管规则体系。其包括以下五点内容。一是流通准入规则，制定数据进入流通市场的准入标准，确保只有符合安全、质量和合法性要求的数据才能进行流通交易。例如，对数据的来源、准确性、完整性和合规性进行审查，防止非法或低质量数据进入市场。第二，数据流通方式，探索多样化的数据流通方式，包括数据交易、数据共享、数据租赁等。不同的流通方式适应不同的场景和需求，为数据的高效流通提供更多选择。第三，标准化建设，建立数据标准体系，包括数据格式、数据质量、数据安全等方面的标准，提高数据的互操作性和可流通性。例如，制定统一的数据格式标准，使不同来源的数据能够方便地进行整合和分析。第四，数据定价机制，研究建立科学合理的数据定价方法，考虑数据的价值、成本、市场需求等因素，确定数据的价格。这有助于促进数据的公平交易，提高数据资源的配置效率。第五，合规体系建设，加强数据流通交易的合规管理，建立健全数据合规审查、风险评估和监督机制，确保数据流通交易活动符合法律法规和政策要求。

二是要构建规范高效的数据交易场所。数据流通基础设施助力多层次市场交易体系建设，包括场内和场外两方面。场内有国家级数据交易场所、区域性数据交易场所、行业性数据交易平台。这些交易场所应具备完善的交易规则、安全保障和监管机制，确保交易的公平、公正、公开。在集中交易过程中，我们要关注数据交易场所和数据商功能分离。我们要明确数据交易场所和数据商的职责和功能，交易场所主要提供交易平台和服务，数据商则负责数据产品的开发、发布、承销等业务，提高数据交易的质量和效率。场外是分散交易，允许数据在交易场所之外进行分散交易，但也需要加强监管，确保交易的合法性和安全性。例如，企业之间可以通过直接协商进行数据交易，但必须遵守相关的法律法规和合同约定。

三是要培育数据要素流通和交易服务生态，重点培育两类主体。第一，数据商，提供数据产品开发、发布、承销等服务，提高数据交易质量和效率。

例如，数据商可以根据市场需求，开发定制化的数据产品，满足不同用户的需求。第二，第三方服务机构，开展数据集成、经纪、合规等业务，提高全流程服务能力。这些机构可以帮助数据供需双方进行对接，提供数据清洗、整合、分析等服务，提高数据的可用性和价值。

三、收益分配领域

在收益分配领域，我们要按照“谁投入、谁贡献，谁受益”的原则，健全初次分配机制，同时更好发挥政府在二次、三次分配中的引导调节作用，关注公共利益和相对弱势群体，推动大型数据企业积极承担社会责任，实现共同富裕。

在初次分配方面。一是要健全数据要素由市场评价贡献、按贡献决定报酬的机制，即根据数据要素在生产经营中的贡献程度，由市场来评价其价值，并按照贡献大小确定报酬。这有助于激励数据所有者和使用者积极参与数据要素的开发和利用，提高数据要素的配置效率。二是要按照“谁投入、谁贡献，谁受益”的原则，保护各参与方投入产出收益，明确数据要素各参与方的权利和义务，保护其在数据投入、贡献过程中的合法权益，确保其能够获得相应的收益。例如，企业在数据采集、存储、处理等方面投入了大量资源，应根据其贡献获得相应的回报。三是要推动数据要素收益向数据价值和使用价值的创造者合理倾斜。鼓励数据创新和价值创造，将数据要素收益更多地分配给那些为数据价值和使用价值做出重要贡献的主体。例如，数据科学家通过对数据的分析和挖掘，为企业创造了巨大的价值，应获得相应的收益回报。

在二次、三次分配方面。一是要更好发挥政府在数据要素收益分配中的引导调节作用，政府通过税收、财政转移支付等手段，对数据要素收益进行再分配，调节收入差距，促进社会公平。例如，对数据企业征收适当的税收，用于支持公共数据资源建设和数字基础设施建设。二是要更加关注公共利益和相对弱势群体，推动大型数据企业积极承担社会责任，在数据要素收益分配中，要充分考虑公共利益和相对弱势群体的需求，鼓励大型数据企业通过捐赠、公益项目等方式，回馈社会，促进共同富裕。例如，大型互联网企业可以利用其数据资源和技术优势，为贫困地区提供数字教育、医疗等服务。三是要提高社会数字素养、消除数字鸿沟，保障民生福祉、促进共同富裕。通过加强数字教育和培训，提高社会公众的数字素养，缩小数字鸿沟，使更多人能够分享数字经济发展的成果。同时，将数据要素收益用于保障民生福祉方面，促进社会公平和共同富裕。

四、安全治理领域

安全治理领域主要包括数据安全保障体系建设和数据安全合规、数据安全保护及数据安全管理两方面内容。

一方面，在数据安全保障体系建设方面，通过政府、企业、社会协同治理和保障措施，落实数据安全法规制度，建立健全数据安全治理体系，完善数据分类分级保护制度，落实网络安全等级保护、关键信息基础设施安全保护等制度，加强个人信息保护，提升数据安全保障水平。

一是协同治理。作为政府，其需要创新政府治理机制，守住安全底线，明确监管红线。政府应加强对数据安全的监管，制定完善的数据安全法规和政策，建立健全数据安全监管体系，加强对数据流通交易活动的监督检查，确保数据安全。作为企业，其需要压实企业责任意识和自律意识。企业作为数据的主要使用者和管理者，应承担起数据安全保护的主体责任，建立健全数据安全管理制度，加强数据安全技术防护，提高数据安全管理水平。作为社会，其需要充分发挥行业协会等社会力量，规范市场发展秩序。行业协会可以制定行业标准和规范，加强行业自律，促进数据流通交易市场的健康发展。同时，社会公众也应提高数据安全意识，积极参与数据安全监督。

二是保障措施之稳步推进制度建设。国家要逐步完善数据产权界定、流通和交易、收益分配等主要领域关键环节政策及标准，加强数据产权保护、市场制度建设等理论研究和立法研究，推动完善相关法律制度，为数据要素治理提供制度保障。①

另一方面，数据安全合规、数据安全保护和数据安全管理，这些都是数

① 以上数据基础制度建设内容大部分来自：中共中央 国务院关于构建数据基础制度更好发挥数据要素作用的意见［EB/OL］. 中国政府网，2022-12-19.

据治理的主要目标任务，应当分别从符合政策法规、提升技术防护能力和提高管理成熟度等方面保障数据安全。具体而言，我国要做到如下三点。

一是要数据安全合规。为符合国家政策、法律法规强制性标准等要求，以降低违法违规风险为目标所做的数据安全工作。

二是要数据安全保护。为提升信息系统的安全防护能力，降低系统脆弱性和被恶意攻击的风险，确保数据的保密性、完整性、可用性，以降低技术层面的安全风险为目标所做的数据安全工作。

三是要数据安全管理。为提升数据管理能力、数据安全能力、数据治理能力的成熟度，从组织建设、制度流程、技术工具、人员能力等维度入手，以更好发挥数据作用为目标所做的数据安全工作。其包括技术防护、管理措施、应急响应等方面，保障数据的安全和可靠。

第四节　中国数据治理的政策与制度支持方面

我国在数据治理的诸多方面存在着应当需要高度关注的问题，如通过流通交易政策与制度，如何培育数据要素流通和交易服务生态，如何做到有效市场、有为政府，充分发挥市场机制作用，推动数据资源有效配置，强化企业在激活数据要素价值中的主体地位，如何更好发挥政府作用，扩大公共数据资源供给范围，维护良好竞争秩序。在数据安全政策与制度上，如何切实加强组织领导，统一思想认识，加大改革力度，抓好推进落实加强整体工作统筹，促进跨地区、跨部门、跨层级协同联动；如何加大政策与制度支持力度，做大做强数据要素型企业，引导创业投资企业加大对数据要素型企业投入力度，支持实体经济企业数字化转型开展信用融资，探索数据资产入表新模式；如何通过及时发布政策与出台制度积极鼓励试验探索，支持有条件的地区、行业、企业先行先试数据要素价值释放机制，推动数据资源丰富、作用效益明显的领域率先突破，发挥示范引领作用；如何推动数据要素相关技术和产业应用创新，在需求牵引上注重实效，聚焦重点行业和领域，挖掘高价值数据要素应用场景，培育数据商，繁荣数据产业生态，激励多方主体积极参与数据要素开发利用；如何通过及时发布政策与出台制度建立创新容错机制，探索完善政策标准和体制机制，及时跟进相关政策和稳步推进制度建设，逐步完善数据产权界定、流通和交易、收益分配和安全治理等主要领域关键环节等行规标准及相关政策与制度；如何通过及时发布政策与出台制度加强数据产权保护、市场制度建设等理论研究和立法研究，推动完善相关政策与法律制度。

在全球数字经济蓬勃发展的背景下，中国作为数字经济大国，正在积极推进数据要素的市场化配置，旨在充分释放数据潜力，推动经济高质量发展。近期，国家数据局在全球数字经济大会上透露，国家数据局将陆续推出八项关键制度文件，涵盖数据产权、数据流通、收益分配、安全治理、公共数据开发利用、企业数据开发利用、数字经济高质量发展以及数据基础设施建设指引等方面。这些制度文件的出台，将为我国数字经济的发展提供坚实的政策与制度保障和明确的发展路径。具体而言，其主要是指以下八方面。

一、数据产权制度

明确权属，保护权益。数据产权制度是数据要素市场化配置的基础。明确数据的权属关系，保护数据主体的合法权益，是激发数据要素活力的前提。国家数据局将推动建立数据产权登记制度，规范数据产权的确认、登记和流转，确保数据要素的有序流动和高效利用。

二、数据流通制度

打破孤岛，促进共享。数据流通制度的建立旨在打破数据孤岛，促进数据在不同主体之间的共享和交换。通过构建安全、可信、高效的数据流通机制，降低数据交易成本，提高数据利用效率。同时，加强对数据流通的监管，防止数据滥用和泄露，保障数据安全和保护个人隐私。

三、收益分配制度

激励创新，共享价值。合理的收益分配机制是激发数据生产者和使用者积极性的关键。国家数据局将探索建立基于数据价值的收益分配模式，确保数据生产者、处理者、使用者等各方能够公平合理地分享数据带来的经济收益。这将有助于激励数据创新和应用，推动数字经济的高质量发展。

四、安全治理制度

强化防护，保障安全。随着数据量的爆炸性增长和数据应用场景的不断拓展，数据安全风险日益凸显。国家数据局将加强数据安全治理，建立健全数据安全防护体系，包括数据加密、访问控制、安全审计等措施，确保数据在采集、存储、处理、传输等各个环节中安全可控。

五、公共数据开发利用制度

开放共享，服务民生。公共数据是政府管理和服务过程中产生的重要资源。国家数据局将推动公共数据的开放共享，制定公共数据开放目录和开放计划，鼓励社会各界利用公共数据进行创新应用，提升政府服务效率和民生福祉。

六、企业数据开发利用制度

创新应用，培育新动能。企业数据是企业运营和决策的重要依据。国家数据局将鼓励企业加强数据治理和开发利用，推动企业数据的创新应用，培育数据驱动的新业态新模式，增强企业的核心竞争力和创新能力。

七、数字经济高质量发展制度

战略规划，政策引导。数字经济高质量发展是我国的战略目标。国家数据局将制定数字经济高质量发展的战略规划、政策措施和评估体系，引导数字经济向更高水平迈进。我国通过优化产业结构、提升创新能力、加强人才培养等措施，推动数字经济实现可持续发展。

八、数据基础设施建设指引

夯实基础，支撑发展。数据基础设施是数字经济发展的重要支撑。国家数据局将发布数据基础设施建设指引，明确数据基础设施建设的目标、任务和重点方向。我国通过加强数据中心、云计算平台、大数据中心等基础设施建设，提升数据收集、存储、处理和分析能力，为数字经济的创新发展提供有力保障。

综上所述，国家数据局近年来陆续推出的八项制度文件，涵盖了数据要素市场化配置的各个环节和关键领域。这些制度文件的出台，将为我国数字经济的发展提供完善的制度保障和明确的发展路径。随着这些制度的逐步实施和完善，我国数字经济将迎来更加广阔的发展前景和更加强劲的发展动力。①

① 国家数据局局长刘烈宏一文讲透“数据要义×”（北大演讲全文）［EB/OL］. 澎湃网，2024-01-12.

第七章

中国数据治理政策与制度一体化建设思考

第一节　中国数据治理政策与制度建设的价值取向

我国数据治理的政策与制度，在价值上毫无疑问应当始终取于治理的宗旨同根性与功能同效性。笔者认为，主要应基于以下几方面。

一、建立健全数据安全政策与法规

完善的数据安全政策与法规是数据保护的基石。国家应制定全面、细致的数据安全政策与法律法规，明确数据相关各方的权利与义务，规范数据的全生命周期行为。例如，数据安全法应涵盖数据的采集、存储、使用、传输、共享、销毁等各个环节的安全要求，对数据处理者的安全责任进行详细规定，包括建立健全数据安全管理制度、采取必要的数据安全防护措施、定期开展数据安全评估等。同时，国家针对不同行业与领域的数据特点，制定相应的行业数据安全法规，如金融数据安全法规、医疗数据安全法规等，进一步细化行业数据安全管理规范，确保数据在特定行业环境下的安全性。此外，国家加强数据安全法规的宣传与培训，提高数据处理者与社会公众的数据安全法律意识，使数据安全法规得到有效贯彻与执行。

数据处理者在进行数据处理活动时，应遵循一系列规范要求。在数据采集环节，如前所述，相关部门要确保采集的合法性、正当性与必要性，详细告知数据主体相关信息并获得有效授权。在数据存储环节，国家应按照数据分级分类要求选择合适的存储方式与存储环境，实施严格的访问控制与数据备份策略。在数据使用环节，数据使用者明确数据的使用目的与使用范围，不得超出授权范围使用数据。例如，企业在进行数据分析时，只能使用与分析目的相关的数据，不得将数据用于其他无关业务或非法目的。在数据传输环节，数据使用者采用安全可靠的传输协议与加密技术，保障数据在传输过程中的完整性与保密性。例如，企业内部网络与外部网络之间的数据传输，应采用虚拟专用网络（VPN）或安全套接层协议（SSL/TLS）等加密传输技术，防止数据在传输过程中被窃取或篡改。在数据共享环节，相关部门要对共享对象进行严格的安全评估与授权管理，签订数据共享协议，明确双方的数据安全责任与义务。例如，企业与合作伙伴进行数据共享时，应对合作伙伴的数据安全防护能力、信誉等进行评估，在共享协议中详细规定数据共享的范围、方式、期限、安全措施等内容。

关于数据运营活动，国家也需要建立规范的运营准则。数据运营者应建立健全数据运营管理体系，包括数据质量管理、数据价值评估、数据产品开发与运营等。在数据质量管理方面，数据运营者制定数据质量标准与评估指标，定期对运营数据进行质量检查与评估，及时发现并纠正数据质量问题。例如，数据运营企业每月对其运营的用户数据进行质量评估，检查数据的准确性、完整性、一致性等指标，对质量不达标的数据进行清洗、修复或删除。在数据价值评估方面，数据运营者采用科学合理的评估方法与模型，对数据的潜在价值、市场需求、应用场景等进行分析与评估，为数据产品开发与定价提供依据。例如，通过对市场数据的分析与用户需求调研，评估某类数据产品在不同行业、不同客户群体中的价值，从而确定其市场价格与销售策略。在数据产品开发与运营方面，数据运营者注重数据产品的创新性、实用性与安全性，遵循相关的开发流程与运营规范。例如，数据产品开发应经过需求分析、设计、开发、测试、上线等阶段，每个阶段都有相应的质量控制与安全检查环节。在数据产品运营过程中，数据运营者要对产品的使用情况进行监测与分析，及时收集用户反馈，不断优化产品功能与服务，提高数据产品的市场竞争力。

数据交易作为数据流通的重要形式，必须有严格的交易规范加以约束。首先，明确数据交易的主体资格要求，只有符合一定条件的企业、组织或个人才能参与数据交易活动。例如，数据交易平台应对入驻的交易主体进行身份认证、资质审核等，确保交易主体的合法性与信誉度。其次，建立数据交易合同规范，合同应明确数据的基本信息、交易价格、交易方式、数据质量标准、数据交付时间与地点、数据安全责任、违约责任等内容，保障交易双方的合法权益。例如，数据交易合同中应详细规定数据的来源、数据的准确性与完整性、数据交付后的使用范围限制、数据安全防护措施的实施责任等。最后，加强数据交易平台的运营管理规范，数据交易平台应建立健全交易规则、交易流程、风险防控机制、纠纷解决机制等。例如，交易平台制定公平公正的交易撮合规则，对交易双方的交易行为进行监督与管理，建立交易资金托管机制，保障交易资金的安全；设立纠纷调解委员会或采用仲裁等方式，及时解决数据交易过程中出现的纠纷与争议。

建立数据分类与编码标准有助于提高数据管理和流通交易的规范性和效率。根据数据的性质、来源、应用领域等因素对数据进行分类，并为每类数据赋予唯一的编码标识。例如，在政务数据领域，可以按照行政部门、业务事项等维度对数据进行分类，如将工商登记数据、税务征收数据、社保数据等分别归类，并为其制定相应的编码体系。数据分类与编码标准便于数据的检索、统计、分析和共享，有利于数据资源的整合与开发利用。同时，在数据流通交易过程中，统一的分类与编码标准能够使交易双方更加准确地理解和界定交易数据的范围和属性，减少交易纠纷，促进数据市场的规范化发展。

在当今数字化时代，数据要素流通和交易服务生态正逐渐形成并蓬勃发展，其中数据商和第三方服务机构作为关键的参与者，发挥着各自独特且相辅相成的作用，共同推动着数据要素市场的繁荣与进步。

数据商处于数据要素流通的核心环节，是数据资源的挖掘者与整合者。他们犹如数据世界的探险家，通过各种合法途径广泛收集海量数据，这些数据涵盖了互联网用户行为信息、企业运营数据、政府公开数据以及物联网设备采集的数据等多个领域。数据商并不满足于简单的数据堆砌，而是运用先进的数据分析技术、数据挖掘算法以及人工智能模型，对原始数据进行深度加工与提炼。他们能够从纷繁复杂的数据中提取出有价值的信息，将其转化为结构化、标准化的数据产品或定制化的数据服务。例如，一些数据商专注为金融行业提供信用评估数据，通过整合多源数据构建信用评分模型，帮助金融机构更精准地评估借款人的信用风险，降低信贷违约率；另一些数据商则致力于为零售企业打造消费者画像数据，助力企业深入了解消费者偏好、购买习惯和消费趋势，从而实现精准营销和个性化推荐，提高销售转化率和客户满意度。数据商凭借其敏锐的市场洞察力和专业的数据处理能力，精准对接数据需求方，在数据要素市场中架起了数据资源与应用场景之间的桥梁，极大地促进了数据的流通与价值释放。

数据商作为数据要素市场的关键参与者，承担着数据资源整合与产品化的重要使命。他们通过多种渠道收集海量数据，如与各类企业、机构合作获取业务数据，或从互联网等公开渠道收集用户行为数据等。之后，他们运用专业的数据处理技术和工具，对原始数据进行清洗、分类、分析和挖掘，将其转化为具有明确价值和应用场景的数据产品或服务。例如，一些数据商专注为金融机构提供风险评估数据，通过整合用户的消费、信贷、社交等多维度数据，构建风险评估模型，帮助金融机构更准确地识别和控制风险，还有些数据商针对电商企业推出市场洞察数据产品，有助于企业了解消费者需求和市场趋势，优化营销策略。

在数字经济时代，数据已成为一种重要的生产要素，与劳动、资本、土地等传统要素共同推动经济增长和社会发展。数据的收集、存储、处理和应用创造了巨大的经济价值，数据收益分配也随之成为各方关注的焦点。合理的收益分配机制不仅能够激励数据要素的有效供给和高效利用，促进数据要素市场的繁荣，还能在一定程度上调节社会收入差距，实现社会公平与经济效率的平衡。因此，深入研究数据收益分配具有极为重要的理论和现实意义。

二、建立健全数据产权明确制度

数据产权问题始终是数据治理中的首要问题。数据来源复杂，易导致数据产权界定模糊。数据的来源广泛，包括用户生成、企业运营、传感器采集等多种途径。在这些复杂的来源情况下，我们很难清晰地界定数据的原始所有权。例如，在物联网环境中，传感器采集的数据可能涉及多个主体的权益，包括传感器制造商、数据采集平台运营商、数据使用方等，各方在数据产权中的份额难以确定。一是社交媒体用户数据归属争议。以微博、微信等社交媒体为例，用户在平台上发布的文字、图片、视频等内容构成了大量的数据。这些数据的产权归属存在模糊之处。这是因为一方面，用户认为自己是数据的创造者，应该对其享有所有权或至少有一定的控制权，如有权决定数据的使用范围和方式等；另一方面，社交媒体平台投入了大量的技术和资源来搭建和维护平台，为数据的产生和传播提供了基础架构，认为自己对数据也有一定的权益，如通过对用户数据的分析和挖掘来实现商业价值和优化平台服务等。二是企业数据共享与产权冲突。在一些行业中，企业之间需要进行数据共享来实现更好的业务合作和创新，但数据产权的模糊导致了共享过程中的问题。例如，在金融科技领域，银行与金融科技公司合作时，对客户的交易数据、信用数据等的产权界定不清晰。银行认为这些数据是其在长期业务过程中积累的重要资产，它们对数据的安全性和隐私性负有责任，担心数据共享后可能会被不当使用或泄露，从而损害客户利益和银行声誉；金融科技公司则认为，只有获得足够的数据才能更好地开发创新金融产品和服务，为双方的合作带来更大的价值。双方对数据产权的不同理解和诉求，往往会影响数据共享的效率和效果。三是数据加工融合产生的难题。当数据经过加工、融合后，新的数据产品的产权归属变得模糊。比如，一家企业将从多个渠道收集的数据进行整合分析，生成了新的市场预测数据，这种经过加工后的综合数据产权是属于原始数据所有者还是加工企业，或者是按比例分配，目前缺乏明确的界定标准。

数据跨境流动中的产权问题。一是数据主权与产权的协调。数据跨境流动涉及国家的数据主权问题。在保障国家数据主权的同时，如何确保数据产权人的合法权益是一个难题。如果过于限制数据跨境流动，可能会影响企业的国际业务拓展和数据的价值挖掘，过于放宽数据跨境流动则可能导致数据安全和国家利益受损。二是云服务数据跨境存储与产权风险。国内企业使用国外云服务提供商的服务时，数据通常会存储在境外的数据中心中。比如，一些小型互联网企业为了降低成本，选择将用户数据存储在国外的亚马逊云或微软云等平台上。这就引发了数据产权问题，当数据存储在境外时，企业对数据的控制权可能会受到当地法律法规的限制，甚至可能会面临数据被境外政府或机构审查、扣押等风险，而企业自身对数据的保护和维权难度也会增大。又如，跨国企业数据跨境传输中的产权争议：跨国企业在进行全球业务运营时，需要在不同国家和地区之间传输大量的数据，包括客户信息、商业机密等。例如，某跨国制造企业在中国设有工厂和研发中心，其需要将在中国收集和产生的部分数据传输到总部或其他海外分支机构进行分析和处理。然而，不同国家对数据产权的认定和保护标准存在差异，这就可能导致在数据跨境流动过程中，数据的所有权和使用权在不同国家的法律框架下产生冲突，影响企业的正常运营和数据的合法权益。

三、建立健全数据流通交易制度

数据交易流通在数字经济时代具有极为关键的地位与深远意义。它打破了数据的孤立状态，使数据得以在多元主体间流动，实现资源优化配置，有力推动各产业数字化转型与创新发展，如制造业借助流通数据提升生产与管理效能，金融业依靠其优化风险评估与服务。数据交易平台的兴起虽已构建起初步交易框架，但仍面临数据产权不明、质量参差不齐、安全隐私存忧、定价机制不完善以及监管体系不健全等挑战。未来，我们需借助技术创新驱动智能化发展，明确数据产权界定，提升数据质量，强化安全隐私保护，构建科学定价机制与完善监管体系，来促进数据跨境流通的有序开展，形成健全的数据交易流通生态体系，释放数据要素的巨大潜能，为全球数字经济竞争筑牢根基并拓展广阔新空间。

建立健全的数据全流程合规与监管规则体系对数据流通交易的健康稳定发展起着根本性保障作用。在流通准入方面，我国要严格审查数据来源合法性，保障数据主体权益并评估数据质量，从源头把控风险。在流通方式上，我国要加强对交易平台监管，确保数据传输与存储安全，限制数据使用范围，规范交易流程。标准化建设致力于统一数据格式、接口、质量标准及分类编码，提升流通效率与规范性。数据定价综合成本、价值、市场竞争等因素，借助第三方评估认证实现合理化。合规体系构建涵盖企业内部制度建设、行业自律规范以及监管部门执法监督，多方协同防范违规行为。该体系通过多维度的规则设定与协同运作，有力促进数据市场有序运行，在保障数据安全与主体权益的同时，推动数据要素价值的充分释放与合法利用。

一是流通准入规则。坚持数据来源合法性审查。数据提供方在参与数据流通交易前，必须确保其拟交易的数据来源合法合规。关于个人数据，数据收集方需遵循严格的告知—同意原则，明确告知数据主体数据收集的目的、范围、方式以及使用和共享的途径，并获得数据主体的明确授权。例如，在移动应用程序收集用户个人信息时，数据收集方应通过弹窗、隐私政策等形式向用户清晰说明相关信息，并在用户点击同意后才可进行数据收集。关于企业数据，企业要审查其是否在合法的业务活动中产生，是否涉及侵犯他人知识产权或违反商业合同约定等情况。只有来源合法的数据才能进入流通交易环节中，防止非法获取的数据在市场上流通，从源头上保障数据交易的合法性基础。坚持数据主体权益保障措施审核。数据流通交易过程中，数据主体的权益应得到充分保障。监管部门应审核数据提供方是否建立了完善的数据主体权益保障机制，包括但不限于数据主体的访问权、更正权、删除权等。当数据主体提出访问其个人数据的请求时，数据提供方应能够及时响应并提供相应的数据访问渠道。若数据主体发现数据存在错误或不准确时，数据提供方应及时进行更正；若数据主体要求删除其个人数据时，数据提供方应在符合法律法规规定的条件下予以删除。此外，数据提供方还应明确告知数据主体在数据流通交易过程中的权益受侵害时的救济途径，如投诉举报渠道、纠纷解决机制等，确保数据主体在其权益受到损害时能够及时获得有效的法律救济。坚持数据质量评估与准入。数据质量是数据流通交易的关键因素之一。在数据进入流通市场之前，需要进行严格的数据质量评估。评估内容包括数据的准确性、完整性、一致性、时效性等。例如，关于金融数据，准确性要求极高，任何错误的数据都可能导致重大的金融风险；关于市场调研数据，完整性和时效性则更为重要，缺失关键信息或过时的数据将无法为企业决策提供有效支持。只有通过质量评估的数据才能获得流通准入资格，这有助于提高数据市场的整体质量水平，保障数据需求方能够获取可靠、有用的数据资源，促进数据流通交易的良性发展。

二是流通方式规范。做好数据交易平台的监管。数据交易平台作为数据流通交易的重要场所，应受到严格监管。首先，平台运营者需具备相应的资质和技术能力，包括数据安全防护能力、数据存储和处理能力等。平台应建立健全的数据交易规则，明确数据产品的上架审核流程、交易撮合机制、价格形成机制、合同签订与履行规范等。例如，在数据产品上架审核时，平台应核实数据的来源合法性、质量状况以及数据产品的描述准确性；在交易撮合过程中，平台应遵循公平、公正、透明的原则，防止平台内部人员利用信息优势进行不正当交易。同时，平台要加强对交易双方身份的认证和管理，建立交易信用评价体系，对交易过程中的违规行为进行及时记录和处理，营造安全、诚信的交易环境。做到数据传输与存储安全要求。在数据流通交易过程中，数据的传输和存储安全至关重要。数据提供方和需求方应采用安全可靠的传输协议和加密技术，确保数据在传输过程中不被窃取、篡改或泄露。例如，采用 SSL/TLS 等加密协议对数据进行加密传输，对敏感数据进行加密存储，设置严格的访问权限，只有经过授权的人员同意才能访问和处理数据。此外，他们对数据存储介质的管理也应符合安全标准，定期进行数据备份和恢复测试，防止因存储介质损坏或丢失导致数据丢失。其次，监管部门应制定相关的数据传输与存储安全标准和规范，并对数据流通交易主体的执行情况进行监督检查，对违反安全要求的行为进行严厉处罚，保障数据在流通环节中的安全。做到数据使用范围限制与监督。数据需求方在获取数据后，其使用范围应受到严格限制并接受监督。数据交易合同应明确约定数据的使用目的、使用期限和使用范围，数据需求方不得超出合同约定的范围使用数据。例如，企业购买用于市场分析的数据，不得将其用于其他无关的商业目的或非法活动。监管部门应建立数据使用情况的监督机制，要求数据需求方定期报告数据使用情况，对数据使用过程中的异常行为进行监测和预警，一旦发现数据需求方存在违反使用范围限制的行为，应及时采取措施制止，并依法追究其法律责任，确保数据在合法合规的轨道上被使用，防止数据被滥用而对数据主体和社会公共利益造成损害。

四、建立健全数据要素收益分配制度

在数据要素的收益分配中，相关部门应基于数据要素贡献的价值进行分配。数据生产者和使用者之间的分配关系较为复杂。数据生产者包括个人用户、企业、政府部门以及各类数据采集设备等，他们通过不同方式生成和提供数据。个人用户在使用互联网服务、智能设备等过程中产生了大量的个人数据，如消费记录、社交信息、健康数据等；企业在生产经营活动中积累了丰富的业务数据，如销售数据、供应链数据、研发数据等；政府部门则掌握着大量的公共管理数据，如人口数据、经济统计数据、地理信息数据等。

在当今信息时代，数据贯穿社会经济生活的各个角落，驱动着创新与发展。然而，数据的广泛应用与快速流动也带来了严峻的数据安全风险，如数据泄露、篡改、滥用等，不仅威胁个人隐私和企业利益，还可能影响国家安全与社会稳定。因此，构建完善的数据安全治理体系成为当务之急，通过多方面的协同努力，确保数据的安全性、完整性与可用性，促进数据要素市场的健康有序发展。数据要素在收益分配中毫无疑问面临着严峻的挑战与问题。

一是数据产权界定模糊。数据产权的清晰界定是实现初次分配公平合理的前提条件。然而，数据产权制度目前尚不完善，数据的所有权、使用权、收益权等权利归属存在较大争议。例如，个人用户对其产生的个人数据究竟拥有何种程度的所有权和控制权并不明确，企业在收集和使用用户数据时的权利边界也难以确定。这种产权界定的模糊性导致在数据收益分配过程中，各方的权益难以得到有效保障，容易引发纠纷和矛盾，阻碍数据要素市场的正常运行。

二是数据市场定价机制不完善。由于数据要素的特殊性，其价值难以准确衡量和定价，导致数据市场缺乏科学合理的定价机制。目前，数据交易价格往往缺乏统一的标准和规范，主要依赖数据供需双方的主观判断和协商谈判。这种定价方式容易受到市场信息不对称、交易双方议价能力差异等因素的影响，导致数据价格波动较大，不能真实反映数据的内在价值。不合理的定价不仅会影响数据生产者和使用者的收益分配公平性，还会降低数据市场的资源配置效率，抑制数据要素市场的发展活力。

三是数据质量参差不齐。数据质量对数据价值和收益分配有着重要影响。在现实中，数据质量参差不齐的现象较为普遍，存在数据不准确、不完整、不一致、过时等问题。低质量的数据会降低其在市场上的价值，影响数据生产者和使用者的收益。例如，企业基于不准确的市场数据做出的决策可能会导致经营失败，从而减少数据使用者的收益；数据生产者提供的低质量数据也难以获得较高的补偿。此外，数据质量问题还会增加数据处理和应用的成本，进一步影响收益分配的合理性。

四是企业社会责任意识淡薄。目前，部分数据企业社会责任意识较为淡薄，对公益分配的重视程度不够。一些数据企业过于追求经济利益最大化，忽视了自身在社会公益事业中的角色和责任。在数据收益分配过程中，这些企业不愿意主动进行公益捐赠或参与数据公益活动，导致数据要素的公益价值未能得到充分发挥。这种现象不仅影响了社会公平正义的实现，还不利于数据企业的长远发展和社会形象的塑造。

五是数据公益平台建设与运营困难。数据公益平台的建设和运营面临诸多困难。首先，数据公益平台需要大量的数据资源支持，但由于数据的敏感性、隐私性以及数据企业的商业利益考虑等因素，数据企业在数据共享方面存在一定的顾虑，这导致数据公益平台的数据资源相对匮乏。其次，数据公益平台的建设和运营需要投入大量的资金、技术和人力，但目前缺乏有效的资金筹集渠道和运营管理模式，难以保证平台的可持续发展。此外，数据公益平台还面临数据质量监管、数据安全保障等问题，需要建立完善的制度和技术体系来确保平台的正常运行和数据的合法合规使用。

第二节　中国数据治理政策与制度建设的战略思考

一、政策与制度一体化建设的战略定位与原则

我国数据治理的政策制定与制度颁行，应当统筹考虑，同步进行，在战略上定位于一体化建设，在原则确立上应当高瞻远瞩、立意高远。笔者认为，一体化建设应当坚持如下四项基本原则。

（一）制度保障原则

一是加速数据确权立法。明确数据的所有权、使用权、经营权等权利的归属，为数据的交易、流通和使用提供法律依据。二是完善数据流转相关法律。规范数据的采集、存储、传输、使用和销毁等各个环节的行为，确保数据的安全和合法流转。三是加强人工智能监管立法。随着人工智能技术的发展，数据的使用和处理方式发生了变化，需要制定专门的法律法规来规范人工智能对数据的使用。我国要明确人工智能技术的应用范围、数据使用的伦理标准和安全要求，防止人工智能技术对数据安全和隐私造成威胁。

（二）统一管理原则

一是建立统一的数据标准体系，制定统一的数据标准和规范，包括数据的格式、质量、分类、编码等，确保数据的一致性和可理解性。二是加强数据分类分级管理。根据数据的重要性、敏感性和风险程度，相关部门要对数据进行分类分级管理，制定不同级别的数据保护措施和访问权限。关于敏感数据和重要数据，相关部门要加强安全防护，严格限制访问权限；关于一般数据，相关部门可以适当放宽管理要求，但也要确保数据的安全和合法使用。三是加强数据安全监管。监管部门要定期对企业和机构的数据安全状况进行检查和评估，发现问题及时责令整改。同时，监管部门加大对数据安全违法行为的处罚力度，提高违法成本，形成有效的威慑。

（三）技术创新与应用原则

一是推动技术创新。加大对数据治理技术的研发投入力度，鼓励企业和

科研机构开展数据安全、隐私保护、数据质量控制等方面的技术创新。二是加强技术应用。推广应用先进的数据治理技术和工具，提高数据治理的效率和水平。

（四）合作共赢原则

我国要加强国际合作，积极参与国际数据治理规则的制定，加强与其他国家在数据治理领域的交流与合作，共同应对全球性的数据治理挑战。

二、政策与制度一体化建设过程中战略思考的主要内容

一是关注数字弱势群体平等权的法律保护。随着全球新一轮科技革命和产业变革的深入推进，数字经济成为全球经济增长的新动能，大数据成为新的生产要素和战略资源，数字治理成为全球治理的新领域。作为智慧社会的特殊群体，数字弱势群体因技术复杂、社会分层、个人资源禀赋差异孕育而生，分为显性数字弱势群体与隐性数字弱势群体两大类。由于权利和义务不完全对等、法律保护模式滞后、权利救济道路不通畅，数字弱势群体平等权的法律保护陷入困境。因此在立法体系上，我们可以借鉴美国分散式无障碍立法模式，构筑多层次、立体化的数字弱势群体法律保护体系。我们需要构建一个协商沟通的平台，鼓励社会公众积极参与讨论，为数字弱势群体充分发声提供渠道和空间，建立健全立法中涉及数字弱势群体倾斜式保护的论证体系。①

二是个人信息保护立法。近年来，我国积极推动个人信息保护立法，取得了阶段性成果，但在数字治理领域仍然存在着许多不足。因此，我国将采取以下几点策略：首先，要推进立法精细化，注重行政法规和行政诉讼，坚持严厉问责，完善救济渠道；其次，要建立强力的个人信息保护监管机构，增强技术标准的强制力和约束力；最后，要完善公民的参与机制和维权制度，鼓励社会组织积极参与个人信息保护工作，实现数字治理中的个人信息保护工作中的协同治理局面。在数字化转型过程中，公民个人信息保护具有极其

① 陶沐可．数字治理：聚焦数字弱势群体平等权的保护［J］．湖北工业职业技术学院学报，2024，37（4）：79-84.

重要的意义。制度化可以建立起被普遍认可的固定模式，让个人信息保护工作有章可循。因此，我国要以健全的制度保护公民个人信息和数据，深入推进公共行政领域治理能力的现代化。① 我国在数据治理法律体制建设的进程中，开展了许多意义重大的活动，如各类研讨会、培训活动和专项执法检查活动。一方面，政府部门积极组织各类研讨会和培训活动。这些活动旨在深入解读数据治理相关法律法规，提升各行业对数据安全和个人信息保护的重视程度。活动主要思想是通过专业人士的讲解和案例分析，让企业和机构明白在数据处理过程中应承担的法律责任，引导其建立健全内部数据治理制度，规范数据处理行为。例如，针对《中华人民共和国数据安全法》《中华人民共和国个人信息保护法》等法律，邀请法律专家、学者为企业负责人和相关从业人员进行详细解读，强调数据分类分级管理、数据安全风险评估、个人信息处理的合法合规等重要原则，促使企业将数据治理纳入日常管理体系中，从源头上防范数据安全风险。另一方面，开展专项执法检查活动。其主要思想是严格监督各单位对数据治理法律法规的执行情况，对违法违规行为进行严厉打击。相关部门对涉及数据处理的重点行业和领域进行专项检查，如互联网企业、金融机构等，查看其数据收集、存储、使用、传输等环节是否符合法律规定。通过这些活动，我国向社会传递出坚决维护数据安全和个人信息保护的强烈信号，推动全社会形成良好的数据治理生态。同时，我国也促使企业不断自我审视和改进数据治理措施，确保企业在法律框架内开展数据业务。

三是加强人工智能背景下政府数据治理。随着大数据、云计算、物联网以及神经网络、深度学习等新一代信息技术的不断发展，人工智能已成为全世界各国共同关注的焦点。在人工智能背景下，开展政府数据治理工作是当前各级党委和政府部门的一项重要工作，对促进政府治理创新、改善政府管理绩效以及提升政府公共服务能力等均具有重要作用。然而，我们需要指出的是，我国政府数据治理体系建设当前尚处于初步探索阶段，虽然积累了一

① 徐煜清．数字治理中的个人信息保护制度建设：现实困境与优化路径［J］．中国信息化，2024（7）：102-104.

些经验，但是仍存在一些明显的短板。譬如，数据权属关系不清晰，数据安全保障不到位，数据开放与共享不充分，数据“采集、存储、传输、使用、交易”规则不明确等。①

四是注重数字政府建设中的公民权益保障。在数字时代和数字社会发展的背景下，数据是一种独立的生产要素，政府作为社会中最大也是最重要的数据持有主体，其数据治理越来越被强调作为国家治理体系和治理能力的一部分。数字政府转型如火如荼的开展过程中不免存在一些公权力机关在政府数据运用上与行政相对人（往往是公民）发生的行政纠纷。从法学研究的角度来看，张锐锋通过对“赵某某诉重庆某公安分局”这样的行政诉讼案例的分析，发现了数据流动的合法性和规范性不足、数据管控主体不明确以及自动化行政运用下，正当程序范式被突破在内的数据治理问题，并对上述问题进行了一系列的理论检索并提出了相应的完善建议，以期能够有效保障公民合法权益并在政府数据治理领域填补该领域的某些空白，从而促进全社会的数据治理，为数字政府发展做出自己的一点贡献。在数字时代，数字经济已成为国民经济的重要组成部分。政府需适应数字社会的发展，从管理型政府转型为服务型政府，以数字化手段提供各类公共服务。同时，政府也是全社会中保有量最大、重要性程度最高的数据持有主体，其中的政府数据活动自然也属于政府职权行使之一，也应纳入法治轨道里面进行运行，因此其对政府数据领域的管控也是公法范畴必然的任务，既是法治政府建设的应有之义，也是数字政府建设的基础要求，行政法学和数据法学在政府数据活动方面得到了相当程度的交叉和融合，有助于政府数据活动正常发展。②

五是注重数字技术运用中的数字弱势群体权益保障。数字技术运用的本来目的是使人们能够更加便捷地追求美好生活，实现人自由而全面的发展。然而，数字技术也有可能成为操纵利用人的工具，经常被用来侵犯权利，尤其是侵犯数字弱势群体的权利。为应对数字科技异化给数字弱势群体带来的

① 彭海艳．人工智能背景下政府数据治理体系研究［D］．湘潭：湘潭大学，2022.

② 张锐锋．政府数据治理法律问题研究——以“赵某某诉重庆某公安分局”案为例［D］．贵阳：贵州师范大学，2024.

权利侵害，我国及时调整相关法律法规，积极推进信息无障碍建设来助力数字弱势群体融入数字社会中，但随之也暴露出了一些问题，我国离实现数字弱势群体共享数字化发展成果的目标尚有距离。数字弱势群体权利受损问题是数字社会变革和人工智能歧视下的制度性产物。我国构建完善的数字弱势群体权利法律保护体系，应当以现有法律保障体系为基础，结合数字时代出现的新型数字侵权形式对相关法律予以完善，并推进信息无障碍立法。①

六是重视跨境数据流动治理。跨境数据流动已经成为引领全球要素资源重新配置、推动全球经济结构深度变革，以及塑造全新全球竞争格局的关键力量。在此背景下，我国始终践行多边主义，坚定维护以 WTO 为核心多边贸易体制权威性和有效性，秉持人类命运共同体理念，坚持共商共建共享，从国内外立法和实践两个层次完善跨境数据流动治理。我国跨境数据流动治理立法困境在国际合作方面表现为跨境数据国际规则碎片化和我国在跨境数据流动国际治理中话语权较弱，在国内立法方面表现为跨境数据流动限制措施饱受争议。对此，我国要积极推动国际规则协调和国内制度完善，既立足多边治理来参与国际规则制定，又借鉴域外经验来促进国内规则更新。我国跨境数据流动治理实践困境主要表现为数据监管主体缺乏协同性、数据分类分级实施标准缺乏统一性和强制执行力、数据出境安全监管程序缺乏区分性和灵活性。对此，我国需要从构建系统高效的数据监管主体协同格局、建立具有统一性和强制性的数据分类分级制度、构建具有区分性和灵活性的数据出境监管程序几方面入手全面改善跨境数据流动监管实践。② 在数字经济时代，大规模的数据跨境流动成为常态，商业数据跨境流动对我国对外贸易以及经济发展具有重大意义。我国应当重视企业商业数据跨境合规工作，优化现有商业数据跨境流动合规治理路径，完善现有数据跨境相关立法，为企业商业数据跨境合规提供更加系统、科学的法律指引。③ 我国应从制度、运行和观念

① 韩宜蓉．数字弱势群体权利的法律保护研究——以“赵某某诉重庆某公安分局”案为例［D］．哈尔滨：哈尔滨商业大学，2024.

② 姚瑶．我国跨境数据流动治理法律问题研究［D］．大连：大连海洋大学，2024.

③ 来小鹏，马诗雅．我国商业数据跨境流动合规治理的问题与完善［J］．行政管理改革，2024（4）：43-53.

三大维度，以整体化理论完善健全大数据风险治理的法律制度体系。①

七是注重企业数据权益的法律保护。我国要对权益进行安全又有效率的保护，就要对企业数据有充分的理论认识，要对企业数据权益的法律保护现状有立法与司法两个层面的分析与总结，还要善于借鉴和钻研数字经济发达国家的数据权益治理与保护经验。我国最终的目标是顺应世界数字经济发展的大形势，顺应国家数据治理的政策要求，更新传统理念，探索新的数据治理思路，充实和完善企业数据权益法律保护的制度与保护措施，对具有创新又尚待完善的制度如数据交易制度、数据分级分类管理制度等应当加大关注的力度和研究的力度，试图从国家、行业、社会各方面，从法律、政策、规范各个级别对企业数据权益加以保护，进而净化当下数字交易市场，为数据资源的流转与利用注入活力。②

八是关注数据治理中的"伦理嵌入"。我国应将金融科技伦理嵌入现有法律规范体系中，推动金融数据法规与金融科技伦理指引的规则并行，设立统一的金融数据治理牵头部门，充分发挥行业协会、第三方认证组织、云服务提供商等机构在金融数据治理方面的功能，推动实现金融数据的多元治理主体协同共治。③ 我国应从制度伦理向度完善档案数据治理制度，从而加强档案数据治理制度设计的"伦理嵌入"、实现档案数据治理制度实施的"伦理自觉"以及完善档案数据治理制度评价的"伦理导向"等。④

九是建立健全政府数据资产登记制度。我国应建立政府数据资产登记制。大数据时代，数据将是一种非常重要的资源，占有数据意味着占有资源，因此国家对数据资产的登记与保存同数据开放一样重要。我国应根据相应的数据资产分类对政府各部门数据实行资产登记，规范数据获取和使用流程，有

---

① 陈桂香，洪林，吴刚．整体性治理：我国高校大数据技术社会风险的防范［J］．教育学术月刊，2021（5）：72-77.

② 梅笑寒．论企业数据权益的法律保护［D］．济南：山东财经大学，2024.

③ 张琼斯．制度安排渐明金融数据治理日趋完善［N］．上海证券报，2024-03-28（4）.

④ 李宗富，姜爱玲．档案数据治理的伦理审视：内蕴、风险与路径［J］．档案学研究，2024（4）：4-11.

效管理和保护数据资产。① 健全治理制度，营造多元共治氛围是有效措施。对数据管理者的治理关键在于形成各利益攸关者共同协商的机制，对流程的治理关键在于制度的规范，因此数据治理机制是数据治理有序运行的重要保障。② 我国应健全区块链应用政策法规，构建政府数据治理应用区块链技术的制度体系，从理顺区块链技术与现行法律规范的关系，形成区块链应用的制度环境并加强区块链应用在政府数据治理中的顶层规划，探索地方立法。③

---

① 盛丹．大数据视角下地方政府治理能力提升研究［D］．湘潭：湘潭大学，2015.

② 蒋成飞．本科教学质量数据治理结构模型研究［D］．重庆：西南大学，2022.

③ 戚学祥．区块链技术在政府数据治理中的应用：优势、挑战与对策［J］．北京理工大学学报（社会科学版），2018，20（5）：105-111.

参考文献

一、中文文献

（一）专著

［1］段效亮．企业数据治理那些事［M］．北京：机械工业出版社，2020.

［2］孙新波，李金柱．数据治理：酷特智能管理演化新物种的实践［M］．北京：机械工业出版社，2020.

（二）译著

DAMA 国际．DAMA 数据管理知识体系指南［M］．DAMA 中国分会翻译组，译．北京：机械工业出版社，2020.

（三）期刊

［1］安小米，白献阳，洪学海．政府大数据治理体系构成要素研究：基于贵州省的案例分析［J］．电子政务，2019（2）．

［2］陈桂香，洪林，吴刚．整体性治理：我国高校大数据技术社会风险的防范［J］．教育学术月刊，2021（5）．

［3］陈卫东，廖淑萍，王有鑫，等．金砖国家深化经济协作体系建设的重要意义、实施路径和建议［J］．俄罗斯研究，2023（6）．

［4］陈咏梅，胡涵严．欧盟的政府数据再利用规则：法理演进、适用路径与中国思考［J］．国际展望，2024，16（3）．

［5］邓道才，查芬．美联储加息对新兴经济体的溢出效应研究：基于金砖国家数据的实证分析［J］．征信，2022，40（10）．

［6］付新华．从所有权到使用权：欧盟《数据法案》与数据治理范式革

新［J］. 法治社会，2024（5）.

［7］郜蕾. 数据基础设施建设的探索、实践与发展建议［J］. 通信世界，2024（12）.

［8］何依，司莉. 国内外科学数据治理研究的比较分析［J］. 情报科学，2024，42（1）.

［9］来小鹏，马诗雅. 我国商业数据跨境流动合规治理的问题与完善［J］. 行政管理改革，2024（4）.

［10］李顾元.《数据安全法（草案）》视野下的公共数据治理［J］. 信息安全与通信保密，2020（8）.

［11］李宗富，姜爱玲. 档案数据治理的伦理审视：内蕴、风险与路径［J］. 档案学研究，2024（4）.

［12］梁宇，郑易平. 全球数据治理的现实困境与中国方案的实践进路［J］. 昆明理工大学学报（社会科学版），2023，23（6）.

［13］林茜妍，谭颖臻，赵新力. 金砖国家信息化发展水平评价与指数研究［J］. 发展研究，2024，41（9）.

［14］林伟，周耀铭. 国内外数据治理研究述评［J］. 数字图书馆论坛，2022（6）.

［15］刘银喜，赵森，赵子昕. 政府数据治理能力影响因素分析［J］. 电子政务，2019（10）.

［16］卢延纯. 夯实数据要素驱动基础 培育数据资产价格链［J］. 价格理论与实践，2023（3）.

［17］戚学祥. 区块链技术在政府数据治理中的应用：优势、挑战与对策［J］. 北京理工大学学报（社会科学版），2018，20（5）.

［18］沈岿. 数据治理与软法［J］. 财经法学，2020（1）.

［19］司马航. 欧盟公共数据共享的制度构造和经验借鉴：以欧盟《数据治理法》为视角［J］. 德国研究，2023，38（4）.

［20］司晓. 数据要素市场呼唤数据治理新规则［J］. 图书与情报，2020（3）.

［21］陶沐可. 数字治理：聚焦数字弱势群体平等权的保护［J］. 湖北工

业职业技术学院学报，2024，37（4）．

[22] 徐煜清．数字治理中的个人信息保护制度建设：现实困境与优化路径［J］．中国信息化，2024（7）．

[23] 杨嵘均．论政府数据治理的价值目标、权利归属及其法律保障［J］．东南学术，2021（4）．

[24] 岳丽欣，刘文云．国内外政府数据开放现状比较研究［J］．图书情报工作，2016，60（11）．

[25] 张文魁．数据治理的底层逻辑与基础构架［J］．新视野，2023（6）．

[26] 张耀南，张杰，任泽瑶，等．金砖国家科学数据发展政策与规划［J］．中国科学数据（中英文网络版），2024，9（1）．

[27] 郑大庆，范颖捷，潘蓉，等．大数据治理的概念与要素探析［J］．科技管理研究，2017，37（15）．

[28] 郑联盛，臧怡宏，李俊成．欧盟金融数据治理：框架、重点与启示［J］．金融监管研究，2024（2）．

[29] 钟燕慧，王一栋．欧盟数据监管立法及其全球影响［J］．国际经济评论，2024（1）．

（四）论文

[1] SARAFANOV I. 金砖国家数字产品贸易壁垒对数据密集型行业全要素生产率及宏观经济影响研究［D］．北京：对外经济贸易大学，2020.

[2] 包倩宇．大数据视阈下西方政府开放数据与个人隐私保护研究［D］．重庆：西南政法大学，2018.

[3] 王冰洁．主权视角下的国际数据治理模式研究［D］．武汉：武汉大学，2020.

[4] 程通．我国政府数据治理文化体系构建研究［D］．保定：河北大学，2021.

[5] 但金凤．大数据时代美国肯塔基州教育数据治理体系研究［D］．重庆：西南大学，2020.

[6] 丁馨婷．欧盟数据立法的域外适用及其对中国的启示［D］．北京：

中国人民公安大学，2022.

[7] 韩宜蓉. 数字弱势群体权利的法律保护研究 [D]. 哈尔滨：哈尔滨商业大学，2024.

[8] 何雪珂. 金砖国家贸易便利化水平对中国出口贸易的影响研究 [D]. 南京：东南大学，2020.

[9] 胡徽.《欧盟通用数据保护条例》对我国个人数据跨境流动规制的启示 [D]. 广州：广东外语外贸大学，2021.

[10] 胡小燕. 电商平台个人数据流动与保护政策研究——以淘宝网和亚马逊网为例 [D]. 南京：南京师范大学，2020.

[11] 姜一宁. 日本数据保护的路径选择——反不正当竞争法中的限定提供数据条款 [D]. 上海：上海外国语大学，2022.

[12] 蒋成飞. 本科教学质量数据治理结构模型研究 [D]. 重庆：西南大学，2022.

[13] 解振超. 我国个人数据信托法律制度构建研究 [D]. 济南：山东大学，2023.

[14] 李阳阳. 国际多边合作机制下农业贸易成本问题研究 [D]. 北京：首都经济贸易大学，2021.

[15] 李征. 美国对华"全政府"科技遏制战略与中国数字经济创新发展研究 [D]. 长春：吉林大学，2021.

[16] 罗东炜. 规范性力量视域下的欧盟数据治理研究 [D]. 南京：南京大学，2021.

[17] 吕佳宽. 欧盟数据治理模式及启示 [D]. 保定：河北大学，2024.

[18] 吕依蓉. 公共数据治理中的个人数据法律保护 [D]. 南宁：广西大学，2023.

[19] 梅笑寒. 论企业数据权益的法律保护 [D]. 济南：山东财经大学，2024.

[20] 牛丽雪. 政府数据治理成熟度模型研究 [D]. 保定：河北大学，2020.

[21] 彭海艳. 人工智能背景下政府数据治理体系研究 [D]. 湘潭：湘潭

大学，2022.

[22] 盛丹. 大数据视角下地方政府治理能力提升研究 [D]. 湘潭：湘潭大学，2015.

[23] 孙静. 金砖国家电子商务发展与合作研究 [D]. 保定：河北大学，2022.

[24] 唐慧. 大数据治理真的改善了政府公共服务吗？——基于国家级大数据综合试验区的合成控制法检验 [D]. 成都：四川大学，2023.

[25] 唐旭. 大数据时代日本个人信息行政法保护探究 [D]. 苏州：苏州大学，2023.

[26] 王东宁. A 电力公司数据治理问题研究 [D]. 济南：山东大学，2020.

[27] 王瑨. 金砖国家互联网发展现状研究 [D]. 杭州：浙江传媒学院，2016.

[28] 王蕾. 国内外政府大数据治理的对比研究 [D]. 哈尔滨：黑龙江大学，2019.

[29] 王苗苗. 企业数据治理平台的设计与实现 [D]. 西安：西安电子科技大学，2021.

[30] 温芳芳. 我国政府数据开放的政策体系构建研究 [D]. 武汉：武汉大学，2019.

[31] 吴思虹. 金砖国家国别风险评级对其股票市场收益的影响：基于动态阈值模型的实证研究 [D]. 广州：广东财经大学，2018.

[32] 许海莹. 广东省地方政府大数据治理领域的学习机制研究 [D]. 广州：华南农业大学，2020.

[33] 姚瑶. 我国跨境数据流动治理法律问题研究 [D]. 大连：大连海洋大学，2024.

[34] 游诗妍. 欧美数据域外管辖权的扩张与中国的应对研究 [D]. 广州：广东财经大学，2023.

[35] 张锐锋. 政府数据治理法律问题研究——以“赵某某诉重庆某公安分局”案为例 [D]. 贵阳：贵州师范大学，2024.

[36] 张莹秋. 俄罗斯数据安全治理研究 [D]. 哈尔滨：黑龙江大学，2023.

[37] 张之禧. 信息通信技术对中国与其他金砖国家间货物贸易成本的影响 [D]. 北京：商务部国际贸易经济合作研究院，2024.

[38] 郑意. 基于米特—霍恩模型的贵州省部门间政务数据共享政策执行问题研究 [D]. 贵阳：贵州大学，2022.

[39] 朱琪. 电子商务平台企业数据治理评价研究 [D]. 重庆：重庆邮电大学，2022.

[40] 朱赛艳. 欧盟数据保护与合规应对策略研究 [D]. 武汉：华中科技大学，2019.

（五）其他

[1] 习近平. 共创中韩合作未来 同襄亚洲振兴繁荣 [N]. 人民日报，2014-07-05（2）.

[2] 肖佳. 电子数据的几个基本问题 [N]. 中国纪检监察报，2020-02-26（8）.

[3] 张琼斯. 制度安排渐明金融数据治理日趋完善 [N]. 上海证券报，2024-03-28（4）.

[4] DAMA 中国数据管理峰会取得圆满成功：2020 数据治理的元年 [EB/OL]. 中国日报中文网，2020-10-27.

[5] 财政部. 关于印发《关于加强数据资产管理的指导意见》的通知 [EB/OL]. 中国政府网，2023-12-31.

[6] 大数据启示录. 数据治理体系完整指南 [EB/OL]. 知乎，2023-06-29.

[7] 工业和信息化部办公厅. 工业和信息化部办公厅关于印发《工业数据分类分级指南（试行）》的通知 [EB/OL]. 中国政府网，2020-02-27.

[8] 国家发展和改革委员会. 加快构建中国特色数据基础制度体系 促进全体人民共享数字经济发展红利 [EB/OL]. 求是网，2023-01-01.

[9] 国家数据局局长刘烈宏一文讲透“数据要义×”（北大演讲全文）[EB/OL]. 澎湃网，2024-01-12.

[10] 胡婕．数字化解读“十四五”规划掀开中国数字化转型新篇章［EB/OL］．华信咨询设计研究院有限公司，2021-05-10.

[11] 加强数据治理 释放数据价值［EB/OL］．光明网，2023-12-26.

[12] 孟庆国，张腾．数据治理与数据基础制度建设［EB/OL］．清华大学互联网产业研究院，2023-08-04.

[13] 饶水清．【十四五数字化】专题“十四五”规划下的政府数字化转型新发展［EB/OL］．微信公众号“孜寻”，2020-12-11.

[14] 晒科网．数据的五个特征、三道难题、一种自大［EB/OL］．知乎，2023-06-06.

[15] 数据治理：释放数据价值的关键［EB/OL］．CSDN 博客，2024-09-05.

[16] 提升全民数字素养与技能专家系列解读丨顺应数字时代潮流 加快提升全民数字素养与技能［EB/OL］．中国网信网，2022-08-25.

[17] 外交部：中方愿与各方深化数据跨境流动领域交流合作［EB/OL］．新华网，2024-11-20.

[18] 中共中央 国务院印发《数字中国建设整体布局规划》［EB/OL］．中国政府网，2023-02-27.

[19] 中共中央 国务院关于构建数据基础制度更好发挥数据要素作用的意见［EB/OL］．中国政府网，2022-12-19.

[20] 中国信息通信研究院政策与经济研究所，美团数据安全与治理委员会，君泽君律师事务所．数据治理研究报告（2020 年）：培育数据要素市场路线图［R/OL］．中国信息通信研究所，2020-11.

[21] 中国资产评估协会．中评协关于印发《数据资产评估指导意见》的通知［EB/OL］．中国资产评估协会官网，2023-09-14.

二、英文文献

（一）专著

[1] GIROT C. Regulation of Cross-Border Transfers of Personal Data in Asia [M]. Singapore: Asian Business Law Institute, 2018.

[2] STEVENSON A, LINDBERG C A. New Oxford American Dictionary [M]. Oxford: Oxford University Press, 2015.

（二）期刊

JUNG K Y, PARK H W. A Semantic (TRIZ) Network Analysis of South Korea's " Open Public Da ta " Policy [J]. Government Information Quarterly, 2015, 32 (3).

（三）其他

[1] Information Technology: Metadata Registries (MDR): Part Ⅰ: Framework: ISO/IEC 11179-1: 2023 (en) [S/OL]. ISO, 2023-01-16.

[2] LIMEHOUSE J. Mother Sues Tech Company after 'Game of Thrones' AI Chatbot Allegedly Drove son to Suicide, USA TODAY [EB/OL]. USA Today, 2024-10-23.

后 记

破蒙启智，拨云见日

关注和研究数据治理政策与法治建设，是一种偶然，更是一种缘分。

在协助老师们进行科研的过程中，我有幸走入法学研究的大门，初探到更多专业理论的学术前沿。大拏们一针见血地评述激发着我求知的思维火花，懵懂中似有微光指引，兴趣不断驱动着我获得更多“新奇”的学术体验。

随着2022年大数据语言模型的爆火，数字时代的浪潮汹涌而来，霎那间，我深切地感受到了世界变化的日新月异。心中更是为新技术的到来而澎湃着，身处专业理论搏击漩涡的我总想着做些什么。2024年作为数据要素市场化“元年”，各类相关政策如雨后春笋般密集出台，新闻报道更是纷至沓来，这一切都让我内心的涌动更加强烈，催促着我决意投身于这片充满未知与可能的研究海洋，厘清百花竞放的数智领域的发展内涵与治理逻辑。

在这个过程中，陈晋胜教授在研究旨趣上高屋建瓴的谆谆教诲、他的专著《中国惠农政策与法治建设一体化研究》给了我清晰的科研思路和科学的方法指引。该著仅是简略读罢，便生“令问维摩，闻名之如露入心，共语似醍醐灌顶”之感。思想的碰撞破除着稚嫩思维的迷雾，心中的困惑好像顿时有了抒发路径，引发了对更多问题的追寻：我国数据治理的基本理论与实践依据是什么？我国目前政策与制度都从什么角度对数据治理做出过或应当做出规定与引导？数据治理如何做到政策与制度的协调建设和一体化推进？

以笔凝思，理脉析难

本著梳理了数据及其治理的相关含义与特征、范畴与分类、历史发展与价值原则等基本理论，阐述了国家数据基础设施及资源体系建设、跨境数据流动等数据治理实务，分析了数据产权等领域的数据治理实践与困境。在概述了英美、欧盟、金砖国家和亚洲国家的数据发展与治理状况基础上，总结性地探讨了我国治理的若干启示。

此外，笔者在广泛收集我国中央和地方各级各部门数据治理政策与制度并进行体系化检视的基础上，进一步从数据管理机构设置与社会组织组建上对我国数据治理的体制建设进行了剖析，并从基础制度、政策支持与数据产权、流通交易、收益分配、安全治理等领域对机制建设进行剖析，最终形成政策与法治一体化建设的价值分析与战略思考。

从某种意义上来说，这是笔者针对数据治理相关政策与法治的第一次整体分析，但囿于对数据理论与实践认知的不足，加之对数据政策与制度认知的局限，首次对一体化建设问题的展开，肯定会存在不少偏差，乞望读者斧正。

循此苦旅，心怀感恩

回望写作历程，真可谓是甜蜜滋味与辛酸苦辣交织。这段“苦旅”不仅是对笔者研学定力与耐力的考验，更是对笔者思考力与表达力的凝华淬炼。如何把复杂繁多的理论学说以清晰严谨的逻辑结构陈述出来，如何在快速更新的各类政策与制度中统筹把握、提炼要点，如何从域外零散碎片化的政策法律、报道学说中寻踪索骥、明晰亮点……是笔者撰著时举纲张目、立论破题过程中难以避免的一道道学术门槛。在陈晋胜教授的悉心点拨和指导下，我逐渐找到了写作的思路和方法。教授从初建纲目时的切中要害的修改，到具体内容与形式的追问与指正，诚如“受教之如霞映心田，切磋似妙药医愚”，每一次交流都让我受益匪浅。

值此著作付梓之际，我心中充满了感激之情。我要感谢陈晋胜教授的循序善诱，他的教导让我在研究的道路上不断成长和进步。我也要感谢诸多专家学者的研学成果及其对数据治理理论与实践的无私贡献，使我在这些“巨人”肩膀上成就的拙作有了一定的高度，感谢编辑团队的辛勤付出，他们的认真工作和精心编辑，让这本书得以顺利出版。当然，我还要感谢在学术道路上给予我无私帮助的父母、朋友，是他们的支持与鼓励让我坚持了下来。

展望未来，数据治理领域方兴未艾，其重要性在数字时代浪潮中愈发凸显。我深知，自己的研究仅是微不足道的一隅，还有诸多难题需要我们去深入探索和研究。愿此次研究能如一颗微小却顽强的种子，在学术沃土里生根发芽，通过自身努力不断充实知识储备、提升研究能力，为构建中国特色的数据治理知识体系贡献一份力量！

赵卓凡于山西大学东山校区